中国における
市場分断

王 保林

日本経済評論社

目　次

序章　課題と方法 …………………………………………1
   1. 問題の所在　　　　　　　　　　　　　　　　1
   2. 研究状況　　　　　　　　　　　　　　　　　10
   3. 本書の課題と構成　　　　　　　　　　　　　14

第1章　中国における市場分断の形成……………………19
   1. 市場分断とは何か　　　　　　　　　　　　　19
   2. 市場分断の足取り　　　　　　　　　　　　　22
   3. 市場分断の手段　　　　　　　　　　　　　　28
   4. 市場分断のタイプ　　　　　　　　　　　　　32

第2章　市場分断形成のマクロ的要因
     ―産業構造の同質性，地方分権と地方政府の財政請負制― ………39
   1. 重工業の優先的発展戦略と中国の伝統的経済システムの形成　39
   2. 産業構造の同質性：低発達の伝統経済から市場経済への移行
     の不十分性　　　　　　　　　　　　　　　　47
   3. 地方分権・地方財政請負制の導入：計画経済から市場経済へ
     の移行の一特徴　　　　　　　　　　　　　　54

第3章　市場分断形成のミクロ的要因
     ―国有企業のシステムの特徴― ……………………………65
   1. 計画経済のもとで形成された中国企業システムの特徴　66

2.　改革・開放以後の企業システムの変化　　　　　　　　　　　73
　　3.　1989年からの市場不況による地方政府と国有企業関係の変化　77

第4章　自動車産業にみる市場分断 …………………………………87
　　1.　中国における自動車産業の発展過程　　　　　　　　　　　　88
　　2.　小型トラックの分野における市場分断　　　　　　　　　　　94
　　3.　乗用車の分野における市場分断　　　　　　　　　　　　　104
　　4.　中型トラックの分野における市場分断　　　　　　　　　　122
　　5.　自動車産業の育成と市場分断　　　　　　　　　　　　　　125

第5章　市場分断における地方政府の利益・コスト分析 …………133
　　1.　地域における市場分断の経済効果分析　　　　　　　　　　133
　　2.　地方政府における市場分断の利益とコスト分析　　　　　　137

第6章　市場分断の特徴とその要因 …………………………………149
　　1.　市場分断の特徴　　　　　　　　　　　　　　　　　　　　149
　　2.　市場分断に影響する要因　　　　　　　　　　　　　　　　153

第7章　国内における市場統合の現状 ………………………………169
　　1.　国内市場統合の現状　　　　　　　　　　　　　　　　　　169
　　2.　国内市場統合を促進したマクロ的要因:「分税制」の導入と
　　　　中央・地方政府間経済関係の変化　　　　　　　　　　　　185
　　3.　市場統合を促進したミクロ的要因:国有企業と地方政府の関
　　　　係の変化　　　　　　　　　　　　　　　　　　　　　　　188

終章　中国における市場統合の展望 …………………………………203
　　1.　市場分断のコスト分析　　　　　　　　　　　　　　　　　203
　　2.　国内市場統合の展望　　　　　　　　　　　　　　　　　　206

目　次　　　　　　　　　　v

参考文献　　　　　　　　213
あとがき　　　　　　　　221
索　引　　　　　　　　　226

序章　課題と方法

1. 問題の所在

　中国が1978年末に改革・開放政策へ転換して以来，間もなく22年になる．この間，実質GNPの成長率は9.43％の高率であり，1953-78年の成長率6.0％を大幅に上回っている．中国経済の高度成長の実績は大筋に認められているが，21世紀の経済発展については「中国ほど将来の評価に分かれる国はない」[1]．

　悲観論は主に中国経済発展と改革・開放の限界と困難とを強調する．その経済的要因は3つに分けられる．

(1)「生産効率改善停滞説」：主にクルーグマンによって提起された．その論点は，中国の経済発展は労働力の拡大・教育レベルの改善・物的資本への投資などによるものであり，「持続的には行い得ない」というものである[2]．

(2)「国有企業（所有制）改革停滞説」：中国の経済発展を推進したのは主に郷鎮企業・外資系企業などの非国有セクターであり，国有企業の改革は回避されたとする説である．「中国の「社会主義市場経済」は，あくまでも「公有制を主とする」原則を維持しようとし，これまで抜本的な所有制改革，とくに国有企業における所有制の変革を避けてきた」[3]．「いずれは大型国有企業を含めた本格的民営化は避けられないとして，それに至る過程は決して単純ではないし，また平坦でもない」[4]と言わ

れている.

(3)「国内市場統合の低下説(分裂・崩壊説)」:中国の国内統合の低下は国家の分裂を招き,大きな混乱に導くという説である.「中国は国土が広く人口が多いうえ,多数の少数民族を抱えており,地方はもともと割拠的性格を帯びやすい.それに,「改革・開放」による中央の統制力の低下が加わったため,「独立王国化」が顕著になっているわけだが,これがより進むと中国がいくつかに分裂することにもなりかねない」[5].

一方,中国国内では,全要素生産関数(TEP)を計測し,改革・開放以後の中国のTEPの平均値はプラスとなり,クルーグマンを批判する研究もある.その結論として,中国の高度成長は,主に資本投入の拡大と労働生産性の向上によるものであり,持続可能であると主張している.また,世界銀行やアメリカの経済学者が計算した結果,中国のTEPは年率2〜5％の幅で増加しており,以上の結論を支持している[6].

さらに,金森久雄を主とする「中国の将来とアジア太平洋経済研究会」のメンバーの多くも楽観論の代表であり,改革の過程を「累積的な突破」であると見なしている.そして,「今後の中国は,市場経済メカニズムと外向的発展のメカニズムを同時に原動力として,投資と生産性の高い伸び率を維持し,高い成長を遂げることができる」[7]と予測している.

しかし,楽観論を持つ「中国の将来とアジア太平洋経済研究会」のメンバーも国内市場統合問題は中国経済の高度成長を阻害する要因として取り挙げている.国内統合の低下によって,「国内市場の分断も激しくなり,市場の大きさに着目した外資の進出に悪影響が及ぶこととなり,改革・開放国家政策の適用される国内経済の基礎を崩すことになる」[8].

悲観論と楽観論の論点は互いに鋭く対立しているにもかかわらず,国内市場統合の状況は未来の中国経済発展を判断する重要な材料であるという点においては,両方がかなり一致している.

中国における国内市場分断の問題は,地方政府の市場介入によるものであり,主に中央と地方との関係に由来する.一般的に,中央とは北京における

中国の中央政府のことであり，地方は，(1)各省・自治区・直轄市・特別行政区（以下は省に略す），(2)地区・地級市[9]，(3)県・自治県・旗・市，(4)郷・鎮・区，など4つのレベルの地方政府を指している（図0-1）．

1980年代以降，中国における中央と地方の問題は，主に中央政府のコントロール能力の低下と地方政府の自立化の台頭に現われている．政治学ではよく「地方主義」という概念で表現し，主に「地方の利益・エゴを第一義的に優先し，陰に陽に中央の意向に抵抗し，或いは周囲に対して閉鎖的になったりする指向や行動」[10]を指している．経済学的には，中国語では「諸侯経済」，「地方保護主義」，「地方市場壁塁（障壁）」，「地方封鎖」など様々な表現がある．

「諸侯経済」，「地方保護主義」，「地方市場壁塁（障壁）」，「地方封鎖」などの概念は，1980年代以降，中国の経済研究においてしばしば使われているが，人によって使い方は様々であり，明確な概念規定はなかった．この4つの概念は地方政府における地方利益優先の現象を指しているが，強調面は若干異なっている．「諸侯経済」を例で見ると，地方政府による加工工業の重複投資，地域内産業構造の同質性，域内市場分断などの現象を指しており[11]，「地方保護主義」とは比較的に近い概念である．一方，「地方市場壁塁（障壁）」，「地方封鎖」は主に域内市場分断のことを指しており，「諸侯経済」や「地方保護主義」の主な内容の1つである．経済学の立場から見ると，以上の4概念の共通な問題は「市場分断」である．

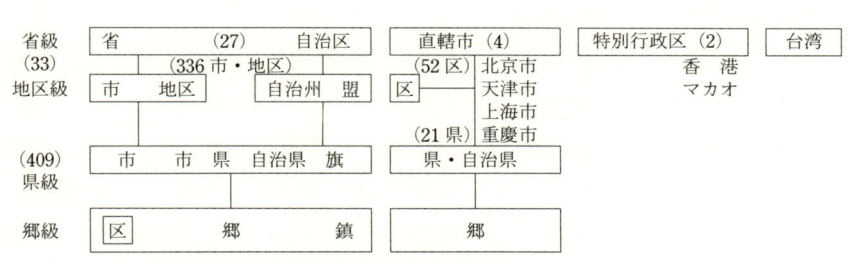

出所：(株)総研編，中国国家統計局監修『99年版中国富力』，33頁より修正．

図0-1　中国の地方権力機構

市場分断問題は1980年以後から発生した新しい経済現象であり，1980年代末から90年代初めにかけて国内市場の停滞によってかなり深刻化したが，その後の国内経済の急成長に伴って，緩和された．しかし，その問題は決して解決していない．1990年代半ば以後，一部の地域では市場分断問題が再燃している．今日に至って，国内市場統合は重要性を益々増してきた．その理由は3つある．

　第1に，中国経済体制改革の立場から見ると，市場分断・国内市場統合の状況は中国経済市場化の到達点を判断する最も良い材料である．

　1992年に中国は「社会主義市場経済」の目標を確立してから，中国の経済改革に対する世界からの関心は2つの方面に集まっている．

(1)「社会主義市場経済」の「社会主義」とは何を意味しているのか，中国の市場経済システムは何を目指しているのか，それは先進諸国と同じシステムになるのか，中国独自の新しい市場経済システムになるのか．

(2) 今日の中国市場化改革はどこまで進んだのか．

　まず，前の質問に対して90年代の半ば頃までに様々な説があったが，中国政府もまだ模索の段階であり，明確な目標が立てられていないようである．計画経済大国から市場経済システムへの移行は，人類史上初めてのテストであり，既存の市場経済モデルだけでは対応できないことは，すでにロシア経済の市場化の教訓から示唆を受けている．中国は大国だけではなく，社会主義の目標もまだ放棄していない．このような「大国の社会主義市場経済」の目標確定は予想以上に難しい．

　中国の改革は1979年から始まったが，計画経済を全面的に否定し，市場経済の目標を確立したのは1992年のことで，この間約14年を要した．「社会主義市場経済」の構築の難しさを考えると，中国の市場経済システムの確立にはさらに時間がかかることが予測できると思われる．だが，中央政府・地方政府と企業・市場の関係は，市場経済システムの中の重要な関係を形成し，その解明は中国市場経済システムの一側面を観察できる．中国の市場分断問題は正にこの関係に由来し，この意味では，市場分断問題の解明は中国

市場経済システムの認識にも貢献できると思われる．

　中国市場経済に関する議論を見ると，最近は主に後者に集中している．

　中国の経済の市場化はどのように推進すればよいのか，中国政府は主に国有企業の改革，市場体系（商品・労働力・資本・証券・技術・情報・先物市場を含む）の設立，政府機能の転換とマクロ・コントロールの改革，社会保障制度の設立などを強調している[12]．関連する研究を見ると，盧・胡は，①投資の市場化指数（固定資産投資総額に占める外国資本・自己投資と「その他」の3項目の割合），②価格の市場化指数（商品総数に占める非国家定価の商品数の割合），③生産の市場化指数（工業生産総額に占める非国有セクターの割合）と，④商業の市場化指数（社会商品小売総額に占める非国有セクターの割合）の4指標を使用し，中国市場化の到達点を判断している[13]．他方，座間は非国有セクターの成長，国有企業の活性化，市場体系の整備，マクロ・コントロールの4つの方面から中国の市場経済化程度を判断している[14]．

　以上の諸見解は中国の中央高度集中の計画経済から市場経済への移行に焦点を置いている．しかし，伝統的高度集中の中央集権型計画経済管理体制の排除と市場経済体系の確立とは別問題である．市場経済へ移行するために，計画経済体制を排除すると同時に，新しい市場経済システムの確立は必要不可欠である．

　また，市場体系が整備されたとはいえ，市場はどのように機能しているかの問題も存在する．経済学の立場から見ると，市場経済の最も重要な原理は「競争メカニズム」であり，「「競争」及びその場としての「市場」は，経済効率を促進するので最善である」[15]．国内市場分断は競争を制限し，市場経済の効率が大きく制限される．この意味では，国内市場統合は中国の市場経済化の重要な内容である．

　ロシアの市場化改革を見ると，計画経済管理体制の排除は比較的に容易に実現できるが，新しい市場経済体制の確立は相当に時間がかかる．中国経済の実状を見ても，中央計画の縮小と地方分権とを結びつけ，地方政府は中央

政府の一部分の機能を代替して経済介入を行っている．その結果の1つは市場分断である．したがって，地方政府の役割を無視すると，中国経済の市場化の到達点を拡大評価する恐れがある．この意味では国内市場統合状態も中国市場化の到達点を判断するために不可欠で重要な材料になっている．

　第2に，産業の立場から見ると，市場分断は中国の戦略産業の成長を妨げ，新しい輸出産業の育成を阻止している．

　アジア金融危機以降，中国の対外輸出は急速に減少し，輸出企業の競争力強化と輸出産業構造の転換は重要な課題として取り上げられた．輸出の7割以上を占める繊維・雑貨などの労働集約型の輸出企業は，東南アジア諸国の新しい挑戦に対抗するために，企業組織の再構築が迫られている．もともと中国の国内市場分断のために国内競争を十分に経験していない輸出企業は，低い労働力コストという優位性を生かして国際市場に進出できたが，元高の今日ではそれだけでは足りず，国内市場での競争を全面的に展開させ，企業の提携・吸収合併・リストラクチャリングなどによって，コスト・ダウンを実現することが労働集約型企業の輸出確保の重要な道となっている．一方，為替相場に左右されにくい機械・電子など資本・技術集約型製品の輸出は，アジア金融危機以後かなりの粘り強さを示しているが[16]，輸出シェアの3割以下しか占めておらず，輸出産業の構造高度化の実現も輸出拡大の重要な方向となっている．

　また，中国のWTO加盟をめぐって，アメリカやEUなど主な両国間交渉はすでに妥結して，2001年内での加盟は確実になった．WTOの加盟に伴い，中国政府が承諾した関税の引き下げ，サービス市場の開放を実行し，中国企業は国外企業からの激しい競争にさらされるに違いない．それと対抗するために，国内企業の再編成も不可欠である．

　企業組織の再構築と輸出産業の構造転換を実現するために，国内市場の統合は必要である．国内市場が分断され，全国規模での企業競争が展開できなければ，企業間の提携・吸収合併・リストラクチャリングによる資源の有効配置は不可能である．また，市場分断は規模の経済性を要求する機械・電

子・自動車などの戦略産業の育成を妨げ，新しい輸出産業の形成を阻止している．国内市場統合の課題はいよいよ中国経済の重要な課題として登場しつつある．

第3に，中国経済成長の立場から見ると，市場分断問題の解決は中国国内の生産能力の過剰解消の重要な手段の1つである．

1995年前後を境として中国は「不足経済」から「過剰経済」に突入した[17]．生産能力過剰はかなり深刻化しており，繊維・紡績を代表とする軽工業製品，家電部門・オートバイなどの家庭耐久消費財，鉄鋼・化学・石炭などの素材分野，さらに国の基幹産業と位置づけられた自動車産業も供給過剰体質に陥った．家電産業を例にとると，1995年末時点で，カラーテレビの年生産能力は4,467万台に達したが，同年度の実際需要量はその46％の2,517万台しかなかった．また，1996年度のエアコンの生産能力は2,410万台で，世界の需要とほぼ匹敵しているが，稼働率は32％しかなく，それでも大量の在庫を抱えている[18]．

このような生産能力過剰の直接的な原因は投資の急速な拡大に由来している．中国の固定資本投資の年平均増加率を見ると，1981-85年は19％，1986-90年は16％，1991-95年は39％に達している[19]．投資の拡大には集団経営企業，私有企業，外資系企業の発展と並んで，地方政府の介入が大きな役割を果たしている．第2章で詳しく説明するが，地方政府は競って開発投資を行い，成長産業に一斉に参入した結果，地方政府単位の小規模・分散・重複の企業立地と地方毎に同質の産業構造を生み出し，生産能力過剰を導いたのである．

生産能力過剰はさらに3つの面から中国経済を脅やかしている．

まず，生産能力過剰は国有企業の経営を圧迫して，国有企業の赤字問題をさらに深刻化させる．国有企業の経営不振は雇用調整を通じて大量の失業者が生まれ，社会安定が脅かされる．

また，経営不振の国有企業は国有銀行の融資返済ができないだけではなく，新たな借り入れを要求する．本来，健全な金融制度があれば，金融機関は赤

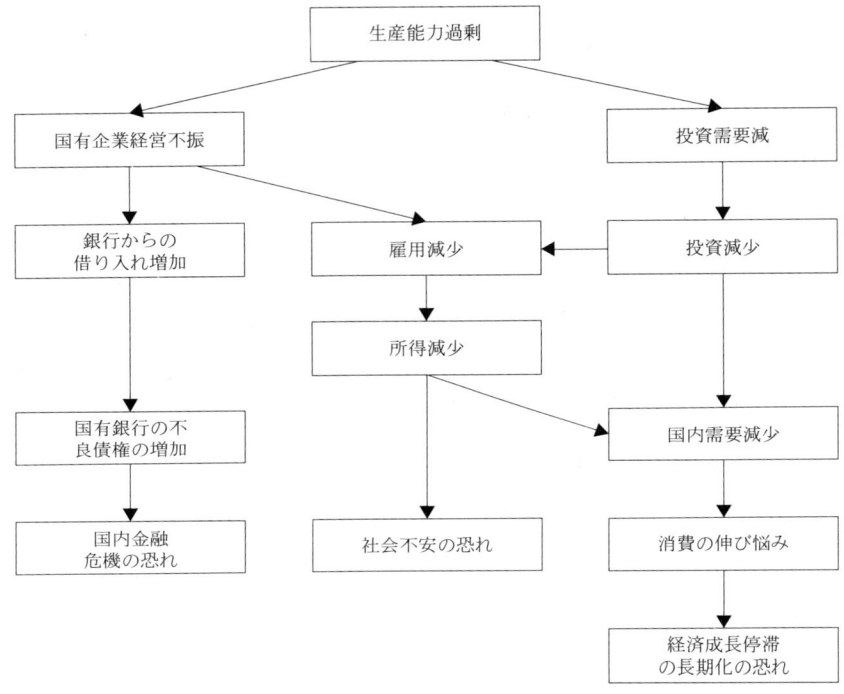

```
                         ┌──────────────┐
                         │  生産能力過剰  │
                         └──────────────┘
                          ↙            ↘
              ┌──────────────┐      ┌──────────────┐
              │ 国有企業経営不振 │      │   投資需要減   │
              └──────────────┘      └──────────────┘
               ↓         ↓            ↓
    ┌──────────┐   ┌──────────┐   ┌──────────┐
    │ 銀行からの │   │  雇用減少  │←──│  投資減少  │
    │借り入れ増加│   └──────────┘   └──────────┘
    └──────────┘       ↓                ↓
         ↓         ┌──────────┐         │
    ┌──────────┐   │  所得減少  │         │
    │ 国有銀行の不│   └──────────┘         ↓
    │良債権の増加│       ↓         ┌──────────┐
    └──────────┘       │          │ 国内需要減少│
         ↓             │          └──────────┘
    ┌──────────┐       ↓                ↓
    │  国内金融  │   ┌──────────┐   ┌──────────┐
    │ 危機の恐れ │   │社会不安の恐れ│   │消費の伸び悩み│
    └──────────┘   └──────────┘   └──────────┘
                                         ↓
                                   ┌──────────┐
                                   │ 経済成長停滞│
                                   │ の長期化の恐れ│
                                   └──────────┘
```

資料：筆者作成．

図 0-2　生産能力過剰によるマクロ経済の影響

字企業の要請を拒否できるはずだが，独立した銀行制度がない上に，地方政府の介入によって，国有銀行の地方支店は国有企業に資金を貸し付けて，国有銀行は大規模の不良債権を抱えた．「中国国内の不良債権は国内総生産（GDP）の35％の規模に達している．不良債権処理に苦しむ日本を更に上回る比率になっている」[20]という指摘もあり，中国の金融システムは深刻な問題を生じる可能性がある．

　さらに，生産能力過剰は直ちに投資に影響を与える．投資需要が不足のため，投資額も減少し，雇用と国内需要の低減を招く．雇用の縮小は所得減少へと繋がり，投資の減少と合わせて，国内需要の縮小を導く．需要の減少は

消費の伸び悩みと結びつく．この現象は，バブル経済以降の日本経済にも見られる構造不況といえるものである．

　国内生産能力の過剰を解消しない限り，中国経済は金融システムの混乱と経済の長期的停滞は避けられない．そのため，90年代の半ば以降，中国では中央主導の生産調整が行われてきた．その内容は，新設プロジェクトの抑制と許認可権限の中央政府への集中，企業間の吸収合併の促進，生産能力の圧縮と小規模企業の閉鎖[21]などが含まれている．

　現在進行している中央政府主導の生産能力の調整に関する評価は分かれている．地方分権は生産能力過剰の重要な原因であるため，分権を見なおして，中央政府の集権の下で調整すべきとの評価もあるし，生産能力の調整も市場システムに任せて，市場競争によって行うべきとの議論もある．

　確かに，市場経済の原理でいうと，市場による調整は一番望ましく，中央政府が行政的手段を用いて生産能力の調整を行うのは，「計画経済」のやり方に逆戻りしたように思われるかもしれない．

　しかし，国内市場の分断が存在している限り，市場の生産調整機能が存在しないのが中国の現実である．言いかえれば，市場がうまく機能すれば，生産能力過剰はこんなに深刻な状態までは発展してこなかったはずである．地方政府の介入による市場分断が存在しているため，供給と需要関係の変化は価格に反映しない場合がしばしば存在する．供給は需要を大きく上回っていても，地方政府は地方市場の保護によって，域外からの競争を避けて，地方企業の生存を維持できる．したがって，地方政府の介入は，一種の「退出障壁」に相当するものであり，余剰生産能力の退出を阻止するため，市場の調整機能は働かなかったのである．市場経済の原理でいうと理想的ではないが，市場分断が存在する限り，中央政府主導の生産能力過剰の解消は唯一の方法ともいえる．

　ただし，生産能力調整は地方政府の利益と結びついているため，各地方政府は地域内企業の生産能力を維持するために必死に対抗するだろう．中央政府と地方政府の間で，様々なかけ引きが行われ，生産能力の調整は簡単には

進まないであろうことが予想できる[22]．さらに，仮に調整が一時的にうまく行われたとしても，市場分断が存在する限り，大規模な生産能力の過剰問題の再発生は不可避である．したがって，生産能力過剰問題の根本的な解決の前提の1つは国内市場分断問題の解決にある．

本書では，中国における国内市場統合の主要な課題——市場分断の問題を中心に分析してみたい．

2. 研究状況

1982年に改革以後初の流入制限型の市場分断が発生して以来，市場分断化問題は中国経済の1つの特徴としてしばしば中国経済研究において言及されている．しかし，中国国内を見ると，80年代末まで，この問題に関する研究はほとんど行われなかった．80年代末から90年代初めにかけて，大規模な市場分断が発生してから，ようやく専門的な研究がスタートし，幾つかの研究成果もあったが，その後暫くすると，関連する研究はまた消えてしまった．中国国内で市場分断問題の研究が重視されなかった原因は3つ考えられる．

第1に，中国経済研究の特徴——政府主導の経済研究の影響：1980年代の中国経済研究は政府の影響を強く受け，ほぼすべての研究テーマは計画経済への反省と改革・開放政策の検討に集中し，政府が興味を示さなかった分野の研究はしばしば敬遠されたためである．

第2に，中国の経済発展のレベルの影響：80年代末まで，社会主義経済イコール「不足経済」[23]という考えは中国政府と経済学者の共通認識となり，供給能力の増大こそが経済発展の中心課題であったためである．市場分断は経済の引き締めによる一時的な現象であり，「供給不足」の下では市場分断が長く続かないと思われた．

国有企業は中国経済の中核であり，供給を増やすためには国有企業に頼るしかなかった．中国の経済体制改革に関しては，国有企業の活性化が中核的

な問題として取り扱われ，市場化は国有企業活性化の外部条件で，市場分断は市場化の中での一時的な現象にすぎないと位置づけられた．90年代の初めから中国は計画経済を放棄し，市場経済に転換し始めたが，市場経済システムへの移行の中心的課題は，労働力市場・資本市場・技術市場・先物市場などの市場体系の育成であり，市場分断は依然として重視されなかった．

第3に，改革と保守路線闘争の影響：第2章で詳しく分析するが，市場分断は地方分権と地方政府の財政請負制の改革によって出現した経済現象である．地方分権は中国経済改革の重要な一環として地域経済発展に大きく貢献しており，高く評価されている．市場分断問題の検討は地方分権の一部を否定するため，「反改革路線」として批判される可能性がある．

中国国内で市場分断問題を最初に取り上げたのは1990年の沈・戴[24]の論文である．同論文では，「諸侯経済」を中心に議論しているが，取り上げられた「諸侯経済」の概念には，「短平快」（軽工業への投資の傾斜）・「自成体系」（地域ごとのフルセットの産業発展）・「相互封鎖」（市場分断）と「随機干預」（地方政府の任意介入）の4つの表現が含まれている．この中で，市場分断は「諸侯経済」の一表現として位置づけられ，具体的な研究は展開しなかった．また，諸侯経済の原因を地方分権と地方政府の経済主体機能への傾斜の結果として説明し，この点は天安門事件以降の中央政府の集権傾向を十分に反映しているが，厳密な論証が行われなかった．沈・戴の後，地方政府の経済機能・地域間分業関係の研究は数点があるものの，市場分断問題にはほとんど触れなかった[25]．

中国市場分断の唯一の研究は陳[26]が行ったものである．陳の研究は大規模な調査によって詳細な資料を提供し，市場分断の実態の把握に大きく貢献している．また，複雑な「市場封鎖」問題（市場分断問題）を整理し，流入制限型市場分断と流出制限型市場分断に分けて考えて，その形成原因を別々に検討した．しかし，中国旧来の研究方法の影響を強く受け，理論的な議論が進む一方で，必要なデータの収集と適切な分析手法の開発においては，限界があった．

国外では，世界銀行[27]の研究はその先駆である．世界銀行は要素市場の問題も市場分断の中に取り込み，主に資本・外国為替・生産財・運送・消費財などの市場体系育成の立場から市場分断の研究を展開した．また，地域間の構造差・地域間価格差・域外貿易の変化などの指標を開発して，分析手法において一歩進んでいた．

　一方，日本では，中国における市場分断化現象を「諸侯経済」の1つの主な表現として今井・小島[28]と天児[29]が，さらに中嶋[30]が論じた．しかし，以上の研究はポスト鄧小平の中国政治情勢を予測するものであり，市場分断に対する研究ではない．経済学分野では，渡辺[31]が「中国経済大国論」批判の1つの主な根拠として，統一的な国内市場が存在しない問題を挙げた．また，座間[32]も市場分断を経済市場化の重要な問題として大きく取り上げた．しかし，以上の諸研究は問題を提起しただけで，中国市場の分断化問題の解明ではない．日本における中国市場の分断化に関する研究成果は極端に乏しいといってよい．その中で加藤の一連の優れた研究は注目されている．

　加藤は中国の市場経済化の状況を把握する立場から国内市場統合の状態に重点をおいて研究しているが，陳・世界銀行の研究の紹介に終始している[33]．加藤はつづいて1980年代末に浙江省で発生したいわゆる「カイコ大戦」の実態を解明し，「流出制限型」市場分断の一例を分析した[34]．また，加藤は地域格差と国内市場統合の関係を検討し，地域格差の是正と地域保護への適切な対応策の両方が含まれる地域政策を提起した[35]．

　さらに，1999年10月1日中国の建国50周年を契機として，毛里和子を中心として編集された『現代中国の構造変動』シリーズが出版され，その第2巻（中兼和津次編『経済―構造変動と市場化―』）は，中国国内の市場統合を重要な課題として取り上げている．そのうち，田島[36]は財政金融制度の改革から中国の属地的経済システムの形成を分析し，加藤[37]はクルーグマンの産業立地論的視点から中国の産業立地の歴史的変遷，地域格差の状況及び地方政府の保護主義に対する影響を分析し，地域間の相互依存関係は緩やかに増大しているが，地域保護主義は残存しており，国内市場統合はかなり

長期間わたることを主張している．また，黄[38]は地域間物流の観点から市場統合を検討していた．さらに，シリーズの第4巻（天児慧編）『政治 ── 中央と地方の構図─』は政治学の立場から，中央と地方の関係を全面的に検討した．

　以上の諸研究によって，中国の市場分断研究の空白を補塡し，問題の解明を大幅に推進した．しかし，陳・世界銀行と加藤の研究は十分に解明されていない点がいくつかあり，深く検討する必要があると思われる．

　第1に，中国市場分断の発生メカニズムは十分に解明されていないように思われる．市場分断は地方政府の経済介入の一結果であり，その主体は地方政府である．中国は名目上では中央集権の国家であり，地方政府は中央政府に付属する国家機構の一部分に過ぎない．市場分断は中央政府の市場統合目標と完全に乖離しているにもかかわらず，その事態はかなり深刻化している．なぜ，地方政府は中央政府の意志に反して，市場介入できるのか．陳の研究は，地域経済利益の衝突・マクロ経済環境の突然変化・流通産業発展の遅れを主な要因として説明し，「この3つの要素のどれか1つがあると，市場分断が発生し，……3つの要素が同時に作用すると，強力な市場分断は広い範囲で発生する」[39]．加藤も同じ要因で説明した[40]．しかし，以上の諸要素は中国特有のものではなく，他の国にも存在する．なぜ，中国でだけ国内市場分断の問題が発生したのかについては，以上の論理では十分に説明できていない．

　第2に，地方政府の行為に対する分析は不十分である．市場分断の目的は地域内利益の保護である．しかし，地域内の経済主体は，消費者・生産者と地方政府があり，3者の利益は必ずしも一致するわけではない．地方政府は市場に介入するとき，以上の3者の利益をどのように処理しているのか．また，中国市場分断の実態を見ると，地域・時期・産業分野によって，市場分断の状態が異なっている．すなわち，中国の市場分断は多様化している．では，もし市場分断が地域内の利益を保護できるのであれば，なぜ各地方政府は一律な行動を取れなかったのか．これらの問題の解明には，地方政府の行

動原理に対する分析が必要である．したがって，地方政府の行動解明は，市場分断の研究の重要な内容になるべきであるが，今までの研究は地方政府の行動分析という分野には入らなかった．

　第3に，中国市場分断の実態の解明は不十分である．単一市場に向かうEU諸国のような「国境による市場分断」の問題はよく指摘されているが，中国における市場分断問題は「国境内の市場分断」であり，EUの市場分断とは大きな相違点がある．しかし，今日までの諸研究は中国の市場分断とEUの市場分断とを区別せずに論じており，中国における市場分断の実態はまだ十分に解明されていないと筆者は感じている．

　第4に，中国市場分断研究の大きな課題の1つ──今日の国内市場統合の状況は未解明である．

　加藤は地域構造差の拡大・地域集中度の増大・地域間価格の全国統一価格への収斂・一部地域の域外依存度の増大・鉄道を使った物流の活発化など5つの方面から中国は市場分断から市場統合に向けて進んでいると説明している[41]．しかし，以上の指標はあくまでも間接的な指標であり，市場統合の状態を直接に反映するものではない．これらの指標だけで，国内市場の統合状態を判断できるのか，大きな疑問が残されている．また，仮にその後中国の国内市場統合が進んだという結論が正しいとすれば，その原因はなにか，加藤などの研究は答えていなかった．

3. 本書の課題と構成

　これまで見た研究状況から，中国市場分断に関する経済学的研究にはなにが要請されているのかが，明らかとなろう．

　まず，中国における国内市場の分断とはなにか，なぜこんなことが起きたのかが問題とされなければならない．すなわち，市場分断はどのような歴史的状況の変化に応じて，どのような形で進められたのか，地方政府はなぜ市場分断を行うのか，その行動基準はなにか，また，このような市場分断はど

のような特徴があり，何に影響されるのか，という問題への解答を与えなければならない．さらに，90年代以後，中国の国内市場統合は進んでいるのかどうか，もし進んでいるなら，その原因はなにか，これらの諸問題に答えるなかで，初めて市場分断の本質は何か，国内の市場統合はどのように実現できるかを巡る根本問題を検討する枠組みが見出されるに違いない．

ところが，上に述べたことをより明確にするために，政治学と経済学の両方面の研究が必要である．趙[42]及び天児[43]は政治学の立場から市場分断の原因を分析している．市場分断は地方政府の政策的な行為であるが，地方政府がもつ情報と自己のイデオロギーや理論，自己の立脚する政治的・経済的基盤，とりうる政策的諸手段に基づいて政策を策定し，施策決定機構内で選択し実践する．こうした市場分断における地方政府の政策形成と展開を分析するにあたって，経済学的分析は，中国社会の政治的分析と補完関係を持ちつつ，市場分断の経済学的本質と機能を明らかにするものであると思われる．本書は，主に経済学的立場から中国国内市場分断の問題を論証するものである．

さて，以上の一般的な視点を確定した上で，本書の研究課題に立ち入ることにしよう．本書では，先駆的研究成果を踏まえて，今日までの中国研究であまり重視されなかった市場分断の問題を中心に研究を展開したい．市場分断問題は，中国経済市場化の過程で出現した比較的新しい経済現象であるが，この現象を中国経済改革の大きなフレームワークの中に取り入れ，中国経済の市場化の一側面——地方政府の経済介入と介入による市場分断を経済学的アプローチで明らかにするのが本書の狙いである．市場分断の問題は中国経済市場化の独自性を持っているが，この特徴を検討することは，究極的には中国の「社会主義市場経済体系」とはなにかを考察するために大きな役割を果たすものと思われる．本書の構成は以下の通りである．

第1章では，市場分断の概念を明確にした上で，市場分断の足取り・手段・タイプなど中国市場分断の略図を描いておきたい．

第2章と第3章では，市場分断のメカニズムを中心に分析し，今までの諸

研究で十分に説明されていなかった市場分断の原因を明らかにしたい．そのうち，第2章は地方政府を中心に分析し，産業構造の同質性と地方分権はどのように地方の保護主義を助長したのかを説明する．第3章は国有企業と地方政府の関係を分析し，中国国有企業の社会機能と地方政府の介入主義の関係を分析する．

第4章では，小型トラック・乗用車・中型トラックの市場分断の実態を分析して，自動車産業のケース・スタディによって，典型的なケースの1つを提供し，市場分断はどのように中国の自動車産業の育成を阻止しているのかを分析したい．

市場分断は域内利益保護のために地方政府による恣意的な介入の結果によるものであるが，その介入行為は一定の利益を獲得できると同時にコストも伴っている．第5章では，市場分断における地方政府の利益とコストを分析して，利益とコストがどのように地方政府の介入に影響しているのかを明らかにしたい．

第6章では，第4章の分析結果を利用して，EUと比較して，中国市場分断の特徴を明らかにしたい．さらに，地方政府は市場介入を行うときどんな要素の影響を受けているのかを分析したい．

第7章では，筆者が最近行った調査の資料を利用し，中国の国内市場統合の状態を分析して，市場統合の推進要因を解明したい．

終章は本書のまとめとして，中国市場分断のコストを分析した上で，中国における国内市場統合の1つの展望を提示したい．

1) 座間紘一（1996）243頁．
2) クルーグマン（1995）371頁．
3) 中兼和津次「中国経済の市場化と直面する課題」中兼和津次編（2000）22頁．
4) 同上，33頁．
5) 湯浅誠（1996）181頁．
6) 石川滋「中国経済の新しい展望」(財)国際金融情報センター編（1995）9頁．
7) 経済企画庁経済研究所編（1997）109頁．

序章　課題と方法　　17

8) 同上，113頁．
9) 地区・地級市レベルの地方政府に関して，中国の憲法第31条では，その法的地位が定められていないが，地方管理の有効性を図るために実際に設置されている．
10) 天児慧（1992）148頁．
11) 沈立人・戴園晨（1990）12-19頁．
12) 詳しい説明は「社会主義市場経済システムを確立する上での若干の問題に関する中共中央の決定」国家経済体制改革委員会編（1995）2-14頁を参照されたい．
13) 詳細は廬中原・胡鞍鋼（1990）を参照されたい．
14) 座間紘一（1996）236-237頁．
15) 大野健一（1996）．
16) 『日本経済新聞』1998年5月11日，11版記事，「中国，輸出で意外な粘り」を参照されたい．
17) 林毅夫（1999）3頁．
18) 『日本経済新聞』1997年9月29日，12版．
19) 林毅夫（1999）3頁．
20) 田村秀男「アジア，「大調整期」迎える」『日本経済新聞』1997年11月5日，14版．
21) 中国国家発展計画委員会主任の曾培炎の「1998年国民経済と社会発展計画の執行状況及び1999年国民経済と社会発展計画草案に関する報告」によると，1999年中国政府の目標として，紡績産業は紡錘1,000万を圧縮し，石炭産業は小さい立て坑2.57万個，生産能力2.5億トンを圧縮する計画が立てられた．
22) 石炭産業の生産能力調整を例でいうと，地方政府は主に3つの手段で域内の小型炭坑を保護している．1. 地域内の小型炭鉱の数を隠して，少なめに報告する．2. すでに廃棄した炭坑を廃棄指標に当てて，他の小型炭坑を保護する．3. 炭坑を一時的に閉鎖して，中央政府からの監査が終わると，生産を再開する（『中国経済時報』1999年8月4日）．
23) 「不足経済」はハンガリーの経済学者ヤノシュ・コルナイが『反均衡と不足の経済学』で提起した概念であり，その基本論理としては，社会主義の国営企業がハードな予算の制限がないため，投入のコストを配慮しない．企業の地位（ランク）は企業の規模と相関し，企業は規模拡大を要求するインセンティブが大きい．その結果，投入拡大の動機しか働かず，国家資源の投入に対する企業の要請は無限である．一方，企業の経営者は労働者の一員として認められ，労働者の賃金上げの要求は経営者の個人利益と一致し，できるだけ多くの企業利益を個人消費に回したい．その結果，資本・労働力などの生産要素から生活用品まですべて欠乏した状態となり，これは社会主義経済の内在的な特質である．
24) 沈立人・戴園晨（1990）．

25) 地方政府の機能に関する研究として，張可雲（1992），周天勇（1992），張翼湘（1993），葦偉（1993），楊瑞龍（1998）などが挙げられる．また，地域間分業関係に関する代表的な研究に，熊賢良（1993）と，郭万清（1992）がある．
26) 陳甬軍（1994）．
27) World Bank（1994）．
28) 今井理之・小島朋之（1991）．
29) 天児慧（1991）．
30) 中嶋嶺雄（1993；1995）．
31) 渡辺利夫（1996a）．
32) 座間紘一（1996；1999）．
33) 加藤弘之（1996a；1997）．
34) 加藤弘之（1998）．
35) 加藤弘之（1999）．
36) 田島俊雄「中国の財政金融制度改革―属地的経済システムの形成と変容―」中兼和津次編（2000）第3章．
37) 加藤弘之「中国における国内市場の統合と地域発展―産業立地の観点から―」中兼和津次編（2000）第4章．
38) 黄磷「市場統合と地域間物流」中兼和津次編（2000）第5章．
39) 陳甬軍（1994）131頁．
40) 加藤弘之（1998）112-115頁．
41) 加藤弘之（1997）．
42) 趙宏偉（1992；1998）を参照されたい．
43) 天児慧編（2000）．

第1章　中国における市場分断の形成

　1978年から始まった改革・開放政策の実施によって，中国では市場経済化が着実に進展し，経済の高度成長は20年以上続いてきた．このような「中国の奇跡」とも呼ばれている経済の高度成長は，まさに改革・開放路線の恩恵に浴するものである．このことは，誰にも否定できない事実である．しかし，中国の市場化改革の歩みは，一直線に実現できたのではなく，試行錯誤と紆余曲折の連続である．市場化改革はかなり成功しているとはいえ，地方政府の政策介入が地域の独立傾向を強めさせ，国内市場が分断されている側面も存在する．本章では，まず市場分断の概念・足取り・手段とタイプを紹介し，それに基づいて，中国における市場分断の略図を描いておきたい．

1.　市場分断とは何か

　「市場分断」の主な特徴は取引が地域内に集中することである．市場分断と言われると，よく思い浮かべるのは2つの現象であろう．
　1つは19世紀末以前のアメリカであり，鉄道ネットワークなどのインフラストラクチャーがまだ整備されていないため，主な需要は地域内の供給に依存し，各地域が独立の市場を形成した．同じ現象はアメリカだけではなく，20世紀初期までの中国にも存在した．当時の中国農村地域では，外部との取引が少なく，10から20の村落の住民が定期的に「市」を開催して，すべての交換を行った．G.W.スキナーはこの自己完結的交換範囲を「標準的市場圏」として定義した[1]．本書では以上のようなインフラストラクチャーの

不備による市場分断を「自然による市場分断」と呼ぶことにする．

「自然による市場分断」は今日の中国にも存在し，特に1980年代末までその影響は大きかった．その原因はインフラストラクチャー整備の遅れと，企業のアフターサービス網の未整備である．

80年代末まで，経済発展に伴う物流の急速な増加とインフラ整備の遅れによって，流通は中国経済発展のボトルネックとなった．中国の地域間物流は主に鉄道輸送に依存するため，80年代半ばから末までの間，鉄道部門に貨物輸送を依頼してから，実際に発送するまで平均して3カ月間ぐらいかかった．

一方，計画経済時代，中国企業のほとんどはアフターサービス網を設けなかった．改革・開放以後，アフターサービス網を整備し始めたが，高額の投資が必要なため，特に地域外市場での整備は遅れていた．

商業部門は地域外の製品を販売すると，注文した商品が時間通りに来ないだけではなく，品質などの問題が発生した場合，メーカー側は速やかに解決することができず，商業部門自身の負担は大きくなる．そのため，商品の品質や価格に大きな差がない場合，商業部門は地域内製品を優先に販売する傾向が強かった．このような「自然による市場分断」は90年代半ば以後にかなり改善されたが，その研究は本稿の研究目的ではない．

もう1つの現象は国際貿易における各国市場の閉鎖である．国内企業の利益を保護するために，各国政府は対外貿易に常に介入している．輸出入関税や輸出入補助金などの関税障壁と，輸出入数量割当，輸出自主規制，ローカル・コンテント規制などの非関税障壁の実施によって，国内市場が独立している．このような政府の介入による市場分断は，「人為による市場分断」と呼ぶことにする．市場統合化を進めているEU諸国の市場分断問題はまさにこのような「人為による市場分断」である．

本書における中国の市場分断は，「人為による市場分断」を指す．中国の市場分断は，国内市場が分割される現象を指しているため，19世紀末以前のアメリカの市場分断（自然による市場分断）と類似する．また，この現象

は，インフラストラクチャーの未整備によるものではなく，地方政府の介入で人為的に招致した経済現象であるため，政府の関与という点では，国際貿易における市場分断と似ている部分もある．

中国の市場分断とはなにか，今日までの諸研究を見ると，世界銀行と加藤は，主に市場統合の概念を利用し，市場分断に関して，厳密な概念規定は行わなかった．陳の研究は，市場分断の範囲・主体・対象・手段・目的などの側面から定義を行ったが，文章があまりにも長いため，洗練する必要がある．

本書における市場分断（fragmented market）[2]の概念は，地方政府が地域内経済管理の権限を活かして地域外製品の流入あるいは地域内資源の流出を制限し，地域内市場を保護することによって，国内市場が行政区域を境として分割されることを指している．この概念から明らかなように，中国の市場分断は「人為による市場分断」であり，その主体は地方政府である．すなわち，市場分断は地域内の取引を中心とする経済現象を特徴とするが，中国の市場分断は地方政府の権限に依存している．運送手段・流通体制の遅れから生じる取引が地域内に集中する現象は包含しない．

また，ここで定義している市場分断の概念はマクロ経済学の範疇であり，経営学の市場分断（market segmentation）の概念とは異なる．後者は，市場を消費者の人口統計・心理的属性や商品の使用行動に応じて幾つかの部分集合に分け，企業がそれぞれに合わせた特異な商品やマーケティング活動を展開することを指している．その目的は競争優位の確保と市場総需要の拡大であり，市場細分化とも言われている．後者はいわば企業マーケティングの一手法であるのに対して，前者は地方政府の市場介入活動である．

さらに，先進諸国でも地域内製品を優先して選択する傾向がある．例えば，ドイツのバイエルン州ではBMWを使用する傾向があり，名古屋ではトヨタ車に乗らないと非難されるなどの傾向があると言われている．しかし，これは地域的なひいきとか好みの問題であり，地方政府の行為ではない．日本やドイツのような先進諸国では地方政府は市場介入の権限がなく，中央政府の

市場監督によって，市場分断は発生しなかった．

2. 市場分断の足取り

中国の市場分断は1980年代初めから発生した新しい経済現象である[3]．地域・製品によって実態は違うが，80年代初めから発生した大規模な市場分断は5つの段階に分けられる．

(1) 1982年中国では需要増加が鈍化し，一部の地方は地域外の工業製品の流入を制限し始めた．これは改革・開放以後の中国最初の市場分断であり，地域政府（主に省，県・市政府）が「地域外製品の購入禁止命令」によって地元企業の市場を保護した．

(2) 1986年にインフレーションと原材料・エネルギーの供給不足を解消するために，中央政府は経済引締め政策を採用し，需要の成長鈍化を引き起こした．一部分の地域は再び地域外製品の流入を制限し始めた．

(3) 80年代初めからの加工工業（特に軽工業）への投資傾斜によって，1987-88年に原材料（主に農業原材料）の供給不足が発生し，全国規模で原材料の争奪が生じた．1982, 1986年の市場分断と違って，1987-88年で発生した市場分断は地元原材料の流出を制限するものであった．

(4) 1988年からの経済引締め政策によって中国経済は深刻な不況に入った．需要不足によって市場競争が異常に激しくなり，地元企業の市場を保護するために，1989年末から各地方政府は相次いで地域内市場に介入し，全国規模の市場分断が発生した．これは今日までの最大規模の市場分断でもあった．

(5) 1993年から食糧生産の減少によって華南地方（広東省・広西省・湖南省・海南省）を中心に食糧の争奪が発生した．このような争いは全国に広がり，多数の地域が再び食糧の流出制限を採用した．

以上の市場分断及びその基本特徴は表1-1の通りである．この中で一番典型的な市場分断は1989年から発生したものであり，その規模は全国に広が

第1章　中国における市場分断の形成

表 1-1　市場分断の 6 段階及びその特徴

発生年度	1982	1986	1987-88	1989-91	1993
制限対象	農産品・エネルギーなどの一次製品の流出と工業製品の流入	農産品・エネルギーなどの一次製品の流出と工業製品の流入	一次製品の流出	工業製品の流入	農産品の流出
制限種類	少ない	中規模	少ない	多い	少ない
持続時間	6カ月	3～6カ月	1年	1.5年	1年
発生地域	中規模	中規模	全国	全国	華南地方
分断手段の強さ	強	中規模	強	強	中規模
中央政府の反応	強	弱	強	強	弱
市場成長率	低速	低速	高速	マイナス成長	高速

出所：陳（1994）46，47，190頁の図より筆者修正．

っているうえに，制限品目が多く，1年半にわたって地方政府の強い介入が続いた．

　市場分断は主に地域間の商品流通の制限に現れているため，その状況は地域間商品の流入・流出変動からある程度観察できる．中国政府は国内の地域間の商品移動のデータを公表していないが，世界銀行が1985年から92年までの7年間の地域間商品の移動状況のデータを独自に収集して，それに基づいて作った資料は図1-1から図1-5までである．

　図1-1は各省の域内市場規模の変動状況を示している．全体的に見ると，1985，88，90，91，92年の国内市場規模の合計額はそれぞれ360,923.6，524,909.0，562,113.4，589,062.0，665,978.0百万元となっており，年平均成長率は9.1％で，国内市場が急速に拡大していることを物語っている．そのうち，湖南・海南・貴州・チベットの4地域はデータが不十分なため，その変化は判断できないが，それ以外の地域は市場規模が拡大傾向となっている．特に，北京・河北・上海・江蘇・浙江・山東・湖南・新疆の市場規模の拡大が速い．

　図1-2は各省が他地域から調達する商品総額の変化を示している．1985，88，90，91，92年の各省の流入額合計は，それぞれ132,205.1，141,427.9，139,696.8，167,768.9，183,601.7百万元となっており，全般的に見れば，市場

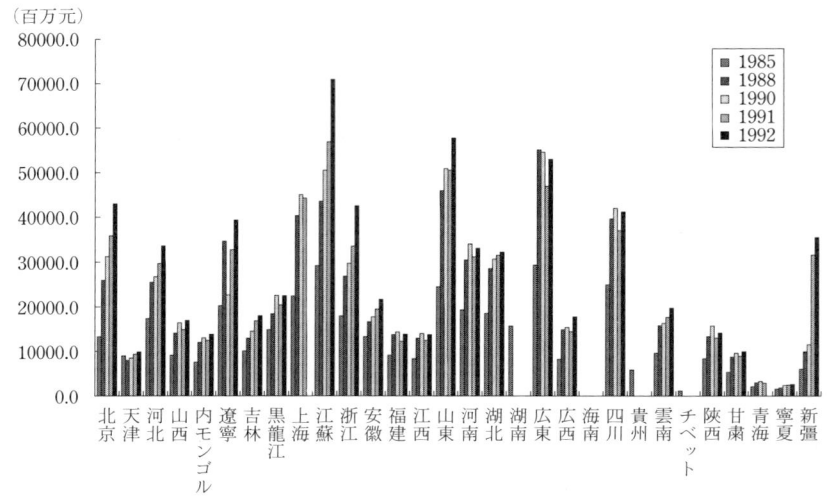

出所：World Bank（1994）p. 207.

図 1-1　域内市場規模の変動

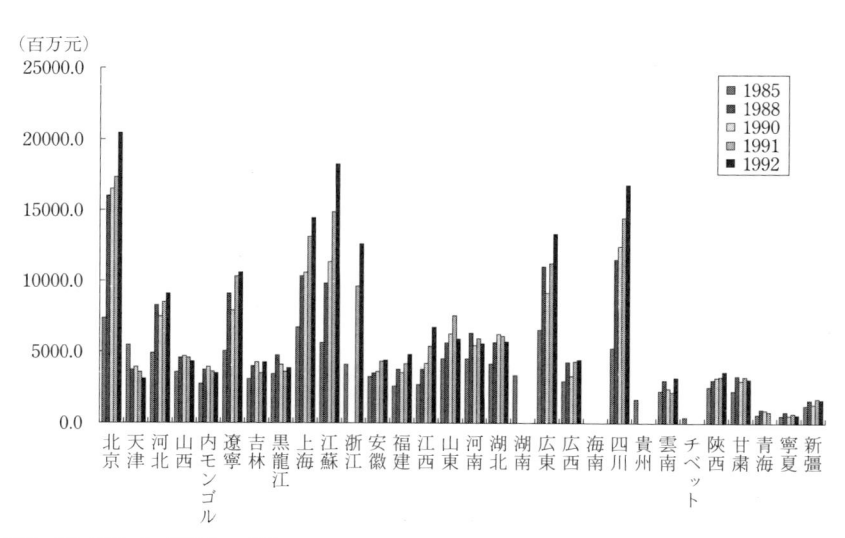

出所：World Bank（1994）p. 205.

図 1-2　他地域からの商品流入総額変動

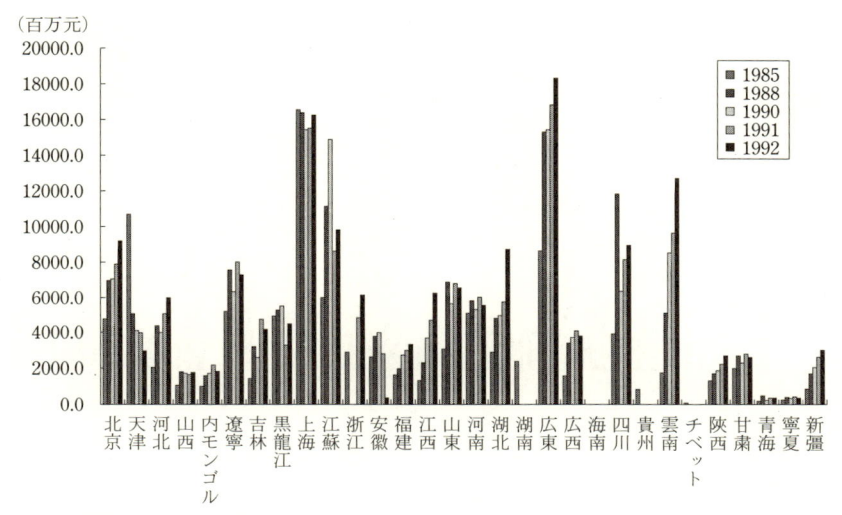

出所：World Bank (1994) p. 206.

図 1-3　他地域への商品流出の変動

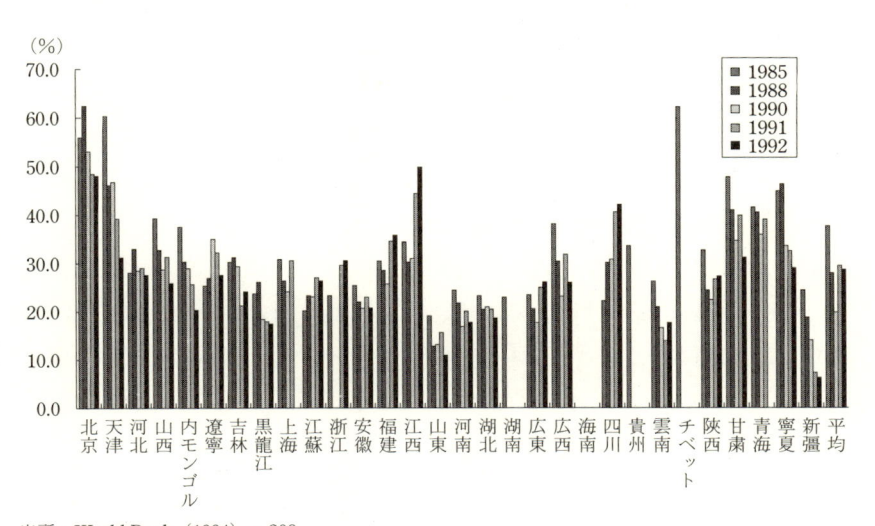

出所：World Bank (1994) p. 209.

図 1-4　域外商品の流入率

(%)

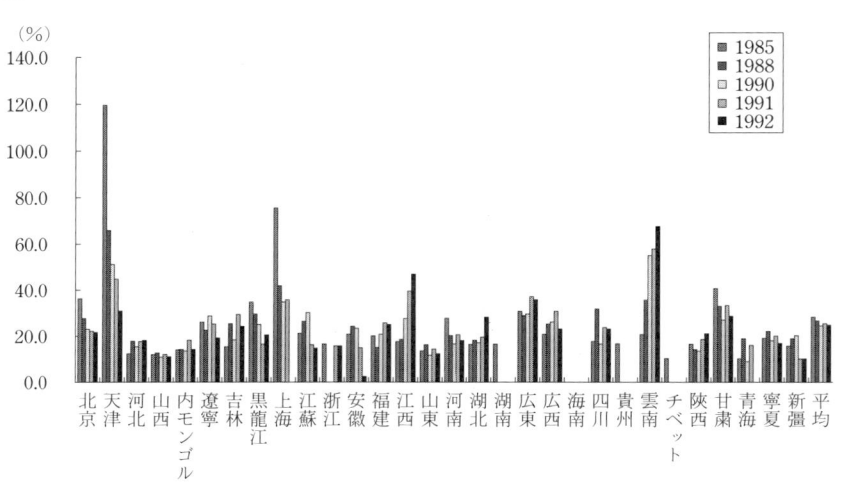

出所：World Bank（1994）p. 208.

図 1-5　商品の流出率

規模の拡大によって，地域外商品の流入も増えている．しかし，この7年間の他地域からの商品調達の年平均増加率は4.8％しかなく，同期の市場規模拡大スピードの9.1％を大きく下回っている．特に，年度別で見ると，1990年は1988年よりも減少している．また，地域別で見ると，北京・上海・江蘇・安徽・江西・四川の6省・市は一貫して増加しているが，それ以外の地域はこの5年間，少なくとも一度流入商品の減少を経験している．特に，1990年と1991年は17の地域では域外製品流入の減少が発生した．

図1-3は域外への商品の流出状況を表している．1985, 88, 90, 91, 92年の各省の流入額合計は，それぞれ95,063.8, 129,850.8, 129,223.9, 140,445.2, 151,514.2百万元であり，全体から見ると，商品の流出額も増加の傾向となっているが，1990年は1988年より減っている．また，この7年間の商品流出の増加率は年平均4.8％であり，市場規模の拡大スピードを下回っている．地域別を見ると，北京・福建・江西・広東・雲南・陝西・新疆の7地域は商品の流出は一貫して増加しているが，それ以外の地域は，少なくとも一度商品流出の減少が発生し，特に1990年と1991年の商品流出が減

第1章　中国における市場分断の形成

少している地域は多い．この変化は図1-2の商品の地域外調達の変動と同じ傾向である．

図1-4と図1-5は，図1-1，1-2，1-3のデータを使って計算した流入率（流入率＝他地域からの流入総額／域内市場規模）と流出率（流出率＝他地域への商品流出額／域内市場規模）である．この2つのデータの変動から，域内・外の取引関係の変化を判断できる．すなわち，流入・流出率が増大すれば，地域間の取引が活発化していることを意味し，減少すると地域間の取引が相対的に縮小したことを物語っている．

まず，図1-4を見ると，流入率が一貫して増大しているのは四川省だけで，それ以外の地域はむしろ減少傾向となっている．全国平均の数字で言うと，1985年の流入率は36.6％となっているが，1988年は26.9％，1990年は24.9％となり，1985年より11.7％も減少した．そのあと，1991年は28.5％となり，一旦上昇したが，1992年は27.6％となり，再び減少傾向に戻った．

次に，図1-5の流出率の全国平均値を見ると，各年度の数字はそれぞれ26.3％，24.4％，23.0％，23.8％と22.8％となり，商品の流入率と同様に，ほぼ一貫して減少の傾向となっている．

以上の変化状況を纏めてみると，1985年から1992年の間に地域間商品の流入・流出率が減少した地域はかなり多いことが分かる．特に，1985年から1990年までの5年間，流入・流出率の低下が目立つ．

さらに，同時期の各省の外国貿易を見ると，輸出・輸入の年平均増加率は16.7％と9.7％に達して[4]，他地域からの流入・流出の増加率を大きく上回って，中国の地域間経済関係が相対的に後退していることを意味する．

省間の貿易量の変化は様々な要素の影響を受けており，地方政府の介入はその1つでしかない．この意味では，世界銀行のデータは80年代から90年代初めまでの市場分断の実態を忠実に反映しているとはいえないかもしれない．しかし，地方政府の介入は重要な要素であり，省間貿易は地方政府の介入を強く受けていることは間違いない．そのため，この時期の地域間取引の相対的縮小は主に地方政府介入の結果として考えられる．すなわち，地方政

府の介入によって，各地方は地域内を中心に取引を行う傾向が急速に強化されたといえる．

3. 市場分断の手段

　市場分断の主体は地方政府であり，その目的は域内利益の保護であるという結論はすでに述べた．それでは，地方政府はどのような手段で域内利益を保護しているのか，ここでは，筆者が1989年10月に江蘇省のビール市場を調査した一例を挙げた上で，市場分断のプロセスと手段を纏めたい．

　長い間，中国のビール産業は供給不足が続いたが，80年代からの活発な新規参入と，1988年からの引締め政策の影響を受けて，1989年夏から江蘇省では初めてのビール需要不足が発生した．同時に，1989年6月の天安門事件以降の外国制裁の影響を受けて，隣接の山東省青島市に立地している中国ビール産業のナンバー・ワン――青島ビール集団有限公司は海外市場を失い，輸出向けの商品を山東省と江蘇省に向けて販売し始めた．その結果，江蘇省のビール市場は，供給不足から一気に供給過剰となり，激しい競争の状態に突入した．

　江蘇省の塩城市所轄F県に立地するf社は，F県政府所有の新設ビールメーカーであり，県の財政収入に貢献するものと大きく期待されていた．しかし，操業から1年間も経たないうちに，市場不況に直面した．地域外メーカーとの競争を避けて，県内市場を確保するために，f社はF県政府に対して域内の市場保護を要請した．

　F県政府は，f社の要請に速やかに応じて，2つの措置を採用した．

　まず，県政府は県内で他メーカーのビールの販売禁止命令を公布した．しかし，地域外ビールの味が良いうえに，人気があるため，域外ビールの販売は利益が大きい．また，F県政府の保護政策と対抗するために，域外メーカーは小売業者に対して，様々な優遇条件を提供し，自社ビールの販売を奨励した．その結果，一部分の小売業者は政府部門の命令を無視して販売を継続

した．このような小売店を直接に処罰できないが，政府部門は衛生検査・商工管理・税務などの部門を動員して，小売店の衛生状況・販売商品の品質・財務と納税状況などを全面的に検査し，問題があれば厳しく処罰した．このような小売業者の検査強化による市場保護の方法は最初は江蘇省北部に近い山東省南部の幾つかの地域で採用されたが，F県も同じ方法を採用した．

また，県政府はf社に対して，財政補助と「減免税」を行った．「減免税」は数多くの地方政府が地域内の赤字経営の煙草・アルコール飲料メーカーを対象に採用した共通的な保護手段の1つである．その内容は，ビールの製品税の一部分あるいは全額をメーカーに還付することである．県・市の政府にとっては，製品税だけを還付すれば，ビールメーカーは製品税の低い他産業の企業と同様に営業税や法人税など他種類の税金を上納することができるが，何らかの方式で救済しないと，企業が潰れて他種類の税金損失だけではなく，失業問題や他の社会問題の深刻化も必至である．そのため，地方政府はしばしば赤字経営の国有企業と一部分の郷鎮企業に対して，製品税を還付している．だが，ビールの製品税は高いため，その還付は企業にとってはかなり大きな利益となった．

以上は地方政府による市場保護の手段の一例でしかない．類似した現象は全国各地で広く発生している．不況に陥ると，企業は政府に対して市場保護を要請し，政府部門がそれに応じて保護措置を取るのは，市場分断の一般的パターンである．もちろん，地方政府は企業からの要請を拒否するケースもあり，または企業の要請はないが，他地域の市場保護のやり方を真似して，域内市場を保護するケースもある．特に，市場分断が最も深刻化していた1990年前後は後者の方がかなり目立っていた．

企業の要請を受けて，地方政府はどのように域内市場を保護したのか，市場分断の手段は様々であるが，大きく3つの種類に分けられる[5]．

(1) 行政的手段

行政的手段は政府の行政管理部門の規定・規制・行政命令を指している．

市場分断における行政的手段は，主に域内流通部門に対する強制によって実行されている．市場保護のために，各地域政府が採用した行政的手段は，域外製品の購入制限と域内製品の強制購入の2種類がある．

(1) 流入制限リストの作成：これは国際貿易の輸入許可証制度とほぼ同じ方法である．すなわち，地方政府は流入制限のリストを作成し，域外からの購入に当たって，許可証を発行するものである．例えば，1990年6月揚子江流域のある市は，化学肥料・セメント・紙・オールペーパー・電球・ビール・葡萄酒・アルコール・化学調味料・布・繊維製品・羊毛糸・タオルなど45種類の商品の域外流入を制限し，地域外メーカーから購入するとき政府部門に許可証を申請しなければならないという通知を公布した．類似した手段は各地方において広く採用されている．

(2) 地元企業製品の買い付け義務の規定：これは地域内の流通部門に地元企業製品を強制的に購入させる方法である．義務づけの方法を見ると，さらに購入比率の規定と購入総額の規制という2つの方法がある．

行政的手段は，主に「計経委」や「商業局」などの地方政府の経済管理部門と流通管理部門によって実施され，国有商業が大きなシェアを占めていた80年代にはかなり大きな役割を果たしていた．行政的手段の実施は地方政府の権限だけに依存し，法律的な根拠はなかった．

(2) 経済的手段

市場分断の経済的手段は，域内・外製品の販売条件を変動させ，域内製品に有利な販売条件を提供する方法である．各地が採用した流入制限の経済的手段は主に4種類ある．

(1) 公定価格の設定：地域外の製品を対象に域内同類商品より高い公定価格を設定し，流入を制限する方法である．公定価格の設定は域外商品の価格を人為的に引き上げたため，関税と同じ効果がある．80年代の半ば頃に，上海市が「優質優価」（品質の高いものが高く販売できる）という中央政府の品質促進政策を利用し，広東省で生産したすべての工

業製品に対して,「良質」製品として位置づけ,上海市の同類製品より1割以上高い価格を強制したのはこの典型的なケースである.
(2) 金融的手段:これは主に流通部門の地元製品の買い付けに対する資金の供与・優遇金利・決算などの面での優遇措置である.
(3) 財政的手段:主に補助金の支出と減免税という2つの方法があるが,その対象は地域内の生産企業と流通部門である.江蘇省のビール市場分断の例で見たような f 社に対する「減免税」はその典型のケースである.
(4) 流通企業及び従業員に対する賞罰制度:流通企業及び従業員を評価する主な指標として,地元製品の販売業績を使う方法である.1989年の江南某市では,地元製品の販売ノルマを達成した商業企業に対して,売り上げの1%,ノルマを超える部分の4%を奨励基金として企業内部で留保できる措置を設けていた.

(3)「超法規的」手段

「超法規的」手段は地域政府の監督権限を活かして,域外製品及びその販売企業に対する検査を強化する方式である.具体的なやり方は3種類ある.
(1)「市場管理」・「品質監督」の名目で,域外製品への検査を強化し,国家の規格・技術規制よりも厳しい基準を用いて,域外製品に対して検査を行う.このような検査は販売時期を逸するように仕向けたり,人為的に検査基準を引き上げたりして,域外製品の流入を制限する.この形の市場分断はEUにおける技術的障壁の中の製品規格,技術的規制及び認証制限と同じ役割を果たしている[6].
(2)「偽ブランド品の制裁」を名目として,地元の新聞・テレビなどのマスコミを動員して域外製品を「偽ブランド」であるかのごとく,中傷宣伝を行う.1989年から90年代初めまで,各地域の新聞やテレビでは「ビールか爆弾か」・「冷蔵庫爆発,人殺し」のような宣伝が広く行われた.域外メーカー及びそのブランド名がそのまま載せられ,域内市場からの撤退を迫られた.

(3) 行政区域の境に「関門」を設置し，域外製品の流入を検査する．これはEUの物理的障壁に当たる[7]．

行政的手段と異なり，「超法規的」手段は一定の法律を用いて，その建前は「消費者の保護」や「偽ブランドの制裁」などであり，関連する法律を根拠としている．しかし，本質は地域内企業の利益の保護であり，行政的手段・経済的手段とは変わらない．したがって，「超法規的」手段は，地方政府の法律の濫用に過ぎない．

4. 市場分断のタイプ

表1-1で見たように，中国の市場分断はかなり複雑な経済現象であり，地域・時期によってその制限の対象が異なっている．そのうち，農産品の流出制限もあれば，工業製品の流入制限もある．また，製品以外に，ヒト・カネの自由移動も制限されている．このような複雑な経済現象は，基準によって様々な分類ができるが，本書では主に以下の2つに分類する．

(1) 制限対象による分類

制限対象によって中国の市場分断は，製品市場の分断・労働力市場の分断と資本市場の分断に分けられる．
(1) 製品市場の分断：地方政府の介入・規制によって，製品の地域間の自由移動が制限されるものである．本書では製品市場の分断を中心に分析する．
(2) 労働力市場の分断：地方政府の介入・規制によって，労働力の地域間自由移動が制限されるものである．

労働力の自由移動の制限は中国の独特な重化学工業化路線と結びつき，1950年代頃からすでに存在していた．工業基礎のない「半封建・半植民地」社会から重化学工業化を実現するために，中国は「強蓄積メカニズム」を導入した．農産品の「統一買い付け・統一販売」と価格シェーレとを通じて，

農業余剰を搾り取り，重化学工業の原資を充たした．このような農業余剰を保証するには農業労働力を土地に縛りつける必要があり，1970年代の末までは，主に「戸籍」制度・食糧配給制度と労働就業制度によって農業労働力の自由移動を制限した[8]．しかし，70年代末までの労働力の自由移動制限は強力な中央集権の下で実現されたものであり，地方政府による市場分断ではない．

80年代以降，地域間で人材の奪いあいが展開されるようになり，内陸地域は技術者の流出を制限し始めた．特に大卒以上の人材の地域間移動は，地方政府の人事・教育部門に直接に管理され，政府部門の許可がないと，移出できない．また，90年代後半から地域内の雇用を保障するために，地域内労働者の優先雇用制度も広州など一部の大都市で作られ，事実上域外労働者の流入を制限していた．80年代以降のヒトの自由移動制限は，主に地方政府の介入によって実施しているが，「戸籍」制度と人事・労働就業制度に依存する点では以前の労働力の自由移動制限とは大きな相違点はない．

(3) 資本市場の分断：地方政府の介入・制限によって，地域内資本の地域外への流出が制限されるものである．

製品市場の分断と同様に，資本市場の分断も80年代以降から発生した新しい経済現象である．資本不足は途上国の工業化過程に共通する問題であり，中国も例外ではなかった．80年代初めから各地方政府は資本不足を解消するために，域内資本の域外への流出を厳しく制限した．特に地方政府の財政請負制を実施した後，資本の流出は地域内財政収入の減少と雇用問題の深刻化を意味するため，ほとんどの地域は，銀行に対するコントロールを強化し，資本の流出を禁止した．製品市場と労働力市場の分断は，流入制限と流出制限という2つの表現が存在するが，資本市場では流入制限が存在しなかった．むしろ資本の流入は大きく歓迎されている．特定地域から見ると，資本市場は入口しかなく，出口が存在しない．あらゆる地域の資本市場は出口がないため，地域間の資本市場は完全に遮断され，資本の移動はほとんど不可能であった．

(2) 制限の目的と製品の流通方向による分類

 同じ製品市場の分断を見ても，制限の目的と製品の流通方向によって，流入制限型の市場分断と流出制限型の市場分断という2つのタイプに分けられる．

 (1) 流入制限型の市場分断：このタイプの市場分断は地方政府の介入・規制によって地域外の商品が地域内への流入を制限するものであり，いわゆる地域市場の保護である．

 流入制限の品目は地域・時期によって異なるが，総体的にいうと地域内に生産能力があり，かつ付加価値の高い工業製品が主な規制対象になっている．90年代初めまでは日用製品の流入が幅広く制限されたが，その後，自動車など基幹産業の製品が主な制限対象になっている．流入制限の具体的な手段は，行政的手段・経済的手段・「超法規的」手段の3種類があげられ，前述のような各地域に使われた諸手段はその典型的な例である．流入制限型の市場分断は不況の時によく採用されるもので，その目的は地域外企業との競争を避けることであり，地元メーカーの市場確保である．

 (2) 流出制限型の市場分断：このタイプの市場分断は，地方政府の介入・規制による地域内商品（主に原材料）の地域外への流出に対する制限である．流出制限型の市場分断の目的は，域内企業の原材料やエネルギー供給の確保であり，いわゆる域内企業の生産保護である．

 流出制限型の市場分断も80年代から始まったものであり，その主な対象品は農産品・軽工業の原材料とエネルギー製品（石炭など）であり，主に行政的手段を用いて実施されている．80年代から何度も出現した「羊毛大戦」・「綿花大戦」・「カイコ大戦」・「葉タバコ大戦」・「石炭大戦」などは，その典型的な事例である．

 流出制限型の市場分断は加工工業の規模拡大，特に原料産地での加工工業の著しい発展によって引き起こされたものであり，その本質は各地域の原材料に対する争奪戦である．一般に，流出制限は市場好況の時によく採用されるが，ものによっては通年にわたって流出を制限することもある．雲南省玉

溪市の葉タバコの流出制限はその代表的な例である．

　雲南省玉溪市は良質な葉タバコの生産地として，各地域のタバコメーカーの関心を集めている．しかし，耕地面積の制約で生産規模の拡大ができず，供給不足の状態が続いた．1992年の筆者調査によると，地元メーカーの玉溪巻煙廠（玉溪タバコ製造廠）は原材料供給を保障するために，3つの手段を採用している．

①地元の農民と契約を結ぶ．契約の主な内容は，会社側が葉タバコの種（アメリカから輸入されたもの）の供給と栽培技術の指導を行い，すべての収穫物は同社が買い上げる．農民は第三者に販売することが契約上禁止されている．

②玉溪地区（玉溪市と所轄の周辺8県を含む）の政府部門（地区・市・県・郷を含む）のあらゆる幹部のボーナスは玉溪タバコ製造廠が負担し，その代わりに政府部門は地元産の葉タバコの流出を制限する．

③買い付けの価格を高く設定する．同社は葉タバコを特級，1級，2級，3級など4つのランクに分けて購入価格を設定しているが，他地域メーカーの高価購入を防ぐために，実際の購入に際して，設定価格より1級アップ（例えば，2級品は1級品の価格で購入する）して購入する．

　玉溪タバコ製造廠は中国最大のタバコメーカーである．玉溪地区財政収入の98％以上は当会社が上納した税金と利潤であり，当社に対する保護は地方政府の最大の任務になっている．このような流出制限は景気状況と関係なく，80年代から今日までずっと続いている．

　以上の分析から明らかなように，製品・労働力と資本の市場分断は，形成の歴史とメカニズムは異なっているが，その目的は地域内の利益を保護することである．本書は製品の流入制限型の市場分断を中心に研究し，労働力・資本の市場分断及び製品の流出制限型の市場分断には必要な限りで言及するにとどめる．

　以上，中国市場分断の概況を簡単に纏めてきた．これらの分析から中国に

おける市場分断の略図を描くことができる．

　第1に，市場分断の定義と手段から見ると，市場分断の本質を判断できる．すなわち，市場分断は地方政府と企業の共謀的行為であり，その目的は地域内の経済利益を守ることである．市場分断は地方政府の権限によるもので，地方政府の経済介入の一類型でもある．言葉を換えれば，地方政府の一種の権限濫用ともいえる．市場分断の主体は地方政府である．

　第2に，市場分断の足取りと表1-1から見ると，中国の市場分断は改革・開放政策へ転換してからの新しい経済現象であり，時期・地域によって分断の特徴も異なる．また，その発生は景気変動と関連して，高度成長の時期には流出制限型の市場分断が発生しやすいし，不況に陥ると流入制限が盛んになる傾向がある．

　第3に，市場分断のタイプから見ると，市場分断は製品市場・要素市場など広い範囲に及び，その中で最も代表的かつ深刻的なのは製品市場の分断である．また，製品市場分断のうち，流入制限型の市場分断はその典型である．

　では，なぜ中国では改革・開放以後に市場分断を発生したのか，第2章と第3章ではマクロとミクロの2つのレベルから市場分断形成のメカニズムを探ってみたい．そのうち，第2章では主に改革以降に実施された地方分権と地方政府の財政請負制と市場分断の関係を検討し，第3章では中国国有企業のシステムと市場分断の関係を中心に分析してみたい．

　　1）　スキナー（1979）．
　　2）　世界銀行の研究では，market segmentationという英文が使われているが，経営学の市場分断と区別するために，fragmented marketを使用した方が適当だと思われる．
　　3）　中国市場分断の形成の時期に関しては，新中国建国以前（1949年10月）から国内市場がすでに分断されていて，1979年の改革・開放政策の採用が，統一市場形成の開始であるという説（渡辺（1996a）49頁）もある．市場の概念に関しては「交換の場所」と「単一価格（一物一価）形成を行うシステム」という2つの範疇があるが，経済学ではよく用いられる市場の概念は後者のものである．市場分断は交換場所の遮断に現れているが，その実質は，価格形成システムの遮断である．1979年以前の中国は計画経済であり，「価格形成を行う

システム」という範疇の市場は存在しなかった．計画経済の下で，商品の流通は政府（中央と地方政府）計画によって決められた．地域内供給に基づいて，差額の部分を地域間で調整するのが基本的な計画方法であった．したがって，厳密に言うと1979年以前の中国では市場というものが存在せず，市場分断の現象もなかった．地域企業の製品が主に地域内需要に満たすという現象は，市場分断ではなく，中国の計画経済の1つの特徴に過ぎない．

4) World Bank（1994）p. 40.
5) 陳甬軍（1994）4頁．
6) EUにおける技術障壁の詳細は田中素香（1991）76-77頁を参照されたい．
7) EUにおける物理的障壁の詳細は田中素香（1991）75-76頁を参照されたい．
8) 中国における「強蓄積メカニズム」と戸籍制度の詳細は，渡辺利夫（1986）第VIII章を参照されたい．

第2章　市場分断形成のマクロ的要因
―産業構造の同質性，地方分権と地方政府の財政請負制―

　第1章では市場分断の足取り・手段とタイプを纏めて，80年代以降から中国で発生した国内市場分断の略図を描いた．このような市場分断は，地方政府の市場介入行動によって引き起こされ，先進諸国ではあり得ない経済現象であり，同じく計画経済から市場経済へ移行するロシア・東欧諸国でも発生しなかった．ではなぜ中国では市場化改革に伴って，市場分断が発生したのか．第2章では中国の伝統的経済システムを分析したうえで，産業構造の同質性と地方分権・地方政府の財政請負制の導入がどのように市場分断に影響しているのかを分析し，「市場の未発達」を基本的特徴とする「伝統経済」（慣習経済）から市場経済への移行と，計画経済から市場経済への転換という2つの側面から中国市場分断の形成原因を探っていく．

1.　重工業の優先的発展戦略と中国の伝統的経済システムの形成

　中国の3000年の政治史を見ると，「官僚制を基盤とする皇帝の統一的王朝体制と，各地に覇をとなえる群雄の割拠と，統一的な秩序が崩壊していく中で勃発する大農民反乱の3者の交錯した連鎖として理解できる」[1]．一番近い例は20世紀の初期から30年間続いた「軍閥割拠時代」である．
　1949年の建国以降，中国は「全国統一市場」の形成に向けて努力してきた．まず1954年12月，人民元の一本化を実現し，1959年6月には統一度量衡法が制定された．さらに，政府は外国列強と買弁官僚の資本を没収して国営企業に改造し，私企業も公私合営に編入して，賃金・社会保険・製品価

格・生産販売などすべてをコントロールした．その結果，強力な中央集権が実現し，通貨・貿易・為替・賃金・度量衡・規格の統一が推進され，「全国統一市場」が1950年代半ば頃に形成された[2]．しかし，この「統一市場」は中央集権型の計画経済体制の下で形成されたものであるため，市場経済下での統一市場とは異なり，計画経済下での「社会主義統一市場」[3]と言われている．1970年代末にわたるまで中国では「高度集中的計画経済体制」が実施され，この間1958年と1971年の2度にわたって地方分権を実施したにもかかわらず，国内市場の分断は発生しなかった．

しかし，市場分断の問題は中国の計画経済という伝統的経済体制とは無関係なものではない．伝統体制の下で，すでに市場分断の種は蒔かれており，経済市場化の改革措置は適当な温度と水分を提供することによって，発芽を促進したのである．したがって，市場分断のメカニズムを探るまえに，中国の計画経済下での伝統経済システムを分析する必要がある．

中国の伝統的経済システムに関する研究は，40年以上の歴史があり，その成果は枚挙に暇がない．80年代以降の研究を見ると，そのほとんどは1984年の『中国経済体制改革に関する中国共産党中央委員会の決定』に定義されたものと同様で，新しい特徴はなかった．また，なぜこのような経済システムを形成したのか，その原因も旧ソ連の経済システムの影響を中心に説明しただけで，経済学的な分析はほとんど行われなかった．

90年代に入ると，林を代表とする北京大学中国経済研究中心の3人グループ[4]によって出された一連の優れた研究が注目を集めている．この研究が高く評価されている主な原因は2つある．

第1は，中国の改革が成功した原因の説明である．20世紀の後半から中国と旧ソ連・東欧諸国は次々に計画経済を放棄し，市場経済に移行してきた．しかし，中国の改革は大きな成果を収めたのに対して，旧ソ連と東欧諸国の一部の改革は行き詰まっている．なぜこのような明暗に分かれたのか，その原因の説明は様々な説があるが，林らは中国の市場化改革を「漸進的改革」と呼び，中国改革の成功とロシア・東欧諸国の「ビッグ・バン方式」改革の

第2章 市場分断形成のマクロ的要因　　41

失敗の原因は改革の方法によるものであると主張し，ジェフリー・サックスを代表とするアメリカの理論経済学者達を批判した．

　第2は，「発展戦略」と「経済体制」を結びつける理論分析の枠組みである[5]．つまり，中国の伝統的経済システムはただ旧ソ連をコピーしたものではなく，経済体制と発展戦略の間には因果関係が存在し，伝統的経済システムは経発展戦略に根源があるとする見解である．以下，林らの研究を参照して，中国経済の伝統的システムの特徴を整理してみたい．

　中国は半植民地・半封建の立ち遅れの農業国から，資本主義を経ず，「社会主義」を目指す中華人民共和国を設立したのである．建国初期の1949年時点では中国の国民総生産額は557億元で，1人当たりの国民所得は66.1人民元しかなかった[6]．産業構造を見ると，1949年工業・農業総生産額の466億元のうち，農業は326億元で，70％を占めており，工業は140億元で，30％しか占めていなかった．また，工業内部の構造を見ると，軽工業と重工業の総生産額は103億元と37億元になっており，その比率は74：26であった[7]．したがって，1人当たりの国民所得を見ても，産業構造を見ても，当時の中国は典型的な低開発の農業国であった．

　新中国はどのように発展するか．それは資源（特に資本）の制限ですべての分野を同時に発展させるのは不可能であり，ある特定の分野から優先的に発展させる戦略をとるしかなかった．当時の指導者達の立場から見ると，この優先分野は少なくとも3つの条件を備えなければならない．

　第1に，国際競争の観点から見ると，先進諸国へのキャッチ・アップを実現するために，近代工業を代表とする部門を優先部門として選ばなければならない．

　第2に，国際政治と経済環境を見ると，アメリカを中心とする西側諸国の封じ込めが実施され，中国は早急に完備した工業部門を形成する必要があり，この鍵を握る工業部門を優先的に発展させることが要請された．

　第3に，農業社会から工業化を推進するために，資本蓄積は大きな難関であり，資本蓄積能力の大きい分野の優先発展は要請された．

以上の3つの条件をすべて満足できる産業分野は重工業である．1950年代初めから中国は重化学工業優先の発展戦略を選択し，重工業を中心に大規模な経済建設が行われ，そのために採用された経済体制は，歪んだマクロ政策環境，計画的資源配分，国有化と自主権を持たない国有企業の管理システムである．

（1）歪んだマクロ政策環境[8]

　重工業は資本集約的な産業であり，当時中国の資本不足という資源賦存の状況と矛盾していた．もし，市場メカニズムを利用して資源配分を行うなら，資本の価格（利子率水準）が高いため，投入財を重工業分野に導くことは不可能である．そこで，重工業の優先的発展を保障するために，市場メカニズムを排除し，政府の全面管理によって重工業の発展のコストを人為的に低下させる政策を実行しなければならなかった．

　このマクロ政策の内容は大別して低金利，低為替レート政策[9]と価格統制，低賃金政策に分けられる．

　低金利政策は，資本価格を低下させ，重工業建設のコストを低下させる重要な手段である．低為替レート政策（人民元の切り上げ）は重工業建設に必要な技術・設備とその他の資材を安く輸入できるような役割を果たした．

　重工業の発展に必要な蓄積は他の部門からの余剰移転により実現するのは難しく，工業部門自身の蓄積能力に頼るしかない．そのために実施されたのは価格統制と低賃金政策である．まず，エネルギー・原材料の価格を統制し，低く押さえて，賃金も国家によって統一し，低賃金政策を実施して，重工業の生産に必要な投入財と労働力を安く入手できる環境を作った．また，賃金を低く抑えるために，都市住民の生活必要品の価格をコントロールする必要があり，農産品及びその他の生活必需品の価格統制を行い，住宅・医療・教育・生活用エネルギー及び各種の生活サービスの低価格政策を実施した．これらの政策によって，他の産業分野の利潤は重工業に移転され，重工業におけるすべての投入要素のコストを低く抑えて，その優先的発展に必要な政策

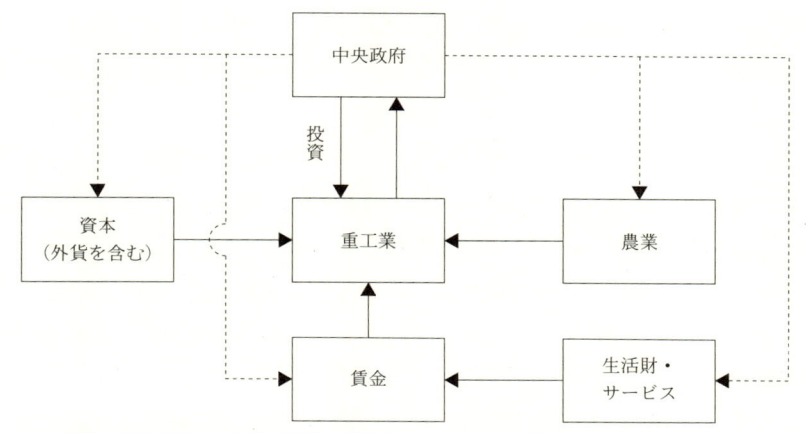

注：特別な説明を除き，点線は政府の規制を表し，実線は利潤の流れを表す．
出所：筆者作成．

図 2-1　歪んだ政策環境と重工業優先の発展戦略

環境を整えた．

歪んだマクロ政策環境と重工業優先の発展戦略の関係は図2-1に示している．

(2) 計画的資源配分制度[10]

要素・製品の価格を低く抑えると，需要刺激と供給抑制という2つの効果が現れる．この場合，供給と需要の間に常にギャップが存在し，供給が需要に追いつかない不足状態が恒常化する．もし，市場によって資源を配分すれば，要素の需要と供給のギャップによって価格を人為的に抑える政策を維持できなくなり，戦略部門に配分することは不可能となる．そのため，限りある資源の配分を重工業優先発展の目標と一致させるために，計画的資源配分制度を市場メカニズムの資源配分機能にとって代える以外に道はなかった．

重工業への資源配分を保障するために，まず実行したのは銀行の国有化と高度集権的な金融システムである．つまり，すべての金融機構を国有化させ，金融業務は国家によって独占する．そのうえに，預金と融資の金利は中国人

民銀行が統一的に確定し，融資先は政府の計画で決められる．このような高度集権的な金融システムによって，限りある資金を優先的に重工業に投下させた．

次に，対外貿易の国家独占を実施した．中央政府は対外貿易に対して計画的管理を行い，輸出入貿易・外貨・関税を統一的に管理した．外貨の収入は国家に規定された統一レートで国家銀行に売り渡さなければならず，すべての外貨の使用も政府の許可を得て，国家銀行から購入する．このような対外貿易のシステムは低為替レートと一本化して，安価の外貨の重工業分野への優先的投入を保障した．

さらに，人為的に低く抑えられた重要な物資に対して，政府は直接配分して，重工業発展に必要な物資に対する直接分配を実現し，農産品の価格を低く抑えた上で，国家による統一買い付け，統一販売制度を実施した．

このように，1950年代末まで資金・外貨・物資などの重工業発展に必要な資源，及び安価な労働力供給に必要な農産品の計画的資源配分システムを形成した．

計画的な資源配分制度と重工業優先の発展戦略の関係は図2-2に示している．

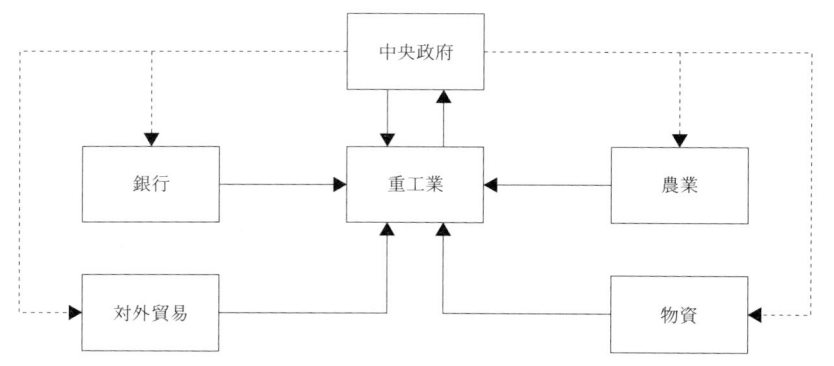

注：点線は政府の計画指令を表し，実線は財・ものの流れを表す．
出所：筆者作成．

図2-2　計画的な資源配分制度と重工業優先の発展戦略

(3) 国有企業の経営メカニズム[11]

重工業優先の発展戦略の担い手は，1950年代初めに国有化された外国列強と買弁官僚の企業と，50年代以後政府が直接投資し，新設した国有企業である．

政府が国有企業を経営する目的は国有資産を最大限に増やすことである．つまり，既存国有企業の利潤を増やして，それを新しい国有企業の建設に用いて，重工業発展の目標に奉仕することである．しかし一方，企業の経営者と従業員は企業の利益拡大を重視し，賃金・福祉の最大化を追求する傾向があり，国有資産と利潤は企業及び従業員に侵食される可能性がある．

国有企業の利潤を吸い上げ，重工業優先の発展戦略を保障するために，政府は国有企業を直接コントロールしなければならない．そのため，これらの企業の生産財は国家計画より供給され，そして製品は国家の統一販売と統一調達に委ねられ，企業の財務を「統一収入・統一支出」という管理体制を実施した．また，企業の雇用も国家の計画によって決められた．このように，重工業の優先的発展戦略を実施するために，企業の経営管理権限は政府に奪われ，国有企業は経営自主権を持たない政府の付属物となった．

中国の伝統的経済体制の概念図は図2-3で表している通りである．

以上の分析を纏めてみると，歪んだマクロ政策環境，計画的資源配分制度

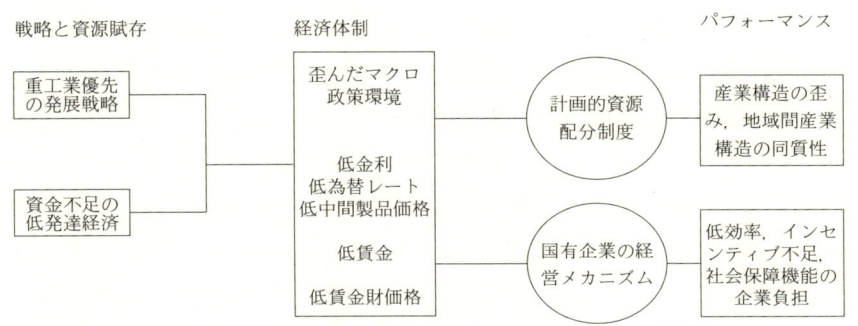

出所：林毅夫・蔡昉・李周（1994）／渡辺利夫・杜進訳（1997）41頁より加筆作成．

図2-3　中国の伝統的経済体制の概念図

と自主権を持たない国有企業の経営メカニズムは重工業優先の発展戦略に従属するものであり，このような「三位一体」の経済体制は相互依存的であるため，重工業優先の発展戦略を保障するための必然的選択と言える．

「三位一体」の伝統的経済システムは中国の重化学工業の発展に貢献した．しかし，重工業優先の発展戦略は中国の経済発展と結びつかなかったのだ．工業化はある程度進んだとはいえ，計画的資源配分制度と政府の行政付属物とする国有企業は，インセンティブの不足と低効率を招き，国民生活の改善と低開発の伝統経済の改造は完成できなかった．このようにして，計画経済の伝統的経済システムは，後に改革の対象となった．

一方，経済資源が極端に欠乏したため，高度集中の計画経済体制だけでは全国規模の経済発展を支えきれなかった．地方のローカル資源の利用を図るために，地方分権を1958年と1971年の2度にわたって実施し，中央企業の管理権・計画管理権・建設プロジェクトの許可権・財政権・労働管理権と商業・銀行管理権を地方政府に委譲した[12]．当時の地方政府には独立した経済利益がなく，中央政府に評価されることが最大の成果であった．地域内の重工業発展は，地方政府の最大の目的であり，その発展は，中央政府に高く評価された．そのため，各地方政府は重工業を中心に投資し，地域間の産業構造の同質性は形成し始めた．

1970年代末から中国は市場化改革がスタートした．最初の改革は地方分権と国有企業の改革という2つの方面から展開してきた．中国経済の市場化には，計画経済から市場経済への転換と，「市場の未発達」を基本的特徴とする「伝統経済」（慣習経済）から市場経済への移行という2つの側面が含まれている[13]．前者はロシア・東欧諸国の市場化問題と同じであり，後者は他の途上国の経済発展と似ている部分が多い．この2つの移行は中国の経済体制改革の中で重なり合って進行し，市場分断は移行の中で出現した独特な経済現象である．以下では中国の経済市場化の2つの側面から，市場分断の原因を分析したい．

2. 産業構造の同質性：低発達の伝統経済から市場経済への移行の不十分性

(1) 産業構造同質性の形成

　改革・開放以前の中国経済をどのように定義するかを巡っては様々な議論がある．確かに「開発経済学」の標準的定義から見ると，中国経済は伝統経済とは言い切れないかもしれないが，経済発展のレベルはまだ低開発の段階であり，伝統経済の性質がかなり残っていることは明らかである．

　石川の研究によると，伝統経済と市場経済の区別は，少なくとも生産の社会的分業，流通インフラ，市場交換制度の3つにある[14]．

　まず，中国における流通インフラと市場交換制度を簡単に見ると，運送・通信分野においては，中国政府は大規模な投資を行ったにもかかわらず，供給不足の状態は建国以後ずっと続いていた．商業分野は，70年代末からの改革・開放政策への転換までの28年間，発展したどころか，絶対規模が縮小した時期もあった．市場化改革以後，運送・通信・商業などの流通手段の整備は進んでいるものの，流通インフラは依然として経済発展のボトルネックとなっていた．

　次に，市場交換制度を見てみよう．計画経済の下ではすべての生産財と消費財の大部分は計画によって分配され，市場交換は認められなかった．ごく少数の商品は市場に出回っていたが，制度化した市場交換ルールは存在しなかった．市場交換ルールの制度化は1980年代からスタートし，1992年以後，市場経済制度が全面に発効し始めた．しかし，「人治社会」を特徴とする現代中国では，法律はあっても拘束力がないケースが多く，市場化の最低限の必要条件である個別取引における財産権の保護や契約の尊重さえ十分には機能していないのが実状である．

　最後に，中国の生産の社会的分業を見ると，中華人民共和国発足以前，数少ない近代工業が上海・天津・青島など幾つかの沿海都市に集中し，それ以

外の地域は完全な農業地域であった．前述のスキナーの研究によると，1940年代，全中国の平野部は総数58,000の初級市場圏で蔽いつくされて，典型的な伝統的農業社会になっていた．

　1949年の建国以後，中国は重工業優先的発展の戦略を選択し，工業化をスタートした．市場のメカニズムを通じて資源配分を行うなら，産業の立地はインフラの整備状況，労働力・原材料などの供給条件を総合的に判断し，一定の工業基礎のある東部沿海地方を選択すべきである．しかし，前述のように，1970年代末までの中国工業化は計画経済の下で実施され，歪んだマクロ政策環境の下で，計画的資源配分を行った．

　建国初期の中国は低開発段階であり，工業（特に重工業）は空白の分野が多く，広大な農村地域は自給自足の農業生産活動を行い，地域間の分業関係は存在しなかった．伝統の農業社会の影響を強く受け，産業立地の選択に当たって，政府の目標は既存の地域間の経済格差を是正することを重視し，工業生産能力の均衡配置を目標とした．多くの重工業プロジェクトは中・西部に投下され，企業の構造も自己完結的であった．数少ない企業間の分業関係も地域内を中心に形成され，地域間の分業関係は無視された．

　一方，国際状況の変化を見ると，アメリカを主とする資本主義世界とは対立関係となり，1959年からはソ連との軍事対決に入り，中国は国際的に孤立し，完全に「自給自足」経済に転換した．資本・技術などの生産要素は国内供給に立脚し，自力更生路線を独走した．産業構造の面では，「独立し整った工業体系」を追求して，フルセットの産業発展を図った．「戦争に備える」観点から出発して，経済のアウタルキー化は国レベルに止まらず，各省・県も地域内の自給自足を追求した．

　さらに，改革以前，ローカル的な資源を活用するための地方分権が実施され，地方政府は重工業に投資して，地域内の重化学工業の自立を図った．地方政府は地域内の最終製品を増産するために，すでに他地域の企業と分業関係を形成している域内部品メーカーを最終製品の生産に転換させ，数少ない地域間の分業関係も断絶された．自動車産業の例で見ると，第4章で詳しく

述べるが,第一汽車製造廠(吉林省長春市)に部品を供給していた北京第一汽車附件廠は乗用車(四輪駆動ジープ)の完成車メーカーに変身し,第一汽車製造廠との分業関係を完全に断ち切った.

このように,地域間の分業関係は人為的に分離され,各地域はほぼ同じ産業構造を形成し,「経済立地上の合理性はしばしば無視され,一国経済の効率は低い水準に甘んじなければならなかった」[15].その結果,産業の編成は国民経済全体で単一の統一的・有機的な分業協業体制を組織するのではなく,地域単位で封鎖的アウタルキー構造となり,モザイク的集合として国民経済を形成した[16].

地域経済のアウタルキー化は主に地方工業の重複投資に現れ,小規模・分散化立地を特徴としている.中国は大国であり,また途上国でもある.中国の規模と経済発展のレベルから考えると,地方工業の育成は少なくとも3つの役割を果たしている[17].

第1,途上国として資本不足を補い,ローカルの未利用資源の活用を図る役割.

第2,輸送・流通体制の遅れから,局地的市場圏における供給力の確保を図る役割.

第3,農村の過剰人口の存在と雇用圧力から,就業機会を創出する役割.

しかし,このような地方工業は社会分業を遮断する形で発展したため,「細胞経済」を形成し,国民経済の低効率をもたらした.

以上の分析から見ると,1949年の建国から1979年まで,中国の工業化がかなり進んだとは言え,伝統経済の影響は依然としてかなり強く残っている.

(2) 改革・開放以後の産業構造の同質性の強化

1980年代以降,中国経済の市場化に伴って経済効率が重視され,地域間の分業関係を再編成するために地域間の横の提携が謳われた.地域間協調システム作りが進められ,内陸は原材料生産地として特化し,沿海地方は加工工業を優先的に発展させるという分業システムが再び中央政府によって提起

表2-1 1981, 1986年中国各地域工業部門構造類似係数

	類似係数 I		類似係数 II	
	1981年	1986年	1981年	1986年
北　　京	0.928	0.950	0.942	0.958
天　　津	0.973	0.977	0.978	0.979
河　　北	0.968	0.970	0.974	0.971
山　　西	0.748	0.773	0.971	0.941
内モンゴル	0.882	0.876	0.917	0.902
遼　　寧	0.914	0.945	0.929	0.954
吉　　林	0.935	0.950	0.944	0.952
黒　龍　江	0.705	0.795	0.933	0.955
上　　海	0.942	0.962	0.952	0.968
江　　蘇	0.944	0.964	0.951	0.969
浙　　江	0.967	0.957	0.977	0.963
安　　徽	0.933	0.927	0.935	0.927
福　　建	0.861	0.931	0.881	0.940
江　　西	0.964	0.965	0.979	0.967
山　　東	0.972	0.961	0.978	0.969
河　　南	0.959	0.979	0.968	0.982
湖　　北	0.974	0.983	0.977	0.984
広　　東	0.951	0.976	0.953	0.977
広　　西	0.887	0.933	0.900	0.941
四　　川	0.946	0.968	0.951	0.971
貴　　州	0.895	0.914	0.909	0.923
雲　　南	0.824	0.834	0.833	0.840
チベット	0.811	0.801	0.889	0.872
陝　　西	0.939	0.954	0.950	0.960
甘　　粛	0.844	0.863	0.879	0.892
青　　海	0.968	0.964	0.967	0.964
寧　　夏	0.827	0.903	0.932	0.960
新　　彊	0.752	0.753	0.869	0.864

注：類型係数Iは，全工業部門によって計算されたものであり，類似係数IIは，石炭，石油，森林工業を除いて，計算したものである．
出所：王恵炯・李泊渓（1991），280-281頁．

された．しかし，同時に実施した地方分権によって，過剰な地域間競争を生み出すことになった．原材料と加工工業製品の公定価格差の存在によって，内陸諸地域の政府は新しい分業システムを拒否し，原材料の流出を制限して，地方の財政収入を利潤率の高い加工工業を中心に投資した．その結果，各地

域の産業構造の同質性は一層強化された．これを構造類似係数と地域構造差係数によって確認しておこう．

中国国務院経済発展研究中心（センター）[18]は，29省の工業部門の構造類似係数を計算した（表2-1）．

類似係数：$S_{ij} = (\Sigma X_{in} X_{jn}) / (\Sigma X_{in}^2 \cdot \Sigma X_{jn}^2)^{1/2}$,

式のうち：X_{in}, X_{jn}は産業nがi地域とj地域の工業生産高に占める割合

$n = 1, \cdots, m$.

類似係数は1に近ければ近いほど，地域間の産業構造が近い．$S_{ij} = 1$の時は両地域の産業構造が完全に一致していることを意味している．

1981年の工業部門について計算された類似係数が0.9以上の省は18であり，29省の内の62.1％を占めているが，1986年になると，22省，75.9％までに上がった．特に資源開発型の石炭・石油・森林工業を除く類似係数Ⅱを見ると，一段と大きくなる．以上の計算結果を見る限り，西部地域のチベット・雲南・甘粛・新疆を除き，各省の工業構造はかなり類似した状態であり，1981年と比較すると，1986年の産業構造の同質化はさらに進んでいた．

また，熊（1993）は，1980年及び1990年の10省における29産業[19]の地域構造差係数を計測した（表2-2a，表2-2b）．

地域構造差係数：$D_{jk} = \Sigma | d_{ji} - d_{ki} |$

式の中：d_{ji}, d_{ki}：j地域とk地域におけるi産業のシェア

$i = 1, 2, 3, \cdots, n$

$j, k = 1, 2, 3, \cdots, m$

地域構造差係数D_{jk}が0に近ければ近いほど，両地域の産業構造が類似することを意味している．

表2-2aから見ると，1980年における北京・天津・上海3大都市の地域構造差係数は比較的高く，他9省との地域構造差係数の平均値はそれぞれ0.96・0.70・0.81となっている．すなわち，3大都市と他の地域との間には相互依存の分業関係が形成されていると言える．しかし，10年後の状況（表2-2b）を見ると，3大都市の地域構造差係数は急速に減少し，その平均

値は0.42・0.36・0.41となり，他の地域との差がほとんどなくなっている．さらに，1980年と比較すると，1990年のほとんどの省の地域構造差係数は縮小し，この10年間で，以上10地域の産業構造の差は急速に縮小して，地域間の産業間分業関係は弱体化したことを意味する．

他方，世界銀行は，1991年時点での中国地域構造差とEC，アメリカのそれとの比較を行った．この比較は生産額・従業員数・企業数の3データを使って計測されたものであり，その結果は図2-4である．

表2-2a 1980年10省市29産業の製造業の地域構造差係数の省間マトリクス

(単位：%)

	北京	天津	上海	江蘇	山東	河南	湖北	広東	四川	陝西
北京		90	97	127	134	106	78	94	61	75
天津			45	63	60	72	79	81	69	71
上海				69	82	90	79	113	82	70
江蘇					47	32	32	48	42	36
山東						17	23	42	31	34
河南							32	49	28	29
湖北								47	28	28
広東									41	54
四川										31
平均	96	70	81	55	53	51	47	63	46	48

表2-2b 1990年10省市29産業の製造業の地域構造差係数の省間マトリクス

(単位：%)

	北京	天津	上海	江蘇	山東	河南	湖北	広東	四川	陝西
北京		31	39	43	50	51	39	51	38	36
天津			21	32	41	39	43	50	69	71
上海				37	49	49	43	58	49	40
江蘇					22	30	30	52	38	39
山東						26	25	47	32	42
河南							31	58	25	30
湖北								57	25	33
広東									57	58
四川										29
平均	42	36	41	36	37	37	36	54	36	38

出所：熊賢良（1993）72-73頁．

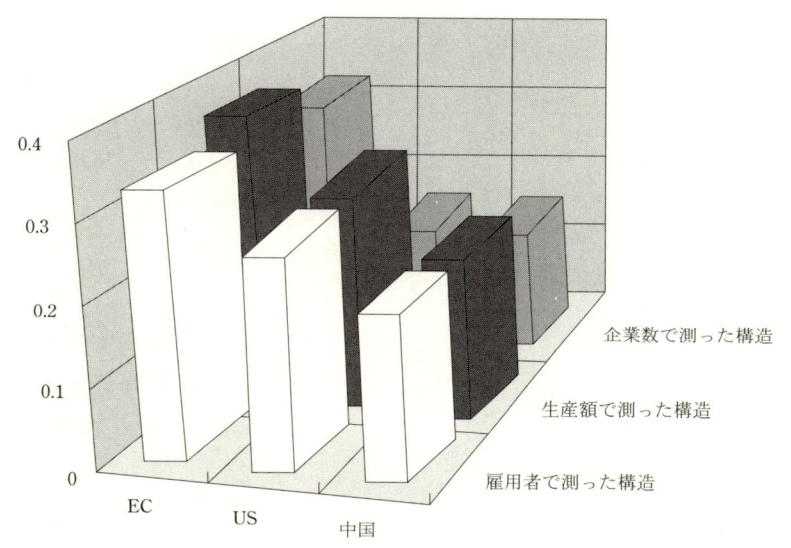

出所：World Bank（1994）p. 19.

図 2-4 地域構造差の比較：中国，アメリカ，EC（1991年）

　計算の結果によれば，中国の地域差構造係数は，どのデータを使ってもECやアメリカのそれに比べて小さかった．

　80年代以降の産業構造の同質性は，主な製品の生産拠点の変化（表2-3）からも確認できる．

　表2-3から見ると，自動車を除いて，残りの12種類製品の生産拠点はすべて増えていることが分かる．そのうち，アルカリの生産能力を持つ省は16から26まで増加した．これらのデータも80年代以降の産業構造の同質性を反映している．産業構造の同質性が強いため，各地域はほぼ同じ製品を生産してライバル関係になっており，地域経済の独立性が強化された．各地域は他地域に依存しなくても独自に発展していけるため，地域市場分断の客観的基礎が形成された．

　以上の分析から見ると，市場化改革以後の農村経済の活性化，特に郷鎮企業の発展は農村部の自給自足経済を大きく変身させ，経済の市場化がかなり

表 2-3 中国 12 種類工業製品の生産地域状況

(単位：省, 市, 自治区)

製品	1981 年	1990 年
絹	28	29
布	28	29
電球	27	28
セメント	29	30
ガラス	25	26
鉄	26	28
鋼材	27	29
自転車	23	24
腕時計	20	23
自動車	24	24
化学繊維	25	28
アルカリ	16	26
プラスチック	26	28

出所：熊 (1993) 72 頁.

進んだとはいえる．しかし，地域間分業の立場から見ると，中国における伝統経済から市場経済への移行はまだ十分に展開していない．このような伝統経済の強力な影響の側面は，市場分断の必要条件を提供した．

3. 地方分権・地方財政請負制の導入：計画経済から市場経済への移行の一特徴

中国経済システムの特徴の1つとして，田島は「経済システムの属地的性格」[20]と説明している．この「経済システムの属地的性格」は，田島の造語であり，「財貨サービスのみならず生産要素の供給においても地域内的な循環が形成されていること」[21]を指しており，「中国国有企業の属地的性格」と「財政金融システムの属地的性格」が含まれる．

(1)「財政システムの属地的性格」

「財政システムの属地性格」は「中央政府財政の地方財政依存」のことである．改革・開放以前の中国では，財政の「分級管理」を実施し，国税と地方税が分離していなかった．基本的な徴税機能は地方政府が担い，中央政府は地方政府の財政移転に依存している．

他方，国家の財政権限が高度に集中された「統収統支」の管理システムは実施されたため，中央が計画的に地方に割り当てる部分を除き，すべての財政収入は，中央政府に上納しなければならなかった．

このようなシステムの中で，地方は主体的に関与する余地はきわめて少な

かった．1958年と1970年の地方分権は，多数の中央企業を地方政府の管理下に移行させ，地方政府の投資権限を著しく拡大した．しかし，このような分権は地方政府にインセンティブを与えた一方，既存の協業関係や企業管理の規則制度が破壊され，経済の無政府化を進行させ，国民経済のバランスを崩した．また，中央政府は全国の経済状況を正確に把握することさえもできなくなった．計画システムの混乱によって，企業の原材料の入手，製品の販売も自由市場によって行われることが多くなり，経済の混乱を招いた．そのため，地方分権の後，再び中央政府集権に戻った．改革・開放以前，2度の地方分権が行われたとはいえ，地方政府は中央政府の地方の執行機関であり，独自な利害や権限を持たなかったため[22]，市場分断が生じることもなかった．

（2）地方分権と財政請負性の導入

　1970年代末から，計画経済から市場経済への転換を目的とする改革がスタートした．しかし，ロシアや東欧諸国とは異なり，中国における計画経済から市場経済への移行は，「社会主義路線」の下で行われたのである．改革の実施方法も，「ショック療法」（「ビッグ・バン」）ではなくグラジュアリズム（「漸進主義」）の改革を実施し，幾つかの段階を分けて徐々に実施した．

　中国の改革政策は，経済制度の変革という側面と同時に，地方分権化へ向けた制度改革という側面を同時に併せ持っている．経済の市場化と権限の委譲は改革という車の両輪になっている．改革の最初段階（1978年）には，高度集中の計画経済体制の弊害を是正するため，「価値法則の役割を重視する」方針が打ち出された．その狙いは企業と地方の未利用資源の活用と経済発展のインセンティブの引き出しであり，採用された措置は国有企業の自主権の下放と地方分権であった．

　1980年代初めから中央政府を掌握していた地方経済に対する経済管理・監督権限（国有企業管理権，価格管理権，固定資産投資プロジェクトの審査・認可権，外資・対外貿易管理権，外貨利用権など）は地方政府に移管された．同時に，地方政府の経済開発のインセンティブを高めるため，中央政

府に掌握されていた財政権限とそれに付随する事務管理権限も地方政府に移した．後者は，いわゆる地方財政請負制である．地方分権と財政請負制の実施によって，地方政府の意思決定の裁量権を大きく拡大させた．

1980年代初めから1994年までの中央政府と地方政府の財政関係を見ると，大体3つの段階に分けられる．

1980-84年は第1段階で，「大鍋の飯を食べる」（日本の「親方日の丸」の中国語表現）を打破し，「釜を分けて飯を食べる」の原則を目指して，「画分収支，分級包幹」（中央と省・直轄市・自治区の間で，税収や上納利潤などの収支範囲を区分し，財政収入と支出とにリンクさせ，収支を均衡させていくようにする方法である）制度を導入した．

第2の段階は1985-87年までで，第1段階の制度を改良して，「画分税収，核定収支，分級包幹」制度を実施した[23]．

財政請負制の最も典型的な形は第3段階（1988-93年）に実施した財政請負制である．その内容は地域によって違い，大体6つのタイプがある．

(1)「収入遞増包乾」方式：地方の収入の増加率と留保・上納率を確定する方式である．地方収入の増加率以内の部分は確定した比率で中央と地方の間に分配し，増加率を超えた収入はすべて地方に留保する．

(2)「総額分成」方式：中央政府と地方政府が配分比率を協議して，地方政府が徴収したすべての収入をこの配分比率に基づいて，中央政府と地方政府の間に分配する方式である．

(3)「総額分成プラス増加額分成」方式：前年の財政収入の実績を基数として，基数部分については総額配分比率を適用し，基数を超える部分は別の比率を適用する方式である．

(4)「上納額遞増包幹」方式：上納額を毎年度一定の増加率で請負う方式である．

(5)「定額上納」方式：中央政府と地方政府は固定した上納額を協議して決定し，固定上納額以外の部分は地方の財政収入として，地方に留保する方式．

(6)「定額補助」方式：収入基数が支出基数より少ない地域に，その差額を中央政府が定額で補助する方式である．

　地方分権と地方財政請負制の実施は，地方の歳出権と公共事業支出の分担能力を向上させることで，地方経済発展のインセンティブを引き出し，80年代における中国経済の活性化と経済成長に大きく寄与した．その結果，この間の経済成長率は実質9％以上に達した．80年代からの地方分権は，中国経済のダイナミックな発展をもたらす駆動力になったことは，いくら強調してもしすぎることはない．しかし，この改革は地域間の経済関係や地方政府の機能をも大きく変化させた．

　財政請負制は，地方財政の自立化を意味した．中央政府は資源やそれを分配する権限を地方政府に与えたと同時に，より多くの責任とそれに付随する支出義務も与えた．財政請負の契約期間は5年であり，中央政府への地方の財政上納額（補助額）・比率は5年間不変とされる．このことは，一旦財政請負契約を結ぶと，中央政府による地域間経済関係の調整機能は実質的に5年間凍結されることを意味する．

　まず，地域間の経済関係から見ると，地方分権と財政請負制の実施によって，地方政府の財政収入は域内企業の経営状態と直接リンクし，地域内の利益は独立化され，「財政システムの属地的性格」はさらに強化された．地域内住民の生活・福祉は域内の経済発展に大きく依存するようになっただけではなく，経済発展の状況は中央政府が地方政府の業績を判断する主な材料にもなった．

　その結果として，地域間関係はライバル関係に転換して，偏狭な地域主義を助長し，地域間における経済発展の競争を展開した．地方政府はまるで「発展飢饉症」（経済発展のスピードは速ければ速いほどいい，いくら速くても遅く感じる）を罹ったようで，速やかに財政収入を得るために，比較的短期間に高額の利潤を獲得できる軽工業への投資に偏り，重複投資を行い，地域間分業関係はさらに分割された．

　中央政府との財政関係が決められると，地域政府にとって予算は「ハード

な予算」になる．収入面では，税種・税率と収入の中央と地方の配分比率はすでに決定され，地方政府は独自に税を課す権限はない[24]．支出面では，毎年中央政府への財政上納額はすでに決められたものであり，保障しなければならないし，財政赤字を出すことも許されなかった．財政支出は地域住民の生活レベルと直接に関連しており，特に地域格差が拡大している今日，地域住民からの生活水準上昇の圧力が一段と大きくなり，財政支出の減少は許されない．地方政府は多くの経済管理権限を獲得したのと同時に，大きなリスクも背負ってきた．

　地方分権と地方の財政請負制の経済改革に伴い，地方の立法権を否定する政治体制を改革し，一定の法的な権限も地方へ委譲した．1979年7月の第5期全国人民代表大会第2回会議では，「中華人民共和国各級人民代表大会及び各級人民政府組織法」が審議・採択された．その第6条は「省・自治区・直轄市の人民代表大会は，自己の行政区域の具体的状況と実際上の必要に基づき，国家の憲法・法律・政策・法令に抵触しない前提で，地方の法規を制定し，頒布することができる」という内容になっていた．その後，1982年に憲法を改定し，地方の立法権がさらに明記された．

(3) 地方政府の機能変化

　地方政府の機能から見ると，地方分権と地方財政請負制の改革は，地方政府を中央計画の執行者から行政管轄地域の独自の利害を持つ地方経済の運営主体に変えた．分権は地方政府に2つの機能を与えた．第1は地方経済の「規制者」・「監督者」としての中央政府を補助する役割であり，第2は地方国有企業の所有者代表と地方経済利益の代表者としての「経済主体」（あるいは「利益主体」）の機能である．地方政府のこの2つの機能は必ずしも一致するというわけではない．矛盾が出現するときには，地方政府の「経済主体」機能の方が強化されているのが実状である．

　地方政府の経済主体機能の強化によって行動原理も大きく変えられた．分権以前の地方政府の行動は主に「非市場的行動原理」に表現されているが，

分権実施以降の地方政府の行動原理には「企業体の行動原理」と「非市場的行動原理」という2つの側面に現れている[25].

「企業体の行動原理」は,利潤最大化を追求する企業の行動原理を地方政府の行動に応用し,地方政府の利潤最大化を追求する傾向を指している.すなわち,地方官僚が,ちょうど企業の経営者グループの構成員の1人のように行動するということで,具体的には3つの行動がある.

(1) 官僚組織を用いて企業の生産を容易にする.情報と市場で入手しにくい資源とを企業に提供し,必要に応じて域内企業を保護する.
(2) 行政力を発揮して,域内企業が協調的に成長するための資金を提供する.その主な表現は,収益の高い企業から利潤を徴収し,利益の少ない企業に投下する.
(3) 選択的な資源配分を行う.これは一種の傾斜的政策であり,すなわち,すべての企業に対して平等に取り扱うのではなく,将来性のある企業を優先することである.

「非市場的な行動原理」は「共同体の行動原理」とも呼ばれ,経済効率をある程度犠牲しても,域内の雇用確保・所得再分配を優先する傾向である.

「企業体の行動原理」と「非市場的な行動原理」とをあわせて,地方政府の経済的行為の特徴が形成される.そのうち,「企業体の行動原理」は主要な機能であり,地方政府の行動に大きく作用している.

財政の請負制の改革に伴って,財政収入の最大化は地方政府の目標になった.周の研究によると,地方政府は財源を拡大するため,通常採用していた手段が5つある[26].

(1) 1990年代以前,供給不足の情勢を利用して,地域内製品の値上げによって,収入を獲得する.
(2) 自ら投資して,地方国有企業を新設する.地方の国有企業の利潤と税金は地方政府の収入となるため,地方政府は新しい企業の建設にきわめて熱心になった.また,これらの投資は利潤・税金の最大化を目標としているため,加工工業を中心に投下された.

(3) 減免税手段を利用して，地域内企業に対して，減税を行い，中央に上納すべき税収を企業内に残す．
　(4) 外資導入の規模拡大を図る．
　(5) 土地のレンタルによって，収入を拡大する．

　分権と財政請負制の後，市場化改革は進み，指令性計画の縮小・価格自由化改革・市場体系の整備・要素市場の育成など様々な改革が実施されたが，それは地方分権の前提で実行されたため，地方政府の影響を強く受けていた．市場が地域関係を決める以上，地方政府は直接に市場に介入して，地域内の経済利益を図っている．

　以上の5手段は好況の時期に採用されたものである．しかし，不況になると，企業の製品が売れなくなるため，地方政府の収入が大きく低下する恐れがある．工業企業は地域財政収入の主な源泉であり，その製品がうまく販売できるかどうかは地域政府の重大な関心事となる．そのため，地域内企業の製品市場の保護は不況時の財政収入保障の重要な手段になっていた．したがって，地方分権と地方政府の財政請負制の実施は市場分断の十分条件を提供したと言える．

　中国は12億人を超える人口を擁し，発展段階の異なる多様な地域からなる大国であり，高度的な中央集権の経済システムはうまく機能できないことは，すでに改革・開放以前の経済発展で証明された．そのため，地方分権は改革の正しい方向であり，中国の市場化改革とは矛盾しない．市場化における地方政府の機能を見ると，市場育成の機能も果たしている．関[27]が紹介している温州地方の卸売市場はその一例で，類似の卸売市場は全国各地に存在する．これらの市場は殆ど地方政府によって建設され，管理されている．

　しかし一方，市場化によって地域内の利益が失われる可能性があると，地方政府は直接に市場に介入して，市場化改革の方向を逆行させる行動を取り始める．地方政府は常に自分の利益を基準として，市場化改革を判断し，利益が得られる場合は，市場化を促進するが，自身の利益が失われる可能性が存在すると，反対する立場に回す．すなわち，改革・開放以後の地方政府を

第2章 市場分断形成のマクロ的要因　　61

見ると，市場の育成と分断の2つの役割を同時に果たしているのである．

　問題は地方分権に伴う財政請負制の実施，中央政府と地方政府の機能区分，さらに，市場化に伴う市場機能を保障する法律の整備など中央政府の機能にある．財政請負制の実施によって，地方政府は財政収入の最大化を目指し始め，「財政システムの属地的性格」が強化された．その上，中央政府が国内共通市場を監視し，財・サービスの自由移動を確保する機能を果たさなければ，地方政府の権限濫用は防止できない．特にある地方が最初に保護措置をとると，保護しない地域の経済が損失を受けるため，保護はどんどん広がっていく．これは中国の市場分断の典型的な展開方式である．中央政府の市場化路線は企業の市場競争による経済発展を実現するのが狙いであったが，結果としては地方政府の市場介入によって企業競争が十分に展開できなかった．企業の競争は地方政府保護の下で行われたものであり，不十分な競争形態になった．地方政府は権限を乱用し，経済成長率競争を展開した．その結果，地域間の経済連結は無視され，国内統一市場の形成は阻止された．

　さらに，地方分権と財政請負制の改革は省レベルに止まっているのではなく，各省はほぼ同じ方法で省内の各県・市の政府との間に分権と財政請負制を導入して，県・市政府の「経済主体」機能を強化し，市場分断は県・市レベルまで進めた．

　以上の分析を纏めると，重工業優先の発展戦略を実現するために，歪んだマクロ政策環境，計画的資源配分制度，国有企業の経営メカニズムという「三位一体」の伝統的経済システムが形成された．「三位一体」の経済システムは，中国の低開発の伝統経済を変貌させることができなかっただけではなく，地方分権によって，地域間の産業構造の同質性を強化させた．また，重工業の優先的発展のために形成した高度集中的経済システムは，インセンティブの欠如をもたらし，改革に迫られた．

　中国の経済改革は低発達段階の伝統経済から市場経済への移行である．伝統的農業社会の影響と国際環境の影響で，中国政府は地域間の分業関係と経

済効率を犠牲にする生産能力の均衡的配置の方向を選択し，また，歪んだマクロ環境のもとで，地方分権が実施されると，地域間における経済発展の競争が展開された．地方政府は利潤率の高い加工工業に投資し，地域間の産業構造の同質性は更に強化された．地域間の産業構造が同質性していることは，地域の間に強い競争関係を持つことを意味する．

他方，70年代末以後の中国経済発展は計画経済から市場経済への移行でもあり，中央政府は地方政府に対して地方分権と財政請負制を導入した．その結果，地方政府は地方利益を代表する経済主体となり，積極的に市場に介入してきた．不況になり，地域内企業の製品の市場が縮小すると，地方政府は地域内利益の最大化を図るのに，地域内市場を保護したため，市場分断が発生した．

1) 天児慧（1991）148頁．
2) 小島麗逸（1997）22-28頁を参照されたい．
3) 同上，213頁．
4) その代表作は上海三聯書店・上海人民出版社が1994年に出版した林毅夫・蔡昉・李周（1994）／渡辺利夫・杜進訳（1997）である．
5) 林毅夫・蔡昉・李周（1994）／渡辺利夫・杜進訳（1997）253頁．
6) 『中国統計年鑑1984年』，20, 29頁．
7) 同上，23頁．
8) 林毅夫・蔡昉・李周（1994）／渡辺利夫・杜進訳（1997）27-32頁を参照されたい．
9) 1970年代末まで，中国の為替価格は自国の貨幣（人民元）で表示された外貨の価格である．すなわち，等号の左は人民元で，右側は外国通貨となる．例えば，1950年3月31日の為替レートは420.00人民元＝100米ドルであり，1951年5月23日になると，223.00人民元＝100米ドルとなった．したがって，ここでいわゆる低為替レートは，事実上人民元の切り上げに相当する．
10) 林毅夫・蔡昉・李周（1994）／渡辺利夫・杜進訳（1997）32-37頁を参照されたい．
11) 同上，37-39頁を参照されたい．
12) 当代中国的経済体制改革編集委員会編（1984）を参照されたい．
13) 加藤弘之「中国―急進展する市場化に危険はないか―」渡辺利夫編（1994）210頁を参照されたい．

第2章 市場分断形成のマクロ的要因

14) 石川滋（1990）236頁．
15) 栗林純夫（1988）20頁．
16) 座間紘一（1999）62頁．
17) 丸山伸郎編（1991）27頁．
18) 中国国務院経済発展研究中心編（1991）．
19) 熊賢良（1993）．この29産業は，それぞれ食品製造，飲料製造，タバコ製造，飼料加工，紡績，皮加工，木材加工，家具製造，造紙，印刷，文房具・スポーツ用品，工芸品生産，電力，石油加工，石炭加工，化学，医薬品生産，化学繊維，ゴム，プラスチック，建築材料，黒い金属精錬，金属製品，機械製造，運送機械製造，電気機械製造，電子，メーター製造である．
20) 田島俊雄「中国の財政金融制度改革―属地的経済システムの形成と変容―」中兼　和津次編（2000）74頁．
21) 同上，74頁．
22) 周振華（1999）141頁．
23) 1980年から1988年までの財政システムに関しては，町田俊彦（1992）50-52頁と，周振華（1999）150-151頁を参照されたい．
24) 事実上，地方政府は「難派」（ある種の強要）を通じて，域内企業や農家に対して資金の提供を強要しているが，企業は強く反対しているし，中央政府も禁止命令を公布している．
25) 中国地方政府の「企業体の行動原理」という概念は最初にOi, Jean C. によって提起されたものであり，その後，加藤弘之などによって応用されている．「企業体の行動原理」の詳細は加藤弘之（1997）115頁を参照されたい．
26) 周振華（1999）161-163頁．
27) 関満博編（1996）334-337頁．

第3章　市場分断形成のミクロ的要因
―国有企業のシステムの特徴―

　中国の市場分断に関する今までの諸研究のほとんどは中央政府と地方政府の関係を中心に検討され，マクロレベルの研究に止まっている．確かにこの問題は地方分権と地方の財政請負制の実施に伴って生まれた経済現象であり，その主体は地方政府である．しかし，地方政府が域内市場を保護する目的は，財政収入以外に，企業（特に国有企業）の利益保護も重要であり，とりわけ市場分断において，国有企業の役割は大きい．

　企業の機能から見ると，中国における国有企業は地方財政，地域内雇用などの経済的の側面に大きな役割を果たしているだけではなく，基本的に社会保障も企業の機能となっている．そのため，国有企業の経営状態は地域内の社会安定と直接に繋がっている．国有企業（特に地方政府所有の地方国有企業）と地方政府は1つの運命共同体となっており，地域経済から見ても社会安定から見ても地方政府は国有企業の利益を十分に配慮しなければならない．

　中国市場分断の実態を見ると，地方政府が独自の判断で域内市場を保護するのはむしろ例外である．流入制限型の市場分断の例で見ると，大体2つのパターンがある．パターンⅠは，国有企業は市場での競争に負けると，地方政府に対して市場保護を要請する．地方政府はそれに応じて，域外製品の流入を制限し，企業の市場を保護するというものである．パターンⅡは，他地域政府の市場保護行動によって，企業は地域外市場を失うと，地方政府に告発して，域内市場での対抗措置を要請する．地方政府は要請に応じて，域内市場を保護するというものである．

　以上のプロセスを見ると，市場分断の発生過程は主に企業の要請からスタ

ートすることが分かる．市場分断における地方政府と企業の役割分担は，国有企業は要請者であり，地方政府は執行者である．市場分断の利益を見ても，地方政府と企業は両方とも利益があるが，とりわけ企業の収益は大きい．したがって，市場分断の問題は中央と地方政府の関係の研究だけでは不十分であり，国有企業システムの特徴，国有企業と地方政府との関係などミクロレベルの研究も不可欠だと思われる．

　第2章の続きとして，第3章は国有企業に焦点を置いて，計画経済の下で形成された国有企業システムの特徴と80年代以後の変化を分析した上で，国有企業の改革の遅れ，国有企業と政府の癒着関係の形成は市場分断にどのような影響を与えているのかを検討する．第3章は第2章と合わせて，市場分断のメカニズムを解明するものである．

1. 計画経済のもとで形成された中国企業システムの特徴

(1) 企業の二元形態

　建国初期，中国の企業形態は基本的に国営企業（80年代半ば以降国有企業に改称され，以下は国有企業と呼ぶ）・合作経済・個人企業・私営企業・公私合営の5つの形態に分けられた．1949年中国の工業総生産140億元のうち，国有企業は36.8億元，集団経営企業0.7億元，個人経営企業32.2億元，私営企業68.3億元，公私合営企業2.2億元であり[1]，国有経済の最も集中している工業分野でもそのシェアは26.3％しか占めていなかった．

　第2章ですでに述べたように，重工業優先の発展戦略を実施するために，中国は1950年代から歪んだマクロ政策，計画的資源配分制度を選択した．しかし，以上の制度だけでは不十分であった．重工業の発展は大規模な資本投入が不可欠で，そのために政府は企業の生産剰余を最大限にコントロールし，国家の戦略目標の求める投資方向にまとめて使うことが要請される．資金100元当たりの税金・利潤を見ると，1957年に軽工業は重工業の270％に及び，1980年にはさらに310％まで上がった[2]．生活必需品以外の軽工業は

製品の価格が人為的に低く抑えられなかったため,利潤率が高かった.収益最大化を追求する私的企業ならば,政府のコントロールに反発し,生産剰余を利潤率の高い軽工業分野に投資するであろう.したがって,重工業の優先的発展を保障するために,重工業だけではなく,軽工業,さらにサービス産業を含む主な産業分野の生産余剰を動員して,重工業に投下する必要があり,そのため,これらの分野の公有化(国有と集団所有を含む)も不可欠である.

1950年代初めから,個人企業・私営企業・公私合営という3形態は次第に合作経済に転換して,1956年頃になると,ほぼ一本化された.後に合作経済は「集団所有制経済」と呼ばれ,公有制経済の1つの柱になっている.さらに,集団所有制企業の一部は生産能力の上昇に伴い,国有企業に昇格されていた.

一方,政府が新設した企業のすべては国有企業であり,その数と規模が急速に増大した.1956年になると,中国の企業形態は国有と集団所有の二元形態に収斂した.70年代末までの中国経済において,国有企業は最も重要な役割を果たしていた.工業総生産・雇用・国家財政収入の所有セクター別構成を見ると,1978年国有工業はそれぞれ80.8%,78.4%,86.8%を占めていた[3].

国有企業は中国企業の最高形態として位置づけられている.国有企業は建前として「全民所有」,すなわち全人民が所有する企業であるが,事実上,中国政府は全人民の代理人(エージェント)として所有権と管理権を行使する.そのため,管轄権限(中国語では「隷属関係」として表現される)によって国有企業は中央企業と地方企業に分けられる.中央企業は中央政府が管轄権限を持つ国有企業のことであり,国務院の各工業部(日本の省庁に相当する)が中央政府の代表として,企業を管理する.地方国有企業は各地方政府が直接に管理する企業のことであり[4],さらに省(自治区・直轄市を含む)・県・市政府所轄企業に分けられる.

中央企業と地方企業のシェアは時期によって異なり,経済管理体制の変化に伴って大きく変動する.1953年,中央企業は2,800社であり,その後,旧

ソ連援助の156プロジェクトの完成に伴い，中央企業の数は急増した．1957年では9,300社にのぼり，同年国有企業の総数58,000社の16％を占め，国有企業生産高の半分を占めるようになった[5]．

1958年から「地方への放権」が行われ，中央企業の87％を地方政府の管理に委ね，その数は1,200社まで減少した[6]．その後，「大躍進」で生まれた混乱を見直すために，再び集権化時代に入り，一旦地方企業に変身した企業をまた中央政府の直接管理の下に戻した．また，1970年代初めからの地方分権と再集権を経過し，中央国有企業と地方国有企業の比率は再び変動した．1995年の数字の例をとると，中国の国有企業は302千社あり，そのうち，中央企業は33千社で，10.9％しか占めなかった．その代わりに，地方国有企業は269千社で，89.1％を占めており，企業数でいうと，地方国有企業は圧倒的に多いことが分かる．しかし，1社当たりの規模（資産額・生産能力・雇用人員等）を見ると，中央国有企業の方が圧倒的に大きい．中央政府は国有大企業を管理し，地方政府は規模の小さい国有企業を所有する構造になっている．

（2）国有企業のガバナンス機構

前述のように，伝統的な定義によると，中国における国有企業は人民全体が所有するものであり，国家は全人民の代表として企業を経営し，管理を行う．しかし，政府は数多くの企業を直接に経営することは不可能であり，企業の経営者を任命して，経営者を通じて経営を行わなければならない．だが，企業の経営者と政府の利益は必ず一致する保障はない．重工業の優先的発展を保障するために，企業の利潤をすべて吸い上げて，新しい国有企業を新設するのは政府の目標であるが，経営者と従業員は企業規模の拡大，賃上げを望む傾向が強かった．

企業側は企業経営の正確な情報を持っているが，政府は直接経営活動に参加していないため，正確な経営情報を入手しにくい．政府と経営者の情報の非対称性の存在によって，経営者は情報を変造して，国有企業の利潤を企業

第3章　市場分断形成のミクロ的要因　　69

内部に隠すことができる．この場合，政府はなんらかの形で，国有企業の資産の侵食と利潤の流失を食い止めなければならない．そのために生まれた管理制度は伝統的な国有企業の管理システムである．

　このシステムの最大の特徴は，国有企業の経営自主権を最大限に剥奪するところにある[7]．まず，生産決定権においては，政府は企業に様々な技術的・経済的指標と経営実績指標を指令として企業に伝達し執行させる．企業はこれらの指令を執行するだけで，指標を調整する権限はなかった．企業の生産活動に必要な原材料・エネルギーなどは政府の計画によって配分され，生産された製品は政府によって統一販売し，価格も政府に統一決定された．このようにして，国有企業の生産・販売・価格決定などの経営権限はすべて剥奪された．

　また，「統一収入・統一支出」という財政管理制度を実施し，国有企業に必要な資金は財政（中央と地方）から供給され，企業が税金（工商税，商品別に税率が規定されている）を納めるほかに，利潤と原価償却基金[8]も全額上納する．

　さらに，企業の雇用権も政府の労働部門に集中され，労働者は政府の労働計画によって分配された．1954年以後，賃金管理は中央政府の労働管理部門に集中され，全国統一の賃金制度が実施された．国有企業のみならず地方政府も賃金の規定を変更する権限を持っていなかった．このような高度集中の計画経済が実施された結果，国有企業の唯一の関心事情は中央政府の計画通りに生産することであった．

　以上の国有企業の伝統的管理システムでは，企業の経営権がすべて剥奪された．国有企業（中央国有企業も地方国有企業も関係なく）は，独立に経営活動を行う「企業」ではなく，政府の計画によって生産する機構であり，「日本の1つの企業に所属する幾つかの工場のうちの1つ」[9]に過ぎなかった．国有企業及びその従業員にとっては「親方五星紅旗」で，企業の倒産はまずあり得ない．国有企業の経営成果は経営者及び従業員の利益とは関係なかった．つまり，企業は利潤追求のためのインセンティブはなかったのである．

(3) 国有企業の二重機能

中国の国有企業の性格は「単なる経済的組織ではなく,行政的組織でもあり,政治的組織でもあり,かつ社会的組織でもある」と言われている[10].中国における政府と企業機能の分担は,日本や欧米諸国とはかなり異なっている.日本や欧米諸国の行政では社会保障が最も大きな機能であるのに対して,中国の社会保障機能は基本的に企業の機能になっている.老齢保障・医療保障などは国有企業の負担となっており,住宅の多くも企業が供給する.このような社会保障機能の企業負担は重工業優先的発展戦略の選択及び都市機能の未発達に由来する.

建国当初,中国の私的企業は規模が小さい上に,主に軽工業分野に集中していた.重工業優先の発展戦略を実施するには,既存の私的企業の国有化だけでは極めて不充分であり,大規模な国有企業の新設が必要であった.

大企業の新設には数多くの労働者が必要であるが,都市部の労働力だけでは不十分なため,農村地域の労働力を吸収しなければならなかった.また,産業立地を見ると,都市部の中心は空き地が少なく,新設大企業のほとんどは都市部から一定の距離がある労働者の生活施設のない郊外や農村部に立地していた.そのため,労働者の生活施設は都市部が供給するか,企業の周辺で新設するかという2つの選択しかなかった.旧来の都市部でも外来労働者を安置するための住宅・医療・学校・幼稚園などの生活関連施設がかなり限られていたうえ,郊外から市内までの公共交通手段も存在しなかった.したがって,新増労働者の生活施設は,国家が投資して企業の周辺で新設するしかなかった.

また,低賃金の状況で国有企業の従業員とその家族の基本生活を保障するために,貨幣賃金以外に住宅・医療・教育・託児など,生活に必要な社会福祉とサービスの価格も抑える必要がある.社会福祉とサービスを企業内に内部化すると,サービスの価格をコントロールしやすいため,国有企業を新設するとき,国家の投資は生産施設と従業員の生活施設という2つの部分が含まれ,従業員の生活施設も国有企業の一部分となった.

一方，建国以前，中国では社会保障制度はほとんど存在しなかった．全国民を対象に社会保障を行うと，膨大な資金が必要となり，重工業優先の発展戦略とは両立できない．そのため，国有企業の労働者に限定して，社会保障制度を作り始めた．社会福祉やサービスと同様に，社会保障制度を企業外に置くと，保険料を支払わなければならない．保険料を企業が負担するなら，国有企業の利潤は減少するし，労働者個人の自払いとすると，基本生活費が上がるため，それに応じて賃金も引き上げなければならない．賃上げは，企業の利潤減少と繋がり，重工業の優先的発展の目標と矛盾する．その代わりに，保障機能を企業内部に置くと，当時若い労働者が圧倒的に多いため，社会保険の中の最も大きな部分となる退職金は，当面支払う必要がなく，企業の利潤は企業外に流失しなくて済む．その結果，社会保障機能も企業内部に残り，企業の機能の1つとなっていた．

このようにして，計画経済の下で，国有企業は製品の生産（商業企業の場合は販売）だけではなく，従業員福祉の供給と社会保障機能も負担していた．

まず，企業は生産部門として，政府の計画に従って生産活動を行う．資本主義社会では企業の基本機能となっている生産計画，原材料の購入，製品の販売などいわゆる企業の意思決定は，中国では政府の機能となっていた．生産の内容を見ると，ほとんどの企業は特定の製品の生産，あるいは特定の生産過程を担当している．企業の構造も基本的には1企業1事務所で，ある特定の1地点に集中し，日本企業のように全国各地に複数の事務所を持つものはほとんどなかった．

他方，従業員の終身雇用が保障されている．老齢保障・医療保障などいわゆる社会保障機能も企業の基本機能になっている．さらに，住宅の多くも企業が供給し，大手企業の場合は幼稚園・学校・映画館・商店・食堂などの生活サービスも供給しており，企業はまるで1つの社会になっていた．企業の規模が大きければ大きいほど福祉施設が充実しているため，企業はできるだけ従業員を増加させ，企業の規模を拡大させたいと考えていた．

企業が基本権限である意思決定の権限を持たず，社会保障などの社会機能

を多く抱えているのは，計画経済下での中国国有企業システムの特徴である．また，国有企業の実質上の所有者は政府であるため，形式上，国有企業が抱えている社会保障機能は実質的には所有者の代表とする政府が負担していた．

(4)「国有企業の属地的性格」

「国有企業の属地的性格」も田島の造語であり，主に地方国有企業と地方政府の間の相互依存関係を指している[11]．

前述のように，管理権限によって，中国の国有企業は中央国有企業と地方国有企業に分けられ，地方政府が所有している地方国有企業は国有企業全体の9割近くを占めている．数多くの国有企業は各級（省・県・市）地方政府の管理下に置かれており，地方国有企業は地方政府からの強いコントロールを受けていた．

計画経済の下では，地方国有企業は地方政府の計画に基づいて生産活動を行い，製品も計画によって分配された．中央政府は地域内需要が地域内供給に基づき，差額の部分を地域間で調整する計画の方法を取った．不足経済が続いている中で，地方国有企業は地域内の物資の供給に貢献していた．

また，国有企業の利潤と減価償却は全額を地方政府に上納した．ただし，2度の地方分権を除いて，地方政府が徴収した企業の利潤はそのまま中央政府に上納し，地方政府独自の財政収入にはならなかった．

さらに，中国の国有企業の構造は，「大而全・小而全」（ワンセット主義，大きい企業でも小さい企業でもアウタルキー的な多くの部門を抱え込んでいる）で，企業内部に多くの部門を抱え，部品の内製率は高く，社会分業関係水準は極端に低かった．数少ない外部購入部品も地域内企業から調達し，この分業関係の形成も地方政府の意図を強く反映している．

最後に，企業の資金・土地・労働力・用水・電力の供給も事実上地方政府によってコントロールされた．企業の経営管理者も地方政府によって任命され，政府と企業側は強い人脈関係を持っていた．

以上の関係から見ると，地方政府と地方国有企業は，相互依存的な関係を

形成している．地方国有企業は地域内の不足物資を供給する反面，地方政府に依存し，属地的性格を持っている．ただし，計画経済の下では，地域間関係は中央政府によって統一的に調整され，地域間の競争も少なかったため，地方政府は市場保護の権限もないし，市場分断を行う必要もなかった．

2. 改革・開放以後の企業システムの変化

前述のように，中国都市部の改革は地方分権（国有企業管理権限の地方移譲）と国有企業の活性化という2つの柱を中心に展開されたのである．地方分権は第2章ですでに分析したため，以下は80年代末までの国有企業の活性化改革の過程を簡単に纏めたうえで，活性化改革に伴う地方国有企業と地方政府の関係の変化を中心に分析したい．

(1) 国有企業の活性化改革による企業システムの変化

伝統的国有企業のガバナンス構造は，国有企業のインセンティブの欠如，低効率といった弊害をもたらし，1970年代の末になると，国有企業の改革に迫られた．1980年代末までの国有企業改革は大別して，企業の権限下放と利益譲渡，「利改税」，経営請負責任制という3つの段階に分けられる．

1978年からの国有企業改革は「放権譲利」から始まり，補助生産計画の策定・利潤留保権限・原価償却基金の支配・余剰生産設備の処分・自社製品の輸出・従業員の採用・中間以下職員の任免など9つの権限を企業に与えると同時に，企業に新たに増加した利潤の一部分を処分する権限を付与した．この改革は企業の経営者と従業員の労働意欲を刺激することを通じて，政府の財政収入や企業の利潤留保・従業員の賃金を同時に増加しようとしたものである．

企業に与えた経営権はまだかなり限定されているため，国有企業の活性化まではほど遠い．だが，「放権譲利」改革の問題点はすぐ顕在化してきた．まず，企業自主権の拡大は従業員に企業収益をより多く受け取るチャンスを

与えた一方で，政府の財政収入の拡大には貢献できなかった．また，利潤留保率は前の年の利潤額を基数として規定されているため，企業間利潤留保の不公平性は不満を招いた．

「放権譲利」の問題点を解決するために実施された改革は「利改税」である．すなわち，国有企業は利潤を上納する代わりに，税金を納めるというものである．この改革は1983年6月と1984年10月の2つのステップに分けて実施し，大中型国有企業に対して55％の法人所得税を実施し，小型国有企業は10～55％までの累進所得税を適用した上で，新たに資金税・都市修繕建設税・不動産税・土地使用税・車両使用税・増値税（付加価値税）・営業税・塩税などを加えて，税引き後の利潤はすべて企業内に留保して，国家の財政収入と企業間の不公平問題を解決するのが狙いであった．しかし，55％の法人所得税はあまりにも高過ぎ，国有企業の経営を圧迫した．また，従来の歪んだ価格体系の存在によって，税率の一律化は企業間の不公平性の問題を解決できないため，55％の法人所得税を上納した後の利潤に対して，さらに「調節税」が課せられた．その結果，企業間の利潤配分の「公正性」問題は解決できなかっただけではなく，企業は様々な方法を弄して，利潤留保を増やし，税金をより少なく納めようと工夫したため，政府の収入拡大は実現できなかった．

「利改税」の実施によって，地方政府と国有企業の経済関係が変化し始めた．これまで国有企業の利潤は地方政府の財政収入の中心であったが，改革に伴い，利潤の対政府分配の比率は低下した．他方で政府の財政収入構造は，利潤上納もしくは「法人所得税」・「調整税」を中心とする直接的なものから，「流転税」を主体とする間接的なものに大きく変化した．

1987年から企業改革は第3段階に入り，企業の経営請負責任制が導入された．経営請負責任制とは，「経営の請負契約形式を通じて，国家と企業の責任・権限・利益関係を明確にし,損益を企業の自己責任とする経営管理制度」である[12]．その内容は，企業が政府に対して利潤基数を中心とする幾つかの指標を請負い，利潤基数を超過する部分は企業と政府の間で分配し，指標を

第3章　市場分断形成のミクロ的要因　　75

達成できなかった場合は請負人（企業あるいは経営者）の責任が問われるというものである．

　以上の改革，特に経営請負制の実施によって，計画経済の下で形成された企業システムは大きな変化をとげた．企業は一定の意思決定の権限を獲得し，独立の利益主体として登場し始めた．また，企業の経営業績と企業の経営者及び従業員の収入は直接にリンクされ，企業の利益追求のインセンティブが大きく刺激された．しかし，ここまでの企業改革はまだかなり低い段階で，ごく一部の企業を除き，多くの国有企業の活性化は実現できていなかった．

(2) 地方政府と国有企業の対立関係の形成

　以上の国有企業の改革によって，地方国有企業と地方政府の関係は大きく変化した．

　まず，国有企業は独立の利益主体として登場し始めた．今まで政府によって統一的に決められた賃金やボーナスは，企業の経営業績とリンクし，企業自身の力で賃金の上昇を図ることができた．企業の経営者と従業員は収入増加の要望が異常に膨らみ，収入増加の競争は企業間で展開してきた．特に，経営請負制の実施によって，企業間の収入格差が拡大して，賃上げの要望は一層エスカレートし，すべての利潤を賃金化する傾向が強まった．従業員の収入は利潤から由来し，利潤が一定になると，賃上げは利潤分配の従業員への傾斜を意味する．

　一方，80年代末まで，中国経済の基本的な特徴は供給不足であった．ごく一部分の製品を除き，生産すれば売れる状態が続いた．計画経済そのものはまだかなり強く残っており，主要製品の価格が政府によって低く抑えられ，販売権も政府に握られた．供給不足の下で企業の利潤追求の最も簡単な手段は，製品の販売権と定価権の獲得である．そのため，国有企業は価格の自由化，生産計画指標の排除を訴え，製品の販売権・定価権・賃金の決定権など多くの経営管理の権限を要求し，企業経営に対する政府の行政介入に猛反発した．

しかし，企業の要求とは逆に，国有企業に対する地方政府の管理は強化された．1981-90年までの10年間，国有企業からの財政収入は平均して全財政収入の76.8％を占めており[13]，すでに財政請負制を実施している地方政府にとって，地方国有企業の利潤と税収は財政収入の基本となっていた．経営者と従業員の収入増は，政府収入の減少へと繋がり，それを防ぐために，地方政府が所轄の国有企業の利潤分配を制限する動きが強まった．中央政府が依然として様々な規制を行っている一方，国有企業に下放された経営権限は地方政府が握って放さず，地方政府からの行政干渉は逆に強化され，国有企業と地方政府の関係は対立し始めた．

以上のような対立は主に経済利益の分配に由来する．すなわち，企業は意思決定の権限を要求し，多くの利益を企業内部に留保するようなシステムを望んでいたが，地方政府は企業の利益を多く吸い上げ，地方財政の拡大を図ったということである．また，企業の自主販売権，価格決定権の要求に対して，地方政府は地域内の供給を確保するために，それを認めなかった．

1980年代末までの国有企業と地方政府の対立は，不足経済の下で形成されたものである．国有企業の活性化はまだ十分に実現できていない上に，様々な規制が存在し，政府に依存する側面もまだかなり強かった．例えば，1982年と1986年の引締め政策によって，一部の製品が売れなくなると，国有企業は地方政府に対して域内市場の保護を要求し，対立関係は一時的に弱まった．また，原材料の供給不足によって価格が上昇すると，原材料産地の企業は政府に対して，原材料流出の制限を求めることもしばしばあった．

他方，財政収入が国有企業に依存しているため，地方政府は様々な手段で地方国有企業を保護し，便宜を図った．原材料が不足すると，企業の要請に応じて，地域内の原材料流出を制限し，電気などのエネルギーや工業用水が足りないと，中央所有の国有企業や，他の所有形態の企業への供給を停止して，地方国有企業を優先的に供給する現象は各地で出現した．しかし，全体から見ると，相互依存関係が崩れていないとはいえ，対立関係は80年代の企業と政府の関係の基本であった．

3. 1989年からの市場不況による地方政府と国有企業関係の変化

(1) 1989年以降の市場状況の変化

1970年代末から中国は重工業の優先的発展戦略を放棄した．加工工業を中心に投資を行い，加工工業製品の供給能力が急速に拡大してきた．加えて1988年からの引締め政策の実施によって，中国は史上初の大規模な市場不況に陥った．それまで，供給不足は社会主義経済の常態として認められ，市場不況はあり得ないという考え方が共通の認識であったが，1989年以降，国有企業は一気に市場問題に直面し始めた．

不況が発生すると，国有企業は分化し始めた．競争力の強い企業は，不況を小規模企業撃退のよいチャンスとして捕らえ，値下げやアフター・サービスの充実などの手段で，市場拡大を図り，本格的な市場競争を展開しようとしたが，活性化が実現できていなかった企業は，製品が売れなくなり，市場からの撤退を迫られた．すでに請負制を実施している国有企業にとっては，利潤は従業員の所得とリンクしているため，製品が販売できないと，給料が払えなくなり，従業員の基本生活も保障できなくなる．全体的に見ると，国有企業の活性化はまだ実現できていないため，自力で市場不況に対応できる国有企業は少なかった．

このように，大規模な市場不況が発生すると，自力で対応できない国有企業に，地方政府の力を借りて，域内市場をカバーしようという思惑が出てきた．幾つかの調査から見ると，この時期，市場化改革・企業への更なる放権を要求する企業は激減し，政府の計画による統一生産・統一販売を特徴とする伝統的システムに戻りたいという企業が増えていた．

他方，1986年12月に「中華人民共和国企業破産法」が制定され，国有企業の破産制度が導入されたが，労働力・資本など各種の要素市場の未整備と社会保障システムの未確立によって，地方政府の行政関与なしには，国有企業の破産は事実上不可能であった．国有企業の破産パターンを見ると，破産

を申し立てる前に当該企業資産の買取り相手を探すことから,破産企業の従業員の再就職・退職者の生活救済まで,すべてのことは地方政府の仕事であった[14].

　社会の失業保険・年金・医療保険制度が充実していないため,地方政府から見ると,国有企業の市場問題は,地方の財政収入を影響するだけではなく,企業が倒産すると,その従業員のみならず,企業の退職者の生活も破壊され,大きな社会不安を招く.加えて1989年の天安門事件の影響で,中央政府から地方政府まで社会安定に対してかなり敏感になり,「社会安定」は中国政府の中心任務として位置づけられた.地方政府は地方国有企業の所有者の代表であり,最終の責任者でもある.そのため,国有企業を破産させて,その従業員と退職者の再就職と生活問題を解決するよりも,様々な手段を使い,企業を存続させた方がコストが安くなる.国有企業の経営責任は最後にすべて地方政府に転嫁されるため,企業の要求に応じるしかなかった.このように,不況に陥ると,国有企業と政府の関係は対立から利益・運命共同体に変わり,地方政府の市場保護の傾向を強めた.

(2) 国有企業と非国有セクターの競争環境の相違

　地方政府が国有企業を保護せざるを得ないもう1つの理由は国有企業と非国有企業の競争条件の相違(不平等競争)にある.この競争条件の相違は主に余剰人員,退職者の生活保障,保険福祉,非生産部門の維持費用など国有企業の重い負担と,国有企業と非国有企業の税負担の相違に現れている.

①過剰人員の雇用

　計画経済の下では国有企業は,政府の企業として,本来政府が履行すべき一部分の職能を肩代わりに,都市部の余剰労働者を吸収して,過剰労働力の受け皿という重い負担を国家の代わりに引き受けていた.80年代の企業改革によって,企業の過剰雇用問題はすでに顕在化してきたが,社会安定保持の立場から見ると,企業内部の余剰労働者を社会へ放出することは政府が許さなかった.中国企業家調査システムが,1994年にサンプル2,756社の国有

企業を対象に行った調査によると，余剰人員を持たない企業は6.2％しかなく，余剰人員は全雇用者数の1/3ないし1/2に達するといわれている[15]．

国有企業と対照的に，非国有企業は労働力に対する実際の需要と労働力市場の供給状況に基づいて，雇用人員と賃金レベルを決めている．また，生産の状況によって雇用を柔軟に調整することが可能で，余剰労働者はほとんど存在しなかった．余剰労働者の賃金負担だけで，国有企業と非国有企業の間に大きなコストの差が存在した．

②離職・退職者の負担

国有企業の不利な地位は，離職・退職者に対する負担を課せられていることである．1994年に国有企業の離職・退職者と在職従業員との比率は1：4.8であったが，集団所有企業は1：5.2で，その他の企業は1：12.5となっている[16]．非国有セクター，特に郷鎮企業・外資系企業・私的企業のほとんどは80年代以降新設した企業であり，離職・退職者はまだかなり少ない．また，郷鎮企業，外資系企業と私的企業に対して，その離職・退職者の生活保障は強制されなかったため，事実上，これらの企業の離職者・退職者の負担は0に近い．しかし，これらの企業と対照的に，国有企業は歴史が長い上に，離職者・退職者の生活保障を強制されているため，負担も重い．

③保険福祉負担

在職者の保険福祉支出においても，国有企業と非国有企業の間には相当の差がある．1994年のデータを見ると，国有企業の保険福祉費用は賃金総額の31.8％を占めているのに対して，都市・農村の集団企業の同比率は24.3％，その他の企業は14.0％しかなかった．

④非生産施設の建設と維持費の負担

国有企業が抱えている住宅・学校・病院・幼稚園などの福祉施設の建設と維持にも膨大な費用が必要である．1994年に地方国有企業34,000社に対する調査によると，対象企業が設立した各種の学校は16,900校，医療衛生機関は3,619，年間教育費用支出は15億元，医療衛生費用の支払いは20億元，従業員住宅の購入・建設ための支出は50億元に達している[17]．これらの費

用を非国有企業はほとんど負担していなかった．

　国有企業が政府の代わりに社会的責務を行っていることは，企業と国家の間に一種の非経済的関係をもたらした．企業はこのような社会責任を受け持たなければならないことを口実に，政府と交渉して，経営損失の政府補填を求め，政府の保護を要求することになる．

　⑤税　負　担

　1984年の「利改税」の改革によって，国有企業は利潤の上納から税金（法人所得税）の納付に切り替えられた．しかし，当時は企業の所有形態と規模によって，異なる税率を適用していた．大中型国有企業は55％の法人所得税を徴収するが，小型国有企業と集団経営企業は10～55％までの8級累進税制を適用し，私有企業と外資系企業はそれぞれ35％と33％の比例税を徴収した[18]．また，非国有セクターの企業に対して，一定期間内（3～5年）の法人所得税の減免も認めたが，国有企業はこのような特典がなかった．

　1994年1月1日から企業の法人所得税は一律に33％に統一されたが，郷鎮企業・外資系企業などの非国有企業は引き続き国家財政上の減免政策の特典を受けているのと同時に，経営内容や所得を把握しにくいため，脱税・税のごまかしがしばしば行われている．中国社会科学院社会学研究所の推計によると，脱税・越権減免などによる国税漏出額は毎年少なくとも1,000億元（1993年国家全財政収入の4分の1に相当する）に達し，そのうち，国有経済の脱税率は50％，郷鎮企業は60％，個人及び私営セクターは80～90％と言われている[19]．減免税や脱税が広く存在することによって，実質の税負担が企業の所有形態によって異なり，そのうち国有企業が最も高いという状況は変わっていない．

　もちろん，国有企業も政府から一定の優遇政策を受けており，有利な競争条件を持っている．例えば，赤字企業を対象に，政府は一定の財政補助を行っており，また，国有企業は銀行から優先的に融資を受けている．しかし，市場競争の環境を全体的に見ると，非国有企業と比べ，国有企業は不利な立場に立っていることは間違いないようである．

このような国有企業と非国有企業の競争条件はよく「手足が縛られ，重い荷物を背負っている人と，自由に行動できる人の競争」とたとえられ，競争が激しくなると，最初に負けるのはほとんど国有企業である．競争環境の相違も国有企業に保護要請の口実を与え，競争条件の是正の立場から見ても，国有企業の保護は不可欠である．

(3) 国有企業と地方政府の癒着関係

地方政府と企業との間にはもう1つ特別な利益関係がある．それは，地方政府部門の福祉・ボーナスの一部分が地方企業によって支払われているというものである．前述のような玉渓タバコ製造廠が玉渓地区政府部門のあらゆる幹部のボーナスを負担しているのは極端な例かもしれないが，類似の現象は各地域にみられる．また，政府部門が住宅など福祉施設を建設するとき，予算の不足分を企業に補填してもらうのは通常のやり方である．以上の経済関係から見ると，地方政府所轄の国有企業は「国有」と言うよりも，地方政府の「私有」財産の性格が強い．地方政府と企業は1つの運命共同体を形成し，このような経済関係がある以上，企業からの保護要求に政府部門は応じなければならない．事実上，地方政府が所轄する国有企業の経営状況は，政府幹部個人の福祉と直接にリンクし，地域内企業の保護は域内経済発展という「公的」な面だけではなく，政府幹部の収入・福祉という「私的」な面にも有利なものである．

企業と政府の癒着関係は国有企業には限らず，郷鎮企業や外資系との合弁企業の間にも存在している．その典型的な表現は「攤派」（中国語ではタンパイとよみ，ある種の強要を意味する）とその背後の企業脱税の政府容認である．「攤派」とは，地方政府がインフラ整備・福祉施設建設・政府主催の祭りなどの行事の費用を強制的に地域内企業に分担させることを指している．

前述のように，中国の地方政府は税種・税率を決める権限がないが，地方財政収入の不足を埋めるために，「攤派」の手段を幅広く応用している．「攤派」の費用は企業の利潤から支払われるため，企業にとって一種の重い負担

である．であれば，なぜ企業はこの費用を負担しているのか．それは，地方政府からの圧力以外に，企業減税と企業の脱税行為に対する地方政府の容認と大きく関わっている．

第2章では，財政請負制の実施によって，地方政府は「企業体の行動原理」に基づいて，財政収入の最大化を目標していた，と説明した．しかし，これは80年代半ばまでの状況で，その後，多くの地方政府の目標は財政収入の最大化から可支配収入の最大化に変わった．その背景は，地方政府の財政請負制のあり方と密接に関連している．

財政の請負制の特徴は，上級政府と下級政府の間で納税額と交付額について請負契約の形で決定するということである．契約の内容は上級政府と下級政府の間の個別交渉（バーゲン）によって決められるが，基本方針としては，前年度の財政収入を基準として上納基数を決定し，基数を超えた部分は一定の比率で両者の間で分け合う．

地方政府の立場から考えると，企業は税金を全額上納すれば，上級政府と一定の割合で分けなければならない．また，今の財政収入の規模は将来の財政請負の基数になるため，今日の財政収入が高ければ高いほど，将来の上納額が高くなる．したがって，企業の税金を上級政府と分け合うよりも，それを企業内部に残して，地方政府が意図する公共的な目的に支出したほうがよい．このように，地方政府の目標は，財政収入の最大化から，可支配収入の最大化に変わったのである．

可支配収入の最大化を図るために，通常2つの方法がよく使われている．すなわち，上級政府と個別的に交渉（バーゲン）を行う際に，財政上納額（あるいは比率）をできるだけ低く抑える方法と，財政収入を低く抑える方法である．通常，地方政府は2つの手段を同時に使用している．

法律が健全化していないため，中国企業の脱税行為はしばしば発生するが，地方政府は深く追及せず，事実上容認している場合が多い．それだけではなく，地方政府は域内企業を対象に勝手な減税を行い，財政収入を地域内に残させ，地方政府と企業は自由に使用している．このように，中央政府への税

収上納は企業の脱税行為と減税によって，事実上地方政府と企業に侵食されている．企業脱税の容認は，上納金の節約を図る大きな抜け穴になっている．中央財政比率の縮小，地方政府の予算外支出の拡大は，企業の脱税行為と，地方政府の事実上の容認と直接関連している．「予算外収入の源泉として最大の企業の留保利潤のかなりの部分が，各級政府による「攤派」及び強制的な資金集め（「集資」）を通じて取り上げられている」[20] と言われている．

以上の分析から見ると，市場分断は国有企業のシステムと深く関連している．すなわち，財政収入が国有企業に依存する財政構造，国有企業が中心に負担する社会保障システム，国有企業の最後の責任者とする地方政府の立場などは，計画経済の遺産として，地方政府の利益と国有企業の利益とを一致させ，地方政府と企業の癒着関係は，この利益の一致性を更に強化させた．したがって，市場保護は企業と政府両方の利益を保護する重要な手段となっていた．

一方，国有企業の改革はすでにある程度進められ，独自な経済利益を持ち始めた．しかし，改革の不完全性によって，郷鎮企業・外資系企業のように自力で市場不況を克服できず，地方政府に依存せざるを得ないことが市場分断形成の主因である．この中で，一部の国有企業は競争を望んでいるにもかかわらず，活性化はまだ実現できていない企業からの域内市場保護の要望は地方政府に受け入れられた．市場分断が一旦発生すると，競争力のある企業は対抗措置を取らなければ損失を甘受するため，自衛的な目的から地方政府に保護の措置を要請して，やがて市場分断は全国に広がってきた．

第2章と第3章の分析を纏めてみると，中国の市場分断問題は産業構造の同一性という経済構造の問題と，地方分権・財政請負制のような体制的な問題，さらに，国有企業の活性化改革の遅れ，国有企業の不利な競争条件，地方政府と地域内企業の癒着的経済関係に由来する．伝統経済の深い影響は地域間の産業構造同一性を強化して，市場分断の必要条件を提供し，他方，市場経済への移行を地方分権の下で「漸進主義」によって進めるという中国の

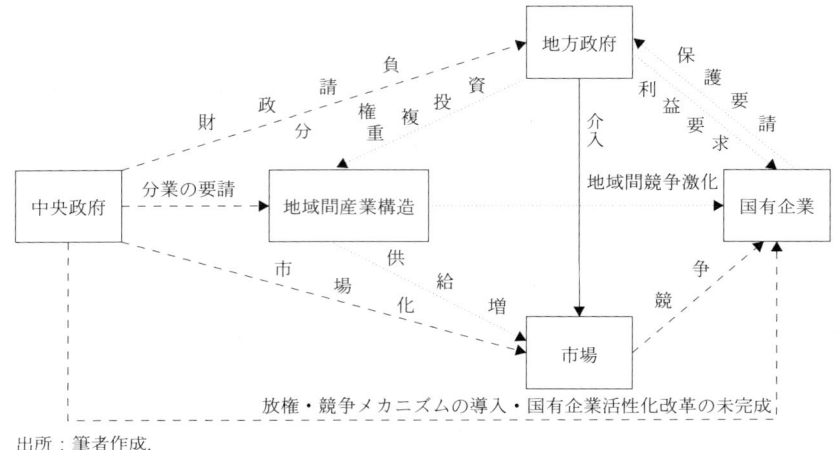

図 3-1　市場分断のメカニズム

移行方式，国有企業の改革の遅れや地方政府と企業関係の癒着を帰結して，市場分断の十分条件を提供した．以上を総合して，中国における市場分断のメカニズムを図示すると，図3-1に示している通りである．

1) 『中国統計年鑑1984』，194頁．
2) 林毅夫・蔡昉・李周（1997）／杜進・李粋蓉訳（1999）19頁．
3) 『中国統計年鑑1984』3頁，111頁．
4) 正確に言うと，地方国有企業は中央政府が全く関与しない企業と，中央政府と地方政府が同時に管理する企業（「二重指導」体制）が含まれる．特に1958年と1970年の分権化運動に地方政府に移管された大企業はこのような二重指導を受ける場合が多かった．
5) 林毅夫・蔡昉・李周（1997）／杜進・李粋蓉訳（1999）33頁．
6) 史景星編（1983）86頁．
7) 林毅夫・蔡昉・李周（1997）／杜進・李粋蓉訳（1999）24-25頁．
8) 利潤に関しては1950年代一時的に企業の留保が認めたが，1962年にまた撤廃された．
9) 小宮隆太郎（1989）69頁．
10) 中兼和津次（1999）254頁．
11) 国有企業の属地的性格に関しては，田島俊雄（1994）を参照されたい．

12) 許海珠（1999）9頁.
13) 『中国統計年鑑』各年版より計算.
14) 中国国有企業の破産問題は郝仁平「経済改革に伴う政府・企業間関係の変化」南亮進・牧野文夫編著（1999）第2章を参照されたい.
15) 林毅夫・蔡昉・李周（1997）／杜進・李粋蓉訳（1999）100頁.
16) 同上，97頁.
17) 同上，97頁.
18) 臧顕文（1995）541頁.
19) 石川滋（1997）28頁.
20) 同上，27頁.

第4章　自動車産業にみる市場分断

　第1章では，中国における市場分断の足取り・手段・タイプなどの概況を紹介し，第2章と第3章では，市場分断発生のメカニズムを分析した．以上の3章によって，中国における市場分断の研究に1つのフレームワークを描いたつもりである．

　こうした分析を踏まえ，第4章では自動車産業における市場分断の分析に基づいて，その典型的なケースを提示し，市場分断はどのように自動車産業の育成を阻止しているのかを分析したい．この典型的ケースの分析は，第2,3章の結論の裏付けだけではなく，中国市場分断の本質の認識・分断のコストと市場統合の利益の分析にも不可欠だと思われる．

　自動車産業は，産業連関効果の最も大きな産業であり，様々な分野が含まれている．本章は主に小型トラック・乗用車・中型トラックの完成車市場と組立メーカーを中心に分析したい．この3分野は，中国自動車産業の代表的な分野になっている．そのうち，小型トラックは，60年代末以降から成長してきた分野であり，毛沢東の工業化の路線を反映し，中国地域間の産業構造同質化の典型とも言える分野である．乗用車の生産は1950年代末からすでにスタートしていたが，1970年代末までの20年間は大きな発展がなかった．改革・開放路線への転換以降，外国技術を導入して初めて大きく成長してきた．乗用車は中国産業の最も有望な分野になっており，地方政府の関心を集めている．中型トラックは，中央政府の直接投資で成長してきた分野であり，歴史が長く，中国自動車産業の最も成熟した分野である．これら産業分野の成長過程と産業的特徴が，市場分断の状態に大きく影響している．

1. 中国における自動車産業の発展過程

中国の自動車産業は，1953年に吉林省長春市に立地している第一汽車製造廠の建設が開始されたことをもって本格的にスタートを切った．この中国最初の自動車工場の建設は，旧ソ連の全面的な援助の下で行われたものであり，目標規模は年産3万台であった．第一汽車製造廠の建設は，旧ソ連型の計画経済の一般的な特徴と思われる巨大企業の独占体制の形成によって，工業化を実現する思想の体現であった．第一汽車製造廠の建設の特徴は，「集中投資，（技術と管理の）全面導入，急速完成（建設開始から，完成までわずか3年間）」[1]だと言われている．1956年7月には，第一汽車製造廠の生産が始まり，中国自動車産業の1社独占の産業組織を形成した．

1958年から中国は「大躍進」時代に入った．経済管理システムの変化として地方分権が行われ，多数の国有企業が中央政府の管理の下から，地方政府の管理範囲に移った．各地方政府は，地方の自動車部品工場・修理工場を自動車工場に改造して，全国数百社が一斉に手作りでトラック・乗用車の製造の試みを始め，中国初めての自動車参入ブームを引き起こした．

この第1次自動車参入ブームの特徴は地方の企業乱立と高内製率である．当時の中国では，第一汽車製造廠の生産車種CA140以外の部品産業はほとんど存在せず，組立技術もなかった．「自力更生」のイデオロギーに基づいて，新しい参入企業が，外国のモデルに倣っており，ほとんどの部品を内製した．その結果，生産された車が，品質劣悪の上に量産もできず，多数の企業は撤退したが，北京汽車製造廠・南京汽車製造廠・瀋陽汽車製造廠・上海汽車製造廠・済南汽車製造廠などの15社は，一定の技術能力があり，自動車開発に比較的に成功し，完成車メーカーに変身した．

この中国最初の自動車生産ブームは，中国自動車産業に新しい車種と生産能力を増大させた一方，生産能力を分散させた．また，第一汽車の部品供給のために作られた北京汽車製造廠などは，完成車メーカーに変身したため第

一汽車への部品供給を中断した．第一汽車は内製によって補うことで，部品の高内製率がさらに拍車された．

毛沢東時代の工業化路線は「対外排外主義と自主技術開発の過度な強調，知識や近代技術の軽視と一面的な実践第一主義，分業・専門化の否定と自給自足の強調，客観条件を無視したイデオロギー的刺激万能主義といった偏向」[2]として纏められているが，第1次参入ブームは，まるでこの工業化路線の全面的表現であり，中国地域間の産業構造同質性が大きく推進された．

1958年以後，中央集権の管理体制に戻り，第一汽車は中型トラック分野に特化した．済南汽車は大型トラック，上海汽車と北京汽車はそれぞれ乗用車とジープの生産に特化して，中央政府の統一計画の下で「製品別の棲み分け構造」[3]を形成し始めた．

60年代末から70年代はじめにかけて，中央政府の重点投資と地方政府の投資によって中国自動車産業の第2次参入ブームが発生した．1967年2月から，中国の国家重点投資の第二汽車製造工廠（湖北省石堰市に立地し，後に東風汽車製造集団に改称，以下東風汽車と略）の建設が始まり，ほぼ同時に，国家プロジェクトの四川汽車製造工廠と陝西汽車製造工廠の建設もスタートした．この3つの自動車メーカーは対ソ関係の緊張を背景に，「三線建設」[4]の軍事産業として建設されたものであり，最初の車種も軍用車であった．

一方，この時期の自動車の国内需要が高まり，自動車の供給不足が深刻化してきた．中央政府の「中央と地方の2つの積極性を生かす」と「地方毎に独立かつ完備の工業体系を整える」という方針の影響を受け，1970・71年各地で自動車製造ブームを再び引き起こした．一時的に全国の自動車メーカーが100を超え，江西省だけで14社があった[5]．

その後，第1次自動車参入ブームと同様に，生産技術や部品供給などの問題で，かなりの企業は自動車一貫生産メーカーとして生存できなかったが，一部のメーカーは生き残り，1976年末までに中国自動車の組立メーカーはすでに53社に達した．

第2次参入ブームによって新増したメーカーのほとんどは小型トラックメ

ーカーであり，北京第二汽車製造廠の［BJ130］（2tトラック），南京汽車製造廠の［NJ130］（2tトラック），北京汽車製造廠の［BJ212］・［BJ210］（4輪駆動車）に倣って生産している．天津汽車製造廠・武漢汽車製造廠・江西汽車製造廠・合肥江淮汽車製造廠・成都汽車製造廠・長春市東風汽車製造廠・広州汽車製造廠・長沙汽車製造総廠・寧波汽車製造廠・杭州交通機械修配廠・永安汽車修造廠・福州汽車修配廠・唐山汽車製造廠・保定汽車製造廠・河北紅星汽車廠・鄭州汽車製造廠などは，その代表的な企業である．これらの新規参入組は，エンジン等の重要部品をエンジンメーカー，あるいは既存大手自動車メーカーから購入し，ボディなどの部品を内製して，地方市場に立脚する生産体制を形成した．部品の内製率から見ると，第一汽車・東風汽車等の大手メーカーと第1次参入ブームに参入した諸メーカーより低かった．

　第2次参入ブームによって，中国自動車産業の「重層的分業構造」[6]が完成された．この分業構造は，2つの中央政府直系の単一車種（中型トラック）大量生産型の大手メーカー（第一汽車・東風汽車），少数の単一車種少量生産の中堅メーカー（北京汽車・上海汽車など），及び多数の小規模ローカルメーカーから成り立っている．中央直系の2大メーカーと中堅メーカーの間には製品別に棲み分けしており，製品は主に中央政府の計画によって全国の需要を満たしている．小規模ローカルメーカーは，地方政府の計画に基づいて生産を行い，製品は域内需要を補い，地域別に棲み分けて共存している．第2次参入ブームによって自動車産業における地域間の構造の同質性はさらに強化された．

　計画経済時代の2度の参入ブームの背景には，地方政府の政策意図以外に，新規参入者はただで生産技術を入手できた環境の影響も大きかった．すなわち，技術の面から見ると，自動車産業の参入障壁はほとんど存在しなかったといえる．当時，中国の生産技術が公共財として扱われ，国有企業の間で無償で技術移転が行われた．国有企業は利潤を追求しないため，技術の独占は何の意味もない．その代わりに，新しい技術を公表し，他の企業に移転すれば，政府から評価される．したがって，新技術を発明した企業は，技術の内

容を公表し，他の企業に頼まれたら，無償で技術資料を提供するだけではなく，自ら技術者を派遣して，技術の応用を教えてきた．中央政府もこれを奨励し，自ら技術の交流会を開催して，技術の無償移転に力を入れた．

第2次参入ブームの参入者は，正にこのような無償の技術を使って成功したのである．1975年第一機械工業部（計画経済の時期に自動車などの機械工業を管理する政府の省庁）汽車局は2tトラックの技術交流会を主催した．その際，全国の2tトラックの生産は北京第二汽車廠のBJ130の設計をモデルとして統一し，さらに無償に設計図を提供し，技術指導を行うことを決めた．このような無償の技術移転は，地域間の産業構造の同質性を促進したが，当時の国有自動車企業も地方政府も独自の経済利益がなかったため，北京第二汽車廠や北京市政府にとっては何ひとつ都合の悪いことはなかった．しかし，事実上，企業が自分の手で潜在的なライバルを育てたこととなり，結局は改革以後の市場分断に種を蒔いた．

80年代に入ってから，中国の改革・開放政策の実施に伴い，地方の分権化が進み，地方政府の自主財源が拡大された．自動車の供給不足の刺激を受け，地方政府は自動車産業へ積極的に投資を行うようになり，加えて軍事産業の企業も民需品開発のために多数参入した結果，中国自動車産業は第3次の参入ブームを引き起こし，1985年に組立メーカーはすでに114社に達した．

この時期に特に参入が多かったのは，軽トラック・ミニバン・4輪駆動車などで，大きな需要が見込める上，既存の「大手」メーカーにはない分野であった．第3次の参入ブームの代表としては，地方国有企業の天津微型汽車廠・吉林微型汽車廠・柳州微型汽車廠などのローカルメーカーと，軍事産業である長安機器廠と貴州航空工業総公司が挙げられる．

これらの新規参入メーカーは，国内にすでに一定の部品産業の基礎がある上に，資金・技術等の制限のため，エンジン等の主な性能部品を外注して，部品の内製率は以前の2度のブームで参入したメーカーよりさらに低かった．そのうち，あらゆる部品を外注し，内製率が0％という極端な例も出てきた．

かつての2度の参入ブームと違って，第3次の参入ブームは，中国経済の改革・開放政策の実施と経済の市場化と同時に進んだものであり，外国企業の中国進出と外国からの技術移転の影響が強かった．第3次参入ブームの特徴は市場化・集約化と外国技術移転という3つのキーワードで説明できる．

まず，80年代は中国の市場化改革の時期である．第2章で述べたように中国の改革は「漸進主義」のイデオロギーによって展開してきた．経済市場化の面から言うと，最初は需要と供給のバランスが取れた消費財の分野から中央政府の生産計画の廃止と価格の自由化を実施し，市場化を開始したのである．その後，幾つかの段階に分けて，漸次的に生産財の市場化へと拡大してきた．その中で自動車産業は生産財の重要な分野として，比較的に遅い時期に市場化された．車種によって若干違うが，80年代中・後期からトラック分野が先に市場化され，90年代初めに乗用車の生産計画と価格規制が撤廃され，自動車産業の市場化が完成した．

自動車産業が市場化された後，競争が始まり，特にローカルメーカーは製品構造が類似する上に，競争相手が多数存在しているため，企業の吸収合併はかなり進むと予測されたが，地方政府の強力な保護の下で，ローカル市場ごとに棲み分け，市場分断によって産業の再編成が阻止された．

また産業組織においては，企業の乱立問題を解決し，量産体制を確立するために，80年代に入ってから自動車及び部品企業の地域間・企業間提携が中央政府によって推進された．第一汽車・東風汽車・中汽総公司・重型汽車（大型トラック）・北京汽車・上海汽車・天津汽車など7つの自動車集団公司が設立されたが，ローカルメーカーの乱立は依然として解決できなかった．

さらに，技術進歩を見ると，技術水準の向上を図るために，80年代の初めから外国技術の移転を再開し，多国籍企業の資本参加も認められた．トラック関係から見ると，中央直系の2大メーカー（第一汽車・東風汽車）は独自開発と自社ブランド製品の生産を堅持し，外国の技術を選別して導入するパターンを取った．中堅メーカー（上海・北京・天津・南京汽車など）は技術開発能力が比較的に弱いため，外国モデルを導入し生産すると同時に，旧

来のモデルも並行して生産した．開発能力を持たない小規模ローカルメーカーは外国資本を導入し，もっぱら外国設計車のライセンス生産を行った．

技術水準を見ると，80年代初期には，中国自動車産業と先進諸国の間に少なくとも30年以上のギャップが存在していた．技術水準の低いローカルメーカーが外国製品のライセンスを全面的に導入したため，製品の技術レベルは選別的に導入する大手メーカー，旧来モデルを生産する中堅メーカーを超えていることもしばしばあった．小型トラックの例で見ると，80年代末頃，中堅メーカー南京汽車製造廠の2tトラックNJ130の市場価格は3～4万元の間であり，1台当たりの利潤額は数千元しかなかったのに対して，ローカルメーカーからスズキとの合弁会社に変身した江鈴汽車製造廠の製品JQ130（2tトラック）の価格は11～12万元であり，1台当たりの利潤は数万元と言われている[7]．規模の経済性を発揮できないローカルメーカーは外国技術の優位性によってこれを補い，大手メーカー・中堅メーカーと十分に対抗できた．

このように，市場化・集約化政策と外国技術移転は中国自動車産業の「重層的分業構造」の性格を変更できなかっただけではなく，外国技術導入と資

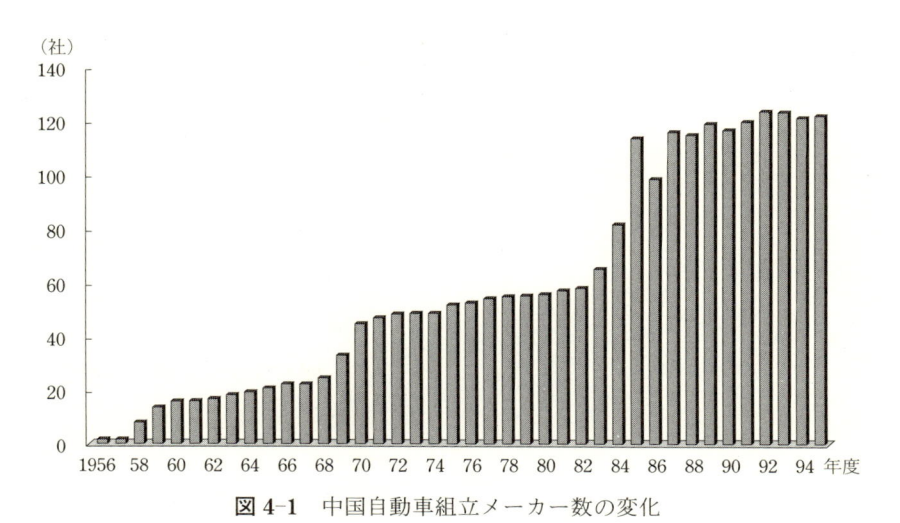

図4-1 中国自動車組立メーカー数の変化

表4-1 自動車組立メーカーの地域分布と生産実績 (1995年)

地域	組立メーカー（社）	生産実績（万台）
北　　京	10	18.16
天　　津	1	13.08
河　　北	6	2.05
山　　西	4	0.16
内モンゴル	2	0.03
遼　　寧	9	2.50
吉　　林	3	20.27
黒　龍　江	2	4.54
上　　海	2	16.21
江　　蘇	8	12.48
浙　　江	2	0.31
安　　徽	4	3.03
福　　建	3	0.42
江　　西	4	5.26
山　　東	3	0.86
河　　南	6	1.84
湖　　北	10	16.31
湖　　南	7	0.52
広　　東	6	2.51
広　　西	3	7.13
海　　南	1	0.29
四　　川	13	12.84
貴　　州	4	1.12
雲　　南	5	2.06
チベット	0	0
陝　　西	3	1.29
甘　　粛	0	0
青　　海*	1	0
寧　　夏	0	0
新　　彊	1	0
合　　計	122	145.26

出所：『1996中国汽車工業年鑑』より作成．
*：1995年青海省の生産実績は4台である．

本参加によって，かえって強化された．

中国自動車組立メーカー数の変動と地域分布は図4-1と表4-1で表わしている．1995年時点では自動車組立メーカーが122社あり，全国30省のうち，チベット・甘粛・寧夏・青海省を除く26省に分布している．また，同じ地域（省）のうち，複数のメーカーが存在するのは22省に達しており，自動車産業はまさに中国産業構造の同質性の縮図であり，市場分断のモデルケースとも言うべきである．1995年，この122社の生産実績は145.26万台であり，1社当たりの生産実績は1.19万台しかなかった．

以下では中国の小型トラック・乗用車と中型トラックを例として，市場分断の実態を分析してみたい．

2. 小型トラックの分野における市場分断

(1) 小型トラック分野の形成と特徴

中国における小型トラックは，積載量1-3tの貨物車を指しており，

1958年の第1次自動車生産参入ブームによって形成され始めた．この時期に参入した小型トラックメーカーとしては，南京汽車製造廠・上海汽車製造廠・北京汽車製造廠などが挙げられ，後に北京第二汽車修理廠も小型トラックBJ130の開発に成功し，小型トラックメーカーに変身した．

60年代末から70年代初めにかけての第2次参入ブームによって，各地方はBJ130とNJ130（南京汽車製造廠のメイン製品）をコピーして活発に参入した．1978年の統計によると，当時BJ130を基本モデルとする組立メーカーは73社，NJ130を基本モデルとするメーカーは21社もあった[8]．これらのローカルメーカーの生産車種はほとんど130系列（積載量2t）トラックであるが，メーカーによって設計に一定の差があった．1975年第一機械工業部汽車局の主催の下で全国2tトラックの交流会が開かれ，全国2tトラックの生産は，BJ130をベースに設計図を統一して生産するという命令が下された．この命令は，標準を統一させ，部品の共通性を実現した一方，各メーカーの製品は差がなくなり，完全代替できる製品になった．

第一汽車製造廠・東風汽車製造廠の中型トラックに対する国家の大規模な集中投資と対照的に，小型トラックの生産能力の形成はローカルに行われた．各地域の自動車修理企業・部品メーカー及び農業機械メーカーなど自動車生産と直接に関連し，あるいは技術的共通性のある企業が地方政府の支援を受けて，小型トラック分野に参入したのである．部品の内製率は比較的に低くて，エンジンを大手エンジンメーカーから調達すると同時に，域内部品メーカーを育成した．そのため，地域内に立脚する部品供給体制を形成し，主要メーカーの地域内部品調達率は80％以上に達していた[9]．また，80年代以前の製品は計画（国家計画と地方計画）によって分配され，主に地域内の需要を満たした[10]．このように小型トラック組立メーカーは属地性が強いと言える．中国における小型トラックの形成は地方分権型の計画経済体制の特徴を反映している．

小型トラック分野形成の歴史を見ると，製品の代替性と属地性は大きな特徴となっており，これらの特徴は後に小型トラックの市場分断に大きな影響

を与えた．

（2） 小型トラックの市場構造と地域構造

表4-2は中国の小型トラックメーカーの基本状況である．

表から見ると，1995年時点で観察できる小型トラック組立メーカーは49社であり[11]，そのうち，確認できたメーカーは37社で，残りの12社は不明である．確認できた37社のうち，1995年の生産実績が5万台以上のメーカーは2社，1-5万台までのメーカーは5社にすぎず，1万台以下のメーカーは30社であり，規模の小さいローカルメーカーの多数共存が小型トラックの市場構造の重要な特徴になっている．表4-3の上位3社の集中度（CR_3）を見ると，小型トラック関係は54.23％であり，小型バスに続いて，かなり低い水準である．

小型トラックメーカー37社のうち，南京汽車製造廠と北京第二汽車製造廠（北京軽型汽車有限公司を含む）は生産の歴史が長く，技術レベルも高いため，依然として大きなシェアを占めている．その他に特に注目されるのは，第一汽車軽型汽車廠・慶鈴汽車有限公司・江鈴汽車集団公司である．前者は第一汽車集団公司に合併されてから，親会社の技術・資金能力を活かして，僅か数年間で軽トラックのトップメーカーにまで成長した．後二者はいすゞとの合弁会社であり，いすゞの技術と銘柄を利用して，中小ローカルメーカーから小型トラックの中堅メーカーに変身した．

また，小型トラックの地域構造を見ると，表4-4と図4-2で表しているように，30省のうち，21の省には小型トラックメーカーが存在している．そのうち，複数のメーカーを持っている地方も少なくない．小型トラックは多数企業共存の競争的な市場構造と広い範囲に分布する地域構造となり，中国における地域経済構造の同質化の一典型といえる．

（3） 小型トラック分野の市場分断の状態

地域別車種別の自動車登録台数統計は存在しないが，田島[12]が中国の幾

第4章　自動車産業にみる市場分断

表 4-2　小型トラック企業概況（1995年）

従来の名称	所在省	初期モデル	現在の名称	生産実績
北京第二汽車製造廠	北京	BJ130	北京第二汽車製造廠	2,197
北京第二汽車製造廠	北京	BJ1040／BJ1041	北京軽型汽車有限公司	49,812
北京汽車製造廠	北京	BJ121A	北京汽車摩托車連合公司	9,044
天津市汽車製造廠	天津	TJ130	天津市汽車製造廠	12,453
保定地区汽車製造廠	河北	BQ123	保定汽車製造廠	3,899
唐山市汽車製造総廠	河北	HB130	唐山市汽車製造総廠	n.a.
石家庄市汽車製造廠	河北	SQ1020	石家庄市汽車製造廠	n.a.
石家庄市軽型汽車製造廠	河北	SQQ1020	石家庄市軽型汽車製造廠	n.a.
大同塞北箭汽車製造廠	山西	DTC1030	大同塞北箭汽車製造廠	n.a.
国営星光機器廠	黒龍江	HRB131	第一汽車ハルピン軽型汽車廠	4,498*
長春市東風汽車製造廠	吉林	CD130	第一汽車軽型車廠	62,774
瀋陽汽車製造廠	遼寧	SY130	金杯汽車株式会社	4,291
瀋陽トラクター製造廠	遼寧	SM130	瀋陽双馬汽車製造廠	n.a.
山東莱陽トラクター廠	山東	YT311A	煙台汽車製造廠	1,984*
南京汽車製造廠	江蘇	NJ130	南京汽車製造廠	52,668
江蘇儀徴汽車製造廠	江蘇	YQ121	江蘇儀徴汽車製造廠	3,167
寧波汽車廠	浙江	ZJ132	北内集団総公司	1,241
杭州軽型汽車製造廠	浙江	ZJ132／NJ134	東風杭州汽車公司軽型汽車廠	n.a.
江西汽車製造廠	江西	JQ130	江鈴汽車集団公司	3,167
合肥江淮汽車製造廠	安徽	HF142	合肥江淮汽車製造廠	22,003
鄭州汽車製造廠	河南	ZZ130	東風集団鄭州軽型汽車	14,584
東風汽車公司	湖北	EQ1061／EQ1060	東風汽車公司	1,365
国営江北機械廠	湖北	JB130	国営江北機械廠	n.a.
武漢汽車製造廠	湖北	WH130	武漢1軽型汽車製造廠	n.a.
長沙汽車総装廠	湖南	CS130B	長沙汽車製造廠	94
広州汽車製造廠	広東	GZ141	広州標致汽車公司	1,116
湛江汽車装配廠	広東	SX130	湛江三星汽車企業集団公司	1,469
広州汽車整備廠	広東	GZ130	広州羊城汽車廠	113
柳州汽車製造廠	広西	LZ130	東風汽車集団柳州汽車製造廠	n.a.
福建汽車廠	福建	FJ1040	福建汽車廠	2,425
重慶汽車製造廠	四川	CA／SC15	慶鈴汽車有限公司	29,950
成都汽車製造廠	四川	CD130／122	成都汽車製造廠	530
重慶市汽車修造総廠	四川	YZ122	重慶渝州汽車廠	n.a.
国営烏江機械廠	貴州	SG120／GHT1030	貴州航天汽車株式有限公司	2,521
7433廠	雲南	KQ130	昆明茶花汽車造廠	1,919
国営雲南機器五廠	雲南	LJ130B	雲南蘭箭汽車製造廠	7,981
昆明トラクター廠	雲南	JM122	雲南金馬農用車製造総廠	1,275*

出所：『中国汽車工業年鑑』，1994，1995，1996年版，田島俊雄（1996）46-47頁，『中国汽車摩托車生産企業名録』より作成．

注：＊印の数字は，1994年の生産実績である．

表 4-3　1995 年中国自動車産業における車種別の売り手集中度

車種	生産者数 (社)	合計 (台)	産量 (台)	CR_3 (%)
トラック				
大型	13	23,782	20,430	87.17
中型	18	208,826	196,169	93.94
小型	49	304,696	165,254	54.23
軽	9	108,989	82,197	75.42
バス				
大型	6	3,641	2,479	68.08
中型	11	22,740	13,347	58.69
小型	59	140,044	55,318	39.50
ミニ	9	153,541	109,616	75.42
乗用車				
1.6L以上	4	212,218	203,158	95.73
1-1.6L	3	27,810	27,810	100.00
1L以下	10	85,433	79,830	93.44

出所：『中国汽車年鑑1996』81, 414-417 頁. 『自動車工業における GATT 加盟対策研究課題報告集』第 2 部分より作成.

表 4-4　小型トラックの地域分布

(単位：社)

地域	メーカー数	地域	メーカー数	地域	メーカー数
北　　京	3	浙　　江	2	海　　南	0
天　　津	1	安　　徽	1	四　　川	3
内モンゴル	0	福　　建	1	貴　　州	1
河　　北	4	江　　西	1	雲　　南	3
山　　西	1	山　　東	1	チベット	0
遼　　寧	2	河　　南	1	陝　　西	0
吉　　林	1	湖　　北	3	甘　　粛	0
黒　龍　江	1	湖　　南	1	青　　海	0
上　　海	0	広　　東	3	寧　　夏	0
江　　蘇	2	広　　西	1	新　　疆	0

出所：同表 4-2.

つかの地域で観察した小型トラックの通行状況（表4-5）から，小型トラックの市場分断状況を次のように推測できる．

（1）広東省広州市を除いて，他の地域では地元メーカーの製品シェアが

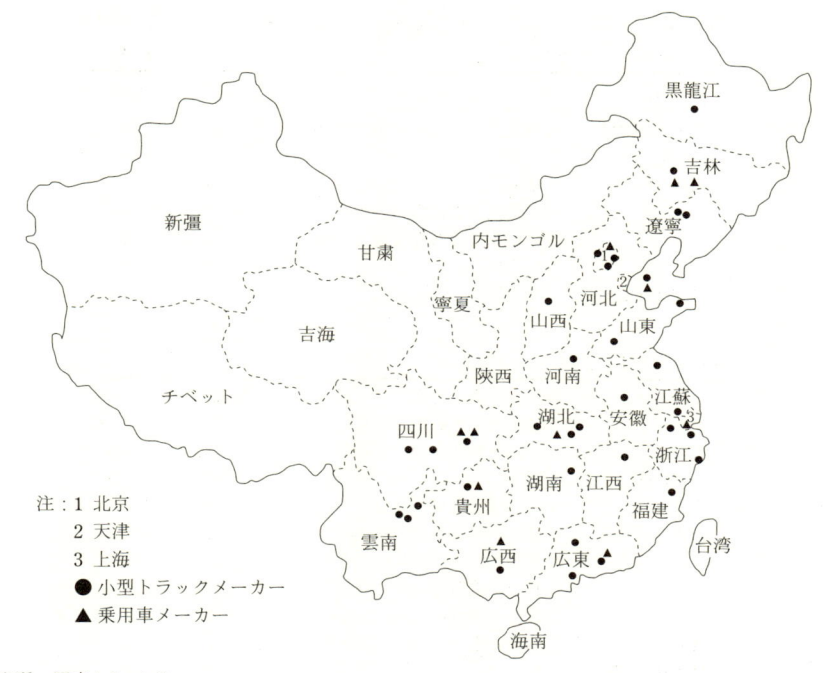

注：1 北京
　　2 天津
　　3 上海
　● 小型トラックメーカー
　▲ 乗用車メーカー

出所：同表4-1, 4-2.

図4-2 小型トラックと乗用車メーカーの地域分布（1996年）

圧倒的に高い．
(2) 北京市・南京市・第一汽車の3メーカーを除いて，他のメーカーはほとんど地域市場に依存している．四川省の3社の製品はほとんど省内市場で販売しているだけで，隣接の雲南省でも余り見られず，雲南省のメーカーもほぼ同じ状態になっている．
(3) 地域（省）内に複数のメーカーが存在する場合に，同じ地域（省）の内部でも市場はさらに分断されている．四川省重慶市と新都県の状況を見ると，重慶市に立地している慶鈴汽車株式有限公司は当市で50％以上のシェアを占めているが，成都市近郊の新都県ではかなり少ない．成都市に立地している成都汽車製造廠は新都県で50％以上のシェアを

表 4-5 小型トラックの地域別シェア(通行車両についての調査)

北京市八里庄(1995年 8月27日) (単位:台,%)

車種	製造会社	台数	比率
北京(BLAC)	北京軽型汽車有限公司(北京)	80	80
ISUZU	同上など	10	10
TOYOTA	(輸入)	3	3
天津	天津市汽車製造廠(天津)	2	2
金杯	金杯汽車株式有限公司(遼寧)	1	1
NISSAN	(輸入)	1	1
MITSUBISHI	(輸入)	1	1
不詳		2	2

四川廠重慶市(1995年 8月31日)

車種	製造会社	台数	比率
ISUZU	慶鈴汽車株式有限公司(四川)	52	51.5
渝州	重慶渝州汽車総廠(四川)	24	23.8
解放	第一汽車集団公司(吉林)	6	5.9
TOYOTA	(輸入)	6	5.9
躍進	南京汽車製造廠(江蘇)	4	4
CHENGDU	成都汽車製造廠(四川)	2	2
北京(BLAC)	北京軽型汽車有限公司(北京)	2	2
WJ	国営望江機器製造廠(四川)	1	1
江北	国営江北機械廠(湖北)	1	1
JMC	江鈴汽車集団公司(江西)	1	1
MITSUBISHI	(輸入)	1	1
不詳		1	1

四川廠新都県(成都市近郊県, 1995年10月5日)

車種	製造会社	台数	比率
CHENGDU	製造会社	50	48.1
ISUZU	成都汽車製造廠(四川)	5	4.8
躍進	同上など	29	27.9
北京(BLAC)	南京汽車製造廠(江蘇)	9	8.7
大地	北京軽型汽車有限公司(北京)	6	5.8
鄭州	成都トラクター総廠(四川)	3	2.9
TOYOTA	鄭州軽型汽車製造廠(河南)	1	1
不詳	(輸入)	1	1

雲南省路南県(1995年12月3日)

車種	製造会社	台数	比率
藍箭	雲南藍箭汽車製造廠(雲南)	18	50
ISUZU	同上など	3	8.3
茶花	昆明茶花汽車廠(雲南)	8	22.2
金馬三羊	雲南金馬農用車製造総廠(雲南)	4	11.1
解放	第一汽車集団公司(吉林)	2	5.6
北京(BLAC)	北京軽型汽車有限公司(北京)	1	2.8

第4章 自動車産業にみる市場分断　　　　　　　　101

雲南省昆明市（1995年12月10日）

車種	製造会社	台数	比率
藍箭	雲南藍箭汽車製造廠（雲南）	15	28.3
ISUZU	同上など	8	25.1
解放	第一汽車集団公司（吉林）	11	20.8
北京（BLAC）	北京軽型機種有限公司（北京）	5	9.4
茶花	昆明茶花汽車廠（雲南）	4	7.5
躍進	南京汽車製造廠（江蘇）	3	5.7
三星	湛江三星汽車企業集団公司（広東）	2	3.8
金杯	金杯汽車株式会社（遼寧）	2	3.8
TOYOTA	（輸入）	1	1.9
MAZDA	（輸入）	1	1.9
不詳		1	1.9

広東省広州市（1995年12月11日）

車種	製造会社	台数	比率
ISUZU	各地で製造	72	61.5
TOYOTA	（輸入）	16	13.7
躍進	南京汽車製造廠（江蘇）	8	6.8
藍箭	雲南藍箭汽車製造廠（雲南）	5	4.3
羊城	広州羊城汽車廠（広東）	4	3.4
CHENGDU	成都汽車製造廠（四川）	3	2.6
北京（BLAC）	北京軽型汽車有限公司（北京）	2	1.7
三星	湛江三星汽車企業集団公司（広東）	2	1.7
JIANGHAI	合肥江淮汽車製造廠（安徽）	2	1.7
解放	第一汽車集団公司（吉林）	1	0.9
MITSUBISHI	（輸入）	1	0.9
不詳		1	0.9

出所：田島俊雄（1996）62頁．

　占めているのに対して，重慶市では2％しかなかった．
　製品の差別化がかなり小さい小型トラック分野はなぜ地域市場に立脚するのか，その原因は市場分断で説明するより他にない．数多くの小型トラックメーカーの9割以上は地方国有企業であり，地域内の需要を満たすために設立されたものである．80年代以前，計画経済の下で地域内市場を中心に生産活動を展開し，製品は政府の計画によって地域内に分配された．つまり，いわば地域内市場は小型トラックメーカーの立脚点である．地方小型トラックメーカーは地域の経済発展に貢献し，地方政府と深く関連していた．

80年代末に小型トラック分野では，市場化以降初めての大規模な市場不況が発生し，小型トラックメーカーの地域間競争も本格化したが，ほとんどの地方政府と小型トラックメーカーは，地域内市場を確保し，地域外市場で競争するという思惑であり，地域外製品の流入を制限し始めた．その結果，市場化以降の小型トラック分野では全国的な市場が形成されなかった．

(4) 小型トラック市場分断の手段

　市場分断の手段の概況は，すでに第1章で簡単に紹介した．これらの手段は地方政府にどのように応用されるのかを小型トラック分野の市場分断から観察できる．小型トラック市場分断において主に採用された手段は，行政的手段と経済的手段であり，具体的には規制と税費とに分けられる．

　①規　　制

　自動車は特別な工業製品として，その購買・使用の過程でどこの国でも様々な規制が設けられている．ただし，これらの規制は交通安全と効率的な交通システムのために応用するのか，域内メーカーの利益を守るために応用するのか，大きな相違点がある．中国における小型トラックの規制の大半は，域内メーカーの市場を守るために応用されており，大別して購買の規制と使用の規制に分けられる．

　まず，購買過程の規制を見ると，90年代以前の計画経済の下で，国家予算の浪費を防ぐために，「控制社会集団購買力弁公室」（社会集団購買力をコントロールする機構）という政府機構が各地方政府の「経済計画委員会」の中に設置され，政府機関・国有企業などいわゆる国有セクターの高額な耐久消費財や生産財の購入計画に対して，事前に許認可を行う権限を握っていた．自動車は「控制社会集団購買力弁公室」に規制されている諸商品の中での高価な商品であり，購買抑制の重要な対象になっていた．

　「控制社会集団購買力弁公室」は地方の政府機関の一部として，地域内のメーカーの製品を推薦し，地域外メーカーの製品の購買申請を拒否することによって地域内市場を保護した．90年代に入ってから，社会集団購買力制

限は廃止され，小型トラックの購買制限も撤廃された．

　次に，使用過程の規制を見ると，ナンバープレートの登録・装備基準規制・道路通行制限・車検制度・汚染検査制度など様々あるが，そのうち，市場保護の手段としてよく利用されるのはナンバープレートの登録制度・道路通行制限と装備基準規制である．

　中国における自動車ナンバーの登録制度は全国統一されているが，登録の方法は統一されていない．地域内メーカーの製品は簡単にナンバープレートが登録できるが，地域外メーカーの製品に対して，様々な書類・証明書を要求し，ナンバープレートが簡単に取れないことがしばしばある．

　道路通行制限は地域外の自動車が地域内に進入するとき，事前認可を必要とする制度であり，主に幾つかの大都市に存在する．

　装備基準規制には全国統一の装備基準規制（例えばシートベルトの装備など）と地方政府の規制に分けられる．地方政府の規制の典型的な例は北京市のトラックの装備基準規制である．この規制の内容を見ると，全国統一的な規制内容以外に，4輪トラックの車台下の両側に「護欄（鉄で作った網）」を装備する基準がある．地元メーカー北京軽型汽車有限公司以外の小型トラックメーカーの製品はほとんど「護欄」を装備していないため，北京市内の買い手は地域外メーカーの製品を買うと，改めて「護欄」を装備しなければならない．このような規制は北京市内のトラックだけではなく，地方から北京市内に進入するトラックにも適用されていた．

②税　　　費

　中国における自動車の税費も購買過程の税費と使用過程の税費に分けられる．購買過程の強制的な税費は市場交易費・車輌購買付加費・出庫費・臨時ナンバープレート費・車輌移動費・臨時道路養護費・臨時保険費・工商検証費・増容費（一部の地方のみ）などがあり，使用過程の強制的な税費としては自動車使用税・車検費・道路養護費・汚染検査費などがあげられる[13]．市場保護の手段としてしばしば採用されるのは差別税費制度である．すなわち，地域外メーカーの製品に対して，高額の税費を徴収し，地元メーカーの製品

に対しては，比較的低い税費を徴収，あるいは一部を免除する[14]．

3. 乗用車の分野における市場分断

(1) 中国における乗用車分野の形成

　中国における乗用車生産の歴史は比較的に新しく，国内開発を始めたのは1958年以降のことである．1959年第一汽車製造廠は高級車「紅旗」の開発に成功し，高級幹部の専用車として生産したが，ほとんど手作りで量産できなかった．60年代末，（日本）財団法人機械振興協会の経済研究所の調査記録によると，当時「紅旗」の人件費と材料費は1台当たり大体1,000万円程度と推定されている[15]．

　1959年上海汽車装配廠（後に上海汽車製造廠に改称，上海汽車工業公司の前身）は1956年のベンツ220Sをモデルにして，「鳳凰」の開発に成功し，普通乗用車メーカーとして量産が始まった．また，1960年から北京汽車製造廠は4輪駆動ジープを開発し，1963年から量産がスタートした．この3メーカーは80年代の半ば頃まで乗用車を生産し，国内需要を満した．技術水準から見ると，中国の乗用車は自動車産業の中で最も遅れている分野になっている．

　80年代半ばから中国自動車産業は技術導入ブームを引き起こし，以上の3社を含む9社が外国から乗用車の技術を導入し，生産し始めた．乗用車分野の企業乱立を防ぐために，中央政府は強力なリーダー・シップを発揮して，日本自動車産業の「グループ化構想」[16]などを参考して，「三大・三小・両微」の8社に乗用車生産を委ね，それ以外の新規参入は認めない方針を決めた．この「三大」は第一汽車集団公司（乗用車の生産に関しては，独WVとの合弁会社でJETTAを生産し，WVの技術提携を受けて，AUDIを生産している）・東風汽車集団公司（仏シトロエン社と合弁して，シトロエンZX系列を生産している）・上海大衆汽車有限公司（独WVと合弁して，SANTANAを生産し，後に米GMも資本参加し，高級車BUICKを生産している）の3

表 4-6　中国乗用車メーカーの企業概要（1995年）

メーカー	生産車種	生産実績（台）
第一汽車集団公司	CA7560／AUDI00	17,968
北京ジープ汽車有限公司	BJ2021	25,127
上海大衆汽車有限公司	STN／STN2000	160,070
広州標致汽車公司	PEUGE0505	6,936
一汽大衆汽車有限公司	JETTA	20,001
東風汽車公司	シトロエンzx系列	3,797
天津汽車工業公司	TJ7100／TJ7100U	65,000
長安汽車有限責任公司	SC7080	7,725
中国貴州航空工業総公司汽車廠	GHK7060	7,105
柳州汽車廠	LZW7100	413
長安鈴木汽車有限公司	SC7080	5,455

出所：『1996中国汽車工業年鑑』，417頁．

社を特定し，「三小」は天津汽車工業公司（ダイハツの技術提携を受けている）・北京汽車工業公司（米クライスラーと合弁して，JEEPを生産している）と広州標致汽車公司（最初は仏PEOGEOと合弁して，PEOGEO505を生産したが，後にPEOGEOが撤退し，ホンダが資本参加して，現在はアコード車を生産している）を指している．「両微」は，軍事産業から参入してきた長安汽車有限公司（スズキと合弁して，アルトを生産している）と中国貴州航空工業公司汽車廠（富士重工の技術提携を受けている）のことである．今日の乗用車メーカーの状況は表4-6で表している．

(2) 乗用車の市場構造と地域構造

1995年中国乗用車のメーカーは11社[17]であり，そのうち，高級車メーカーは2社（第一汽車集団公司・上海汽車工業公司），排気量1.6L以上の普通乗用車メーカーは3社（上海大衆汽車有限公司・北京ジープ汽車有限公司・広州標致汽車公司），排気量1-1.6Lの乗用車メーカーは3社（東風汽車公司・一汽大衆汽車有限公司・天津汽車工業公司），そして排気量1L以下の軽乗用車メーカーは4社（長安汽車有限責任公司・重慶長安鈴木汽車有限公司・貴州航空工業総公司・柳州微型汽車廠）である．これら11社のうち，

上海大衆汽車有限公司は50％近くのシェアを占めており，次いで天津汽車工業公司・北京ジープ汽車有限公司と一汽大衆汽車有限公司の順であり，3社の合計は33.8％となっている．以上の上位4社の集中度は83％で，寡占状態を形成している．排気量によって分けてみると，表4-3で表しているように集中度は一段と大きくなる．

また，乗用車生産の地域構造（表4-6・図4-2）を見ると，ほとんどのメーカーは大都市に立地している．長安汽車有限責任公司・長安鈴木汽車有限公司（長安汽車有限責任公司と日本のスズキ自動車の合弁企業）と貴州航空工業総公司汽車廠は軍事産業として80年代から参入したものであり，地域に属する企業ではない．

中国における乗用車生産には幾つかの特徴がある．まず，小型トラック企業の全国分布と小規模ローカル企業の多数存在に対して，乗用車生産は少数企業による寡占状態を形成し，多数の地域は乗用車メーカーを持っていない．また，製品の特徴に関しては，小型トラックの主な製品はBJ130・NJ130の設計図に統一された車種であり，製品の代替性がかなり高いのに対して，乗用車の車種はメーカーによって差がある．そのうち，高級車もあれば，普通乗用車・軽乗用車もある．また，同じ軽乗用車と言っても，排気量・スタイルなども違っていて，製品の差別化は大きな特徴となっている．中国乗用車生産の以上の特徴は乗用車市場分断の状態に直接に影響を与えている．

(3) 乗用車市場の細分化

用途によって中国の乗用車は，公務用車・商務用車・経営用車・個人用車（マイカー）など4種類に分けられる．

(1) 公務用車：政府機関や，公共団体が所有する乗用車であり，さらに政府部門の政務用車と公安・交通・司法・税務・海関・市場管理・環境などの部門の業務用車に分けられる．購入資金は政府の財政収入であるため，様々な制限が加えられる．政務用車を例で見ると，80年代以前は各部の部長（日本の大臣に相当するポスト）と省長（日本の県知事に

相当するポスト)クラスまでは高級車「紅旗」,副部長・副省長は乗用車「上海」,部以下の各局の局長・県長は北京ジープ,それ以下は乗用車を所有してはいけないという明確な規定があり,今日に至っても依然として存在する.80年代末まで公務用車市場は乗用車の主な市場であり,今日でもかなり大きなシェアを占めている.推測によると,90年代初めまで公務用車は乗用車総保有台数の45％を占めていた[18].
(2) 商務用車:企業が所有する乗用車であり,国有企業の所有車と非国有企業の所有車に分けられる.商務用車の購入は企業の資金で賄なわれているが,国有企業の購買行為に対して政府部門の厳しい規定が存在する.商用車は乗用車総保有量の30％を占めている.
(3) 経営用車:タクシー・旅行社用車・レンタカーなどを指している.これらの分野では乗用車が利益を獲得する経営手段として用いられている.経営用車は乗用車総保有量の18％を占めている.
(4) 個人用車(マイカー):個人所有の車で,90年代半ばまでは乗用車市場の5％しか占めなかったが[19],それ以後急速に成長している.

(4) 乗用車の分野における市場分断

90年代初めまで,中国の乗用車は供給不足の状態が続いており,市場分断は発生していなかった.乗用車の市場分断は90年代半ば以降のことであり,生産規模の拡大競争による生産能力過剰化に伴って発生したのである.乗用車は今日中国市場分断の最も代表的な分野である.

表4-7と図4-3から図4-7まではそれぞれ1993年と1996年(JETTAは1997年1-10月)の上海大衆汽車有限公司のSANTANA・天津汽車工業公司のシャレード・第一汽車集団公司AUDIとJETTA,及び東風汽車の富康の市場分布状況を表している.

1993年SANTANAの市場分布を見ると,表4-7と図4-3aで表しているように,1,000台以上を購入した地域は北京市・遼寧省・江蘇省・四川省であり,500-1,000台を購入したのは上海市・安徽省である.SANTANAを500

表 4-7　1993 年シャレード・SANTANA・AUDI・JETTA の市場分布

(単位：台)

地域	乗用車販売合計	その内 シャレード	その内 SANTANA	その内 AUDI	JETTA*
北　京	2,387	19（ 0.79）	2,108（88.31）	28（ 1.17）	4,788
天　津	288	233（80.90）	36（12.5）	5（ 1.74）	1,531
河　北	940	436（46.38）	159（16.91）	8（ 0.85）	777
山　西	496	97（19.56）	213（42.94）	28（ 5.65）	167
内モンゴル	305	125（40.98）	67（21.97）	12（ 3.93）	208
遼　寧	5,305	336（ 6.33）	3,181（59.96）	481（ 9.07）	2,271
吉　林	872	154（17.66）	151（17.32）	175（20.07）	6,761
黒龍江	163	3（ 1.84）	28（17.18）	6（ 3.68）	1,283
上　海	1,535	94（ 6.12）	676（44.04）	399（25.99）	1,640
江　蘇	2,930	48（ 1.64）	2,132（72.76）	106（ 3.62）	2,156
浙　江	609	117（19.21）	347（56.98）	40（ 6.57）	483
安　徽	956	233（24.37）	501（52.41）	133（13.91）	449
福　建	452	71（15.71）	290（64.16）	14（ 3.10）	1,955
江　西	483	74（15.32）	178（36.85）	34（ 7.04）	71
山　東	69	12（17.39）	44（63.77）	5（ 7.25）	1,776
河　南	232	69（29.74）	108（46.55）	31（13.36）	523
湖　北	526	104（19.77）	285（54.18）	66（12.55）	2,240
湖　南	464	306（65.95）	118（25.43）	14（ 3.02）	517
広　東	3,103	128（ 4.13）	398（12.83）	378（12.18）	11,101
広　西	263	4（ 1.52）	55（20.91）	2（ 0.76）	69
海　南	94	n.a.	11（11.70）	26（27.66）	481
四　川	2,474	116（ 4.69）	1,845（74.58）	47（ 1.90）	943
貴　州	188	n.a.	n.a.	n.a.	81
雲　南	235	56（23.83）	71（30.21）	7（ 2.98）	169
チベット	48	n.a.	39（81.25）	n.a.	1
陝　西	379	61（16.09）	64（16.89）	170（44.85）	277
甘　粛	96	n.a.	26（27.08）	38（39.58）	84
青　海	23	n.a.	16（69.57）	n.a.	87
寧　夏	11	n.a.	3（27.27）	n.a.	18
新　彊	63	n.a.	34（53.97）	n.a.	314
全国合計	32,593	3,110（ 9.54）	17,455（53.55）	2,477（ 7.60）	41,938

出所：『中国市場統計年鑑』, 171 頁,『1996 中国汽車市場展望』, 177 頁より作成.
注：（　）内の数字は, 当車種の購買台数が地域の新車販売台数に占める割合である.
＊：JETTA の販売数字は, 1995 年 10 月まで各省における JETTA 車の保有台数である.

109

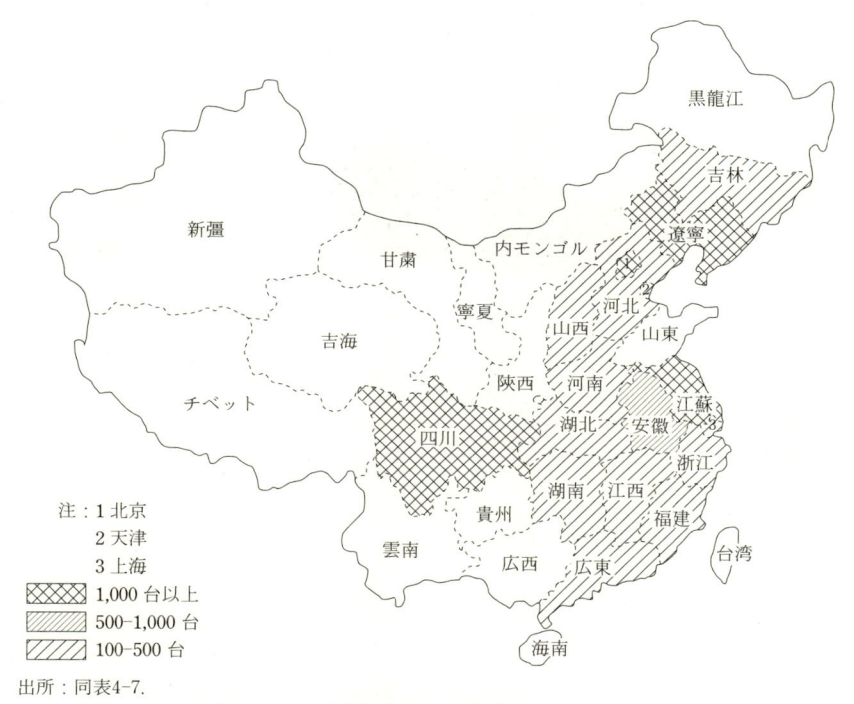

```
注：1 北京
    2 天津
    3 上海
    ▨ 1,000台以上
    ▨ 500-1,000台
    ▨ 100-500台
```

出所：同表4-7.

図 4-3a　SANTANAの市場分布（1993年）

台以上購入した以上の6地域のうち，5地域は東部沿海地方[20]であり，100台以上を購入した地域もほとんど東部と中部地方に集中している．

　また，1996年SANTANAの市場分布を見ると，図4-3bで表しているように，上海及び上海周辺の華東地方は46％を占めており，SANTANAの主な市場になっている．一方，経済発展が華東地方とほぼ同じレベルの華北・中南地方は，16％しか占めていなかった．

　次に，1993年天津汽車工業公司のメイン製品シャレードの市場（表4-7，図4-4a）を見ると，300台以上を購入した地域は遼寧省・河北省・天津市・湖南省であり，100-300台を購入したのは吉林省・内モンゴル・安徽省・浙江省・湖北省・四川省・広東省である．即ち，天津市と隣接する河北省・遼寧省・近辺の吉林省・内モンゴル，及び中部地方の湖南省が主な市場になっ

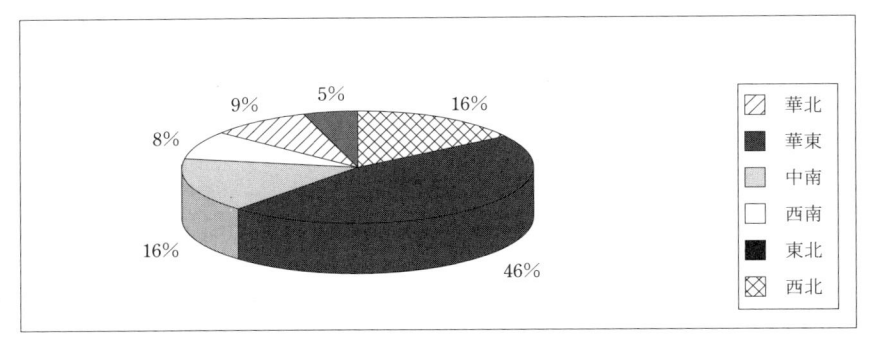

注：華北地方：北京市・天津市・河北省・山西省・内モンゴルが含まれる．
　　華東地方：上海市・山東省・江蘇省・浙江省・安徽省・江西省が含まれる．
　　中南地方：河南省・湖北省・湖南省が含まれる．
　　西南地方：四川省・貴州省・雲南省・チベットが含まれる．
　　東北地方：黒龍江省・吉林省・遼寧省が含まれる．
出所：国家情報中心経済予測部・中国汽車貿易総公司（1997），国家信息中心・国家計委経済予測司（1998；1999）．

図4-3b　1996年サンタナ車の市場シェア

ている．特に天津市では新車販売台数288台のうち，80.90％はシャレードであり，シャレードのシェアが圧倒的に高い．河北省・内モンゴルでは，シャレードのシェアがそれぞれ46.38％と40.98％であり，全国平均シェアの9.54％よりもはるかに高い．以上の諸地域と対照的に，上海と上海付近の江蘇省での販売台数は比較的に少なく，それぞれ乗用車総販売台数の6.12％と1.62％しか占めなかった．

また，1997年1-10月シャレードの市場分布を見ると，図4-4bで表わしているように，天津市を含む華北地方は28％を占めており，最も大きいシェアを占めている．その次は華東地方と東北地方であり，それぞれ22％と19％を占めている．

吉林省に立地する第一汽車集団公司の高級車AUDIの1993年市場分布（表4-7，図4-5）を見ると，300台以上を購入した地域は遼寧省・上海市・広東省であり，100-300台を購入したのは吉林省・陝西省・江蘇省・安徽省である．

1990年代の半ばまでAUDIは中国唯一の量産高級車であった．乗用車購入

注：1 北京
　　2 天津
　　3 上海

▧▧ 300台以上
▨▨ 100-300台
▨ 40-500台

出所：同表4-7.

図 4-4a　シャレードの市場分布（1993年）

凡例：
華北
華東
中南
西南
東北
西北

図 4-4b　1997年1-10月シャレード車の市場シェア

注：1 北京
2 天津
3 上海

▨ 300台以上
▨ 100-300台
▨ 50-100台

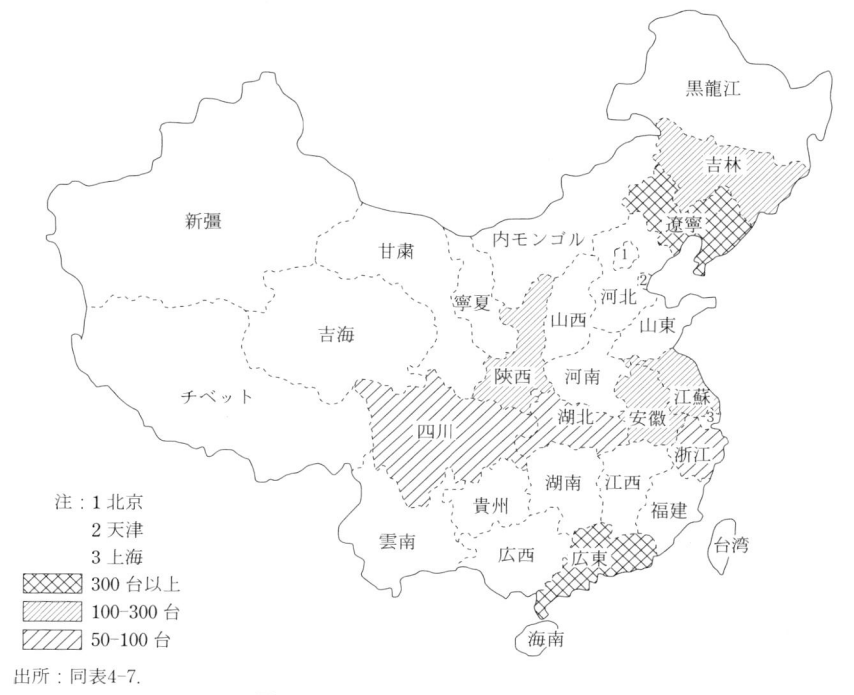

出所：同表4-7.

図4-5 AUDIの市場分布（1993）

　総台数に占めるシェアを見ると，西部地方の陝西省・甘粛省では44.85％・39.58％を占めていて，これは主に両地域の乗用車の主な買い手は政府部門であるという買い手特徴をもつことによるものである．それ以外の地域を見ると，AUDIのシェアはほとんど30％以下であるが，吉林省は20.07％となり，比較的に高い方である．

　同じ第一汽車集団公司のJETTAの1995年10月までの市場分布（表4-7，図4-6a）を見ると，広東省は11,101台であり，全国保有台数の1/4以上を占め，圧倒的に高かった．その次は吉林省と北京市で，それぞれ6,761台と4,788台になっている．1,000-4,000台を保有する地域は天津市・遼寧省・上海市・江蘇省・黒龍江省・福建省・山東省・湖北省など8省・市である．表4-7を見る限り，第一汽車のJETTA車は吉林省近隣の黒龍江省・遼寧省及

113

注：1 北京
　　2 天津
　　3 上海

凡例：
- 10,000 台以上
- 4,000-10,000 台
- 1,000-4,000 台
- 500-1,000 台
- 100-500 台

出所：同図4-7.

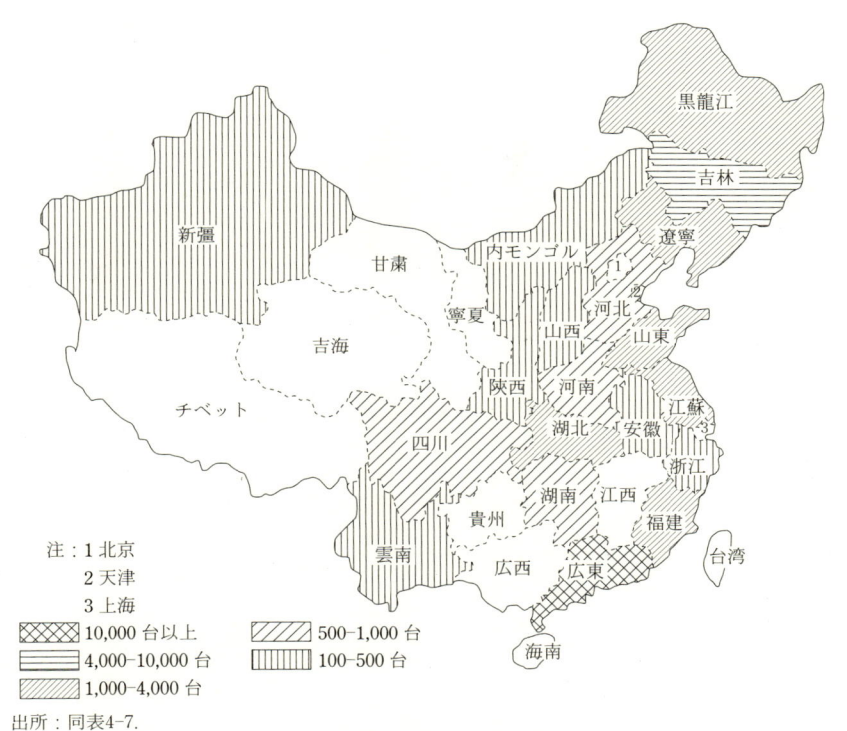

図 4-6a　JETTA の市場分布（1992-95 年 10 月までの保有台数）

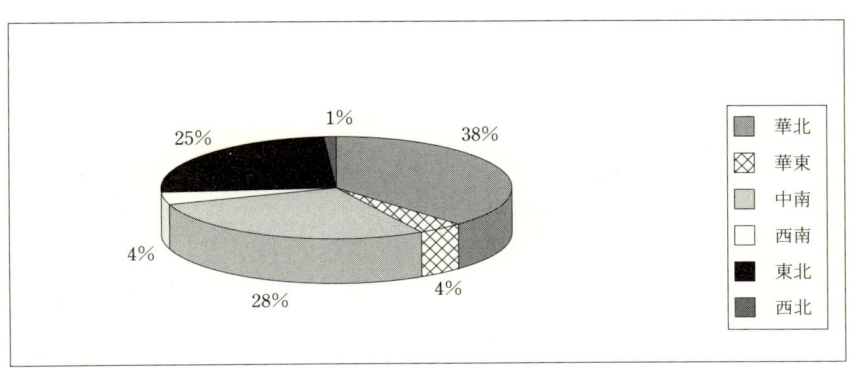

凡例：華北、華東、中南、西南、東北、西北

華北 38%、華東 4%、中南 28%、西南 4%、東北 25%、西北 1%

出所：同図4-3b.

図 4-6b　1996 年ジェッタ車の市場シェア

図 4-7 1997 年 1-10 月シトロエン車の市場シェア

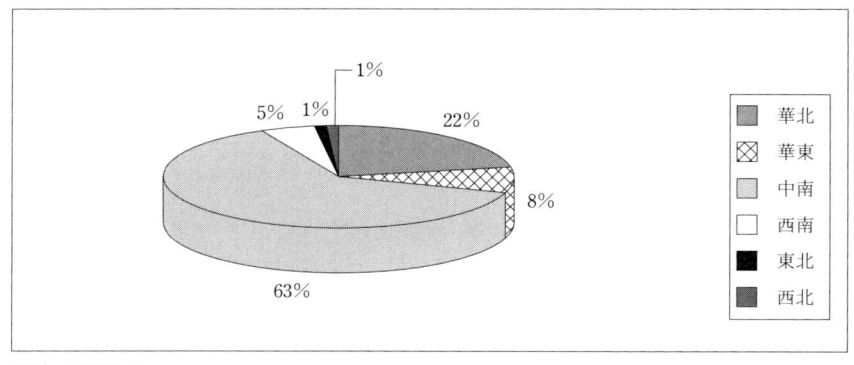

出所:同図4-3b.

凡例:華北 22%, 華東 8%, 中南 63%, 西南 5%, 東北 1%, 西北 1%

表 4-8 乗用車 4 車種の市場分布

(単位:%)

地方	SANTANA	シャレード	JETTA	富康
華北	16	28	38	22
華東	46	22	4	8
中南	16	10	28	63
西南	8	10	4	5
東北	9	19	25	1
西北	5	11	1	1
合計	100	100	100	100

出所:(中国)国家信息中心・国家計委経済予測司(1998)より作成.

び近辺の北京市場に立脚している.

さらに,1996年JETTA市場(図4-6b)を見ると,華北地方は38%を占めている.その次は中南地方の28%となり,第一汽車が立地している東北地方は第3位となり,25%を占めている.

最後に,生産開始が最も遅かった東風汽車集団公司の富康(シトロエンZX)を見ると,図4-7で表わしているように,中南地方は63%を占めており,最大の市場になっている.その次は華北地方の22%である.以上の両地方以外の地域は10%以下であり,東北地方はただの1%になっている.

第4章　自動車産業にみる市場分断　　　　　　　　　115

　図4-3b・4-4b・4-6b・4-7のデータを合成すると，表4-8になる．
　表4-8から見ると，JETTAを除き，他の3車種は地域内市場が最も大きなシェアを占めている．特に，SANTANAと富康は地域内市場のシェアが高い．また，JETTA車の市場を見ると，東北地方は第3位であり，25％となっている．この数字はあまり高く感じられないかもしれないが，東北地方の乗用車市場の規模から考えると，25％という数字はかなり高いものである．
　シャレードの市場分布は比較的に均等である．最も高い華北地方は28％であり，最低の西南・中南も10％のシェアを占めており，6つの地域はすべて10％を超えている．これはシャレードの製品特徴と大きく関係している．すなわち，シャレードの排気量は1Lであり，タクシー業界で最も人気のある車種になっている．他の3車種は1.5L以上になっており，製品の代替性が低い．
　表4-7を見ると特に興味深いのは貴州省が1993年に乗用車188台を購入したが，以上の乗用車4メーカーから1台も購入しなかったことである．この188台の内訳を解明できる資料がないが，そのほとんどは地元に立地している中国貴州航空公司のレックス505だと推定できる．
　以上は，中国乗用車の「三大」プロジェクトの上海汽車・第一汽車・東風汽車と，「三小」プロジェクトの1つ——天津汽車の市場分布状態を分析した．この4社は，中国乗用車分野の代表ともいうべき存在である．以上の分析を纏めてみると，乗用車生産は寡占競争の構造であるにもかかわらず，各メーカーの市場分布を見ると，ほとんど例外なく生産地域と近辺市場を中心に販売されている．乗用車メーカーは生産地域と近辺市場に立脚する性格が強い．これは地域政府の保護と直接に関連している．すなわち，乗用車メーカーを抱えている地域政府は地域内市場を保護するのと同時に，政府の影響力を活かして，近辺地域の市場に影響を与えて，地元メーカーの製品販売を促進している．
　このように，自動車メーカーを抱いている地域と近辺地域の市場が保護される一方，乗用車メーカーを抱いていない地域の市場は開放している．中国

乗用車市場は小型トラックの原子状の市場分断とは異なり，分断された市場ブロックが大きく，少数地域の分断と大規模な統一市場の共存が大きな特徴となっている．これは乗用車の市場構造の影響によるものと思われる．

　乗用車は自動車産業の最も有望の分野であるため，地方政府の直接介入も強い．第1章（表1-1）で述べたように，中国の市場分断が最も深刻化していたのは1989-91年前後であり，その後，中央政府の市場統合の政策実施，法律の整備，経済成長の再加速によって，市場分断の範囲は縮小した．しかし，乗用車分野の市場分断はかえって強化されてきたのである．

(5) 乗用車市場分断の手段

　中国乗用車における市場分断の手段は自動車産業全体と同じように，規制と税費という2つのタイプに分けられる．しかし乗用車製品の特徴によって，市場分断は独特な特徴を有している．

　①規　　　制

　前述のように，中国では自動車の購買・使用の過程で，様々な規制が存在する．これらの規制は乗用車に対してはほとんど適用されているが，トラックと異なり，乗用車に対する規制は幾つかの特徴を持っている．

　（1）公務用車と商務用車の購入制限．中国では，トラックは生産財だと認められ，購買規制が徐々に緩和されているが，乗用車は消費財中の奢侈品だと認められ，国有セクターの購入に対して，依然として厳しい規制が行われている．90年代に入ると，「控制社会集団購買力弁公室」が廃止されたが，国有企業の経営権限の拡大に伴い，国家が所有すべき利潤と国有企業の資産が企業経営者の高額消費，あるいは従業員のボーナスとして分配され，国有資産の流失は大きな問題となった．地方政府は国有企業の所有者の代表として，地方国有企業に対する監督権限が強化された．今日に至っても，乗用車の購入は依然として規制されている．

　このような規制は数量制限と車種制限に分けられる[21]．規制の内容は詳細な規定基準として作られ，国有セクターが乗用車を購入する前に，政府部門

に申請し，政府部門は基準によって判断し許可する．地方政府はこのような許可制度を利用し，他地域メーカーの製品を基準によって排除して，地元メーカーの製品を基準枠に入れて，保護する．国有セクターが乗用車の主な買い手になっている今日，地方政府は乗用車購買の許可権限を利用して，比較的容易に地元企業の市場を保護できる．

吉林省における公務用車の購入基準を見ると，「地区級の政府用車は原則として，排気量2.2L以下，価格45万元以内の国産「紅旗」（吉林省長春市に立地している第一汽車集団公司の製品）を配備できる．県級政府が公用車を購入する場合，排気量1.8L以下，価格25万元のJETTAしか購入できない」[22]，と明記している．

類似的な政策は湖北省武漢市にも存在する．当市の規制として，政府の財政資金での公用車の購入は，政府が集中的に購入し，副局級以下の部門も「富康」（湖北省武漢市に立地している）を購入しなければならない．でなければ，交通管理部門はナンバープレートを発行しないことになっている．

(2) 経営用車の購入制限．経営用車の市場保護に関してはタクシーの使用車種に対する規制（主に軽乗用車の使用制限）がメインとなっている．今日中国乗用車の主な買い手は国有セクターに続いて，タクシー業界は第2位になっている．

表4-9はSANTANA・富康・JETTAとシャレードの4車種の買い手情報である．表から見ると，タクシー業界は既に富康・JETTAとシャレードの最も大きな買い手になっている．特に，シャレードは値段の安さ（SANTANAの半分以下）と良好の燃費性能によって，タクシー業界の主な選択となっている．タクシー市場は乗用車メーカーの競争の主戦場になり，タクシー車種の制限は既に地域市場保護の重要な手段になっている．

上海市は1996年3月に「1.6L以下の車両は新たにタクシーとして認可しない」という「交通政策」を打ち出した．当時，1.6L以上の乗用車は上海大衆汽車有限公司のSANTANA・第一汽車集団公司のアウディと北京吉普汽車有限公司のチェロキー3車種しかなく，アウディとチェロキーは高級車であ

表 4-9 SANTANA・富康・JETTA・シャレードの買い手構造

(単位:％)

車種	タクシー	政府部門・企業など	個人	合計
SANTANA	8.97	69.58	21.45	100
富康	56.71	26.58	16.71	100
JETTA	45.21	46.33	8.46	100
シャレード*	86.79	13.21	n.a.	100

出所:同表4-8, 210頁.
*:シャレードの個人購入台数のデータがないため,買い手は「タクシー」と「政府部門・企業など」の2項目になっている.

り,タクシーには適用しない.この政策の意図は,タクシーとして人気のある天津のシャレード(排気量1L)や軽バンタクシーを締め出し,潜在ライバル——第一汽車集団公司のJETTA(1.6L)と東風汽車集団公司の富康(排気量1.5L)のタクシー市場参入を拒否するものであり,かなり露骨な保護政策である.また,浙江省寧波市と福建省アモイ市はタクシーの最小排気量,スタイルなどを制限し,「タクシーは排気量1.6L以上,エアコン付き,独立型トランクのある乗用車しか使用できない」[23]という規制が採用された.さらに,最近南京市政府は南京市内のタクシーとしてシャレードの使用を中止する規制が出された.この規制の主な狙いもシャレードを地域タクシー市場から追い出すものであり,上海市政府と上海汽車の意志に影響されることは明白である.これに対応して,天津市でも市中心部への乗用車の乗り入れやタクシー車両認可に際して地元生産車以外には厳しく措置を講じて,ドロ試合の様相さえ見られた.

北京市のタクシー管理部門も1997年から最も人気のあるミニバンのタクシーを淘汰し,すべてのタクシーを乗用車に切り替える方針を打ち出した.当初,北京市はタクシーが不足したため,北京市のタクシー管理部門はタクシーの許認可の権限を利用して,北京市のローカルメーカーの「中華子弾頭」車を保護した.そのやり方として,タクシー会社はミニバンから他メーカーの乗用車に切り替えると,1対1しか許可できないが,「中華子弾頭」を使用すると,許可枠を増やして,5対6の比率を認めて,「中華子弾頭」の使用を

奨励した．しかし，「中華子弾頭」の品質はあまりにも悪過ぎて，2年間も経たないうちに，そのほとんどは廃車された．

(3) 非国有企業の商務用車と個人用車の購入制限．80年代まであらゆる自動車の購入に対して，事前に政府部門の許可を必要とする規制があったが，その後は排除された．今日非国有企業の商務用車と個人用車の購入に関しては購入規制がないが，地方政府はナンバープレートの登録制限や道路通行規制・税費などによって，地域外メーカーの自動車の購入を制限している．

道路の通行規制を例にとると，北京市は市内の交通渋滞問題の解決を理由に軽バンや排気量1L以下の乗用車（タクシーを除く）の北京市内のメイン道路への乗り入れを制限した．この規制の直接的な被害者は天津市の自動車メーカーである．北京市の規制と対抗するために，天津市政府はチェロキー

表 4-10　自動車の購入・使用段階の諸税費

（単位：人民元）

税費項目＼都市	北京市	南京市	広州市	成都市	温州市	深圳市
都市建設税	0	73	4	35	99	8
教育附加費	0	31	12	12	98	7
推准購入費	5	37	1	2	4	1
購入附加費	30	81	17	52	99	37
修理養護費	68	74	75	66	25	57
自動車修理費	60	73	75	59	31	69
都市規模増加費	2	21	18	15	98	10
規模増加附加費	2	13	7	7	6	4
入籍費	1	8	9	22	2	1
道路建設費	3	86	42	71	97	23
高消費税	0	31	1	4	5	0
汽車強盗防止費	16	23	39	24	3	29
義務兵税	2	1	1	0	0	1
環状道路集資費	0	6	10	0	1	0
四自工程費	0	0	0	97	0	0
乗用車調節費	0	0	0	0	96	0
その他	44	26	24	2	94	2
合計	233	584	335	465	758	249

出所：国家信息中心・国家計画経済委員会経済予測司編（1998），268頁．

を含むジープ（北京市の自動車メーカーのメイン製品）の市内の通行を制限した．

②税　　費

中国における乗用車の税費は地方によって異なり，北京・南京市など6都市の自動車の購入・使用段階の税費は表4-10で示している．

乗用車の差別税費は自動車市場分断のもう1つの典型的な例である．最近，中国のマスコミが広く報道されている上海市と湖北省の「乗用車大戦」を紹介してみよう．

『北京青年報』の報道によると，1998年6月8日，上海市は新しいナンバープレートの発行費用基準を公表して，SANTANA車に対して毎年1万台の割当額を与え，割当額以内の乗用車のナンバープレートの発行費は2万元／台で，割当額以外のSANTANAや他車種の乗用車の発行費はその4倍の8万元／台となる．上海市の差別的なナンバープレートの発行費基準の実施によって，SANTANA以外の乗用車のほとんどは上海市市場を失った．

「富康」車を生産する湖北省は上海市の市場保護と対抗するために，地域内でSANTANAの新車購入に対して，中央政府がすでに廃止した「水利建設基金」，「価格調整基金」を徴収するだけではなく，さらに1台当たり7万元の「特困企業解困基金」（経営難の企業への補助金）を徴収し始めた．試算によると，SANTANAの平均価格は17.2万元であるが，湖北省の以上の税費が加算されると，32.65万元となる[24]．

「乗用車大戦」の結果，1999年上海市の乗用車新車販売台数44,826台のうち，富康は143台しか売れず，上海市場の0.32％しか占めなかった．その代わりに，湖北省市場のSANTANAの販売台数も以前の1/5までに落ちた．

また，乗用車「三大」プロジェクトの1つである第一汽車を有する吉林省も省内に差別的な税費制度を実施している．吉林省政府の内部規定によると，（吉林）省内で第一汽車の乗用車を購入したとき，その「車両購入付加費」を免除する．

税費による乗用車市場分断を見ると，差別税費制度以外に，独特の形態も

第4章　自動車産業にみる市場分断　　　　　　　　　121

存在している．乗用車の供給不足の時代（90年代半ばまで），上海市が上海大衆汽車有限公司に対して行った保護政策はその典型的な例である．

　上海市政府はSANTANAの国産化を促進するために，副市長を含む上海市政府部門の責任者と上海汽車工業公司の社長をあわせて，「上海SANTANA国産化協調弁公室」を設立し，自動車メーカーと部品メーカーに対して，経営全般にわたる指導を行い，関連政策，特に資金調達と資材調達などの面において，強力なリーダー・シップをとっている．上海市政府はSANTANAの小売価格に1台当たり2.8万元（全車価格の約16％，40万円に相当する）を上乗せする形で「国産化基金」を設定した[25]．この基金は上海地域の部品メーカーに特別低金利融資を行い，部品メーカー育成に必要な莫大な資金を製品コストに転嫁する形でカバーしようとしている．このような地方政府の介入は補助金と同じ効果を果たしている．ただし，補助金の提供者は地方政府ではなく，消費者である．即ち，地方政府の市場保護と独占によって，消費者から補助金を強要し，地域メーカーの保護のために投下していると言える[26]．

　③部品調達と自動車市場保護の交換

　最近，乗用車の生産企業と地方政府は部品調達を利用して，協力部品メーカーを持つ他地方政府の市場保護を求める現象が目立っている[27]．そのやり方は，地域外の協力部品メーカーとその地域の政府部門に圧力をかけて，該当地域で自社製品を優先的に販売する保護政策を強要する．他地方政府が拒否すれば，該当地域の協力部品メーカーからの部品調達を中止し，他地域・他企業の部品に切り替える．協力部品メーカーとその地方政府は部品注文を獲得するために，組み立てメーカーからの要求を応じなければならない．協力メーカーのほとんどは地域内と付近の地域に集中しているため，組み立てメーカーの所在地とその付近の地域では，当メーカーの製品市場が保護されている．このような地域間における「（部品）市場と（完成車）市場の交換」のやり方は，乗用車分野だけではなく，トラック分野にも存在している．

4. 中型トラックの分野における市場分断

(1) 中型トラックの市場構造と地域構造

中国における中型トラックは積載量3-8t（3tトラックは含まない）の貨物車を指している．中型トラックは中国自動車産業の中で最初に発展した分野であり，今日に至っても，中国自動車産業の看板商品である．その理由は以下の通りである．

第1に，中国自動車産業のビッグ・スリーの2つ——第一汽車集団公司と東風汽車集団公司——の代表的な製品は中型トラックである．両社とも中型トラックの生産から始まったものであり，1980年代以降乗用車生産にも参入したが，今日でも中型トラックはメイン製品の1つになっている．1995年第一汽車の中型トラックの生産実績は74,973台であり，乗用車の43,703を大幅に超えている．同年，東風汽車の中型トラックの生産実績は108,237台であり，集団の生産実績の76.28%を占めていた[28]．

第2に，技術から見ると，中型トラックの組立と部品生産の技術は世界のレベルと最も接近しており，中国自動車の技術レベルを代表している．

第3に，中型トラックは中国自動車産業で最初に規模の経済性を達成している分野である．第一汽車と東風汽車の中型トラック生産能力の合計は既に30万台を超えており，世界レベルから見ても，決して小さくない．

第4に，中型トラックは自動車産業で最初に輸出産業に変身した分野である．1958年11月，第一汽車の「解放」トラック20台をシンガポールに輸出した記事は，日本の雑誌『月刊自家用車』（1959年2月）に掲載されている[29]．また，1995年中国自動車輸出台数合計17,747台のうち，中型トラックは2,551台であり，小型トラックの5,489台に続いて，第2位になっている．

『中国汽車工業年鑑』を見ると，中型トラックを生産するメーカーは11社（表4-11）になっている．この11社は3つのグループに分けられる．

第1のグループは，第一汽車集団公司と東風汽車集団有限公司であり，80

第4章　自動車産業にみる市場分断　　　　　　　　　　123

表4-11　中型トラックメーカー概況と生産実績（1995年）

メーカー	主要製品	生産実績（台）	シェア（％）
東風汽車集団公司	EQ1092F	108,237	50.96
中国第一汽車集団公司	CA1091	74,973	35.30
柳州汽車廠	LZ1090	12,959	6.10
南京東風汽車工業公司	NJD1116GA	4,406	2.07
雲南汽車廠	KM1090系列	3,240	1.53
東風汽車公司新彊汽車廠	EQ1092F	355	0.17
新彊第一汽車廠	CA1091	55	0.03
湖北専用汽車製造廠	HQG1100F系列	2,834	1.33
湖北華産汽車股分公司	STQ1101C	2,201	1.04
一拖汽車有限公司	LT1101	1,946	0.92
遼寧省澪河汽車製造公司	LH1101	1,177	0.55
合計		212,383	100.00

出所：『1996中国汽車工業年鑑』．

年代末までは中国自動車産業のナンバー・ワンとナンバー・ツーとなり，今日に至っても，中型トラック分野では圧倒的に強い．1995年両メーカーの中型トラックの生産実績の合計は18.3万台であり，中型トラック市場の86.26％を占めている．

　第2のグループは柳州汽車廠・南京東風汽車工業有限公司・雲南汽車廠・東風汽車公司新彊汽車廠と第一汽車新彊汽車廠である．この6社はそれぞれ東風汽車集団公司と第一汽車集団公司の企業集団のメンバーであり，名義上は独立の会社になっているが，東風汽車と第一汽車のラインセンスを生産しているため，厳密に言うと，各地方における2社の生産工場・拠点になっている．このグループの生産実績は2.1万台であり，中型トラック市場の9.87％を占めている．

　第3のグループは湖北専用汽車製造廠・湖北華産汽車股分公司・一拖汽車有限公司と遼寧省澪河汽車製造公司であり，いわゆる独立メーカーであるが，エンジンなど主な部品の供給は第一汽車と東風汽車に依存しており，2大メーカーと対抗できる実力はない．以上4社の生産実績は0.82万台であり，中型トラック市場の3.87％しか占めなかった．

以上の分析から見ると，一見して中国の中型トラックも乗用車とほぼ同じであり，生産が分散しているように見えるが，企業集団の範囲から見ると，中国中型トラック市場における2大集団のシェアは96％以上であり，寡占競争の状態になっている．2大集団以外の独立メーカーの市場シェアは4％以下であり，ほぼ無視できる存在である．

中型トラックの地域構造も比較的集中している．第一汽車と東風汽車はそれぞれ吉林省の長春市と湖北省の十堰市に立地して，第2グループの集団メンバーは幾つかの地域に散在しているが，第3グループの独立系メーカーは第一汽車の付近の遼寧省と東風汽車所在の湖北省に立地している．したがって，中型トラックの市場構造と地域構造は中国自動車産業の中で最も集中している分野とも言える．

(2) 中型トラックの市場状態

前述のように，中国中型トラック分野は2社寡占の状態になっている．歴史から見ると，東風汽車（当初の名称は第二汽車製造廠）の建設に当たって，第一汽車は最も重要な役割を果たしていた．東風汽車の27専門工場のうち，23専門工場の建設は第一汽車公司が請負い支援し，専門設備を76種類2,700台，工程装備1.2万種類を提供した．人材については，4,200人（うち，エンジニア542人，管理職729人）を送り出し，社長をはじめとする主な管理職を充たし，東風汽車1万人余りの従業員の技術訓練を行った．これらの人材は今日でも東風汽車集団公司の経営陣と技術者の中核の存在である[30]．2社独占の構造の上に，このような厚い人脈関係を加えると，両社の談合は比較的に起こりやすい．

1980年代末から，中型トラックは中央政府の計画のコントロールから市場化されるようになった．製品の構造から見ると，両メーカーの製品は4・5tトラックであり，スタイルは若干異なっているが，品質・価格においては大きな差がないため，競争関係になっている．しかし，両社の合意によって，両大集団の周囲地域では独占市場を形成している．第一汽車集団公司は東北

地方・華北地方の市場を独占し，西南地方・中南と華南地方の市場は東風汽車集団有限公司の勢力範囲になっている．それ以外の地域——華東・西北地方——は両社の競争地域になっている[31]．すなわち，中国の中型トラックは全国市場を形成している．これは小型トラックと乗用車の市場分断状態とは大きく異なっている．

5. 自動車産業の育成と市場分断

1985年に制定された『国民経済と社会発展の第7次5ヶ年計画』では，自動車産業はリーディング産業として位置づけられ，1994年の『自動車工業産業政策』は国際競争力のある輸出産業の目標を打ち出した[32]．しかし，中国自動車産業の現状と背負っている「国際競争力のあるリーディング産業」の目標は，大きなギャップがあった．矛盾を解決するために考えたアプローチは図4-8の通りである．

まず，「規模の形成」によって「コストの低減」を図り，「ファンド増大」の基礎を作る．次に，「ファンド増大」を通じて「技術投資拡大」を可能にし，自動車産業の技術を形成する．さらに，「技術の形成」は市場機会を補捉して，新しい「規模の形成」と繋がる．したがって，「規模の形成」は中国自動車産業の成長循環の突破口であり，最低の必要条件でもある．

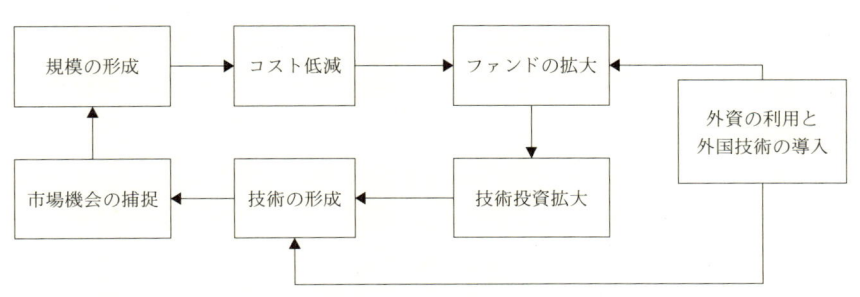

出所：山代研一（1997）35頁より加筆作成．

図 4-8　中国自動車産業の循環的アプローチ

以上の発展プロセスを実現するために，想定した方法は産業組織の再編成と外国資本・技術の導入である．すなわち，現在120社を超えている自動車メーカーは幾つかの大企業を中心に企業集団に纏まり，非効率の中小メーカーの整理と規模の経済性の発揮を同時に実現させる．また，外国資本と技術を導入して，規模の経済性の達成に必要な資本を補足するのと同時に，技術能力を高めさせる．以上の関係から考えると，「規模の形成」はこの成長プロセスの「メイン・エンジン」であり，外国資本と技術の導入は「ファンド増大」と「技術の形成」に重要な役割を果たしているため，「サブ・エンジン」となっている[33]．

　外国資本と技術の導入による自動車産業の分散化問題はすでに自動車産業の第3次参入ブームを論じるところで述べたが，ここでは産業組織の再編成と市場分断の問題を中心に分析したい．

　産業組織の再編成を実現するために，考えられるプロセスは2つある．

　第1は，自由競争によって，吸収・合併が起こり，産業の集中を実現する．その典型はアメリカの自動車産業である．19世紀の末，自動車産業の形成時期から参入が活発化して，1921年にピークの88社に達していた[34]．その後，競争によって，吸収・合併が進み，特にフォードの大量生産方式の導入と勃興に伴って，吸収・合併による企業の集中がさらに進行した．アメリカ自動車産業は10社以内に収斂したのは1940年のことであり，この間約20年かかった．

　第2は，政府の政策誘導によって，大企業を中心に企業集団を組織して，産業の集中化を実現する．その典型は，日本が失敗した「グループ化構想」（「集約化構想」）である．

　競争による吸収・合併，企業の集中は，長い時間が要るため，中国政府は政策誘導による企業集中のアプローチを選択した．このような考え方は80年代の半ば頃からすでに存在し，さらに「中国自動車工業産業政策」の中にもはっきり反映されている．当政策では「本世紀内には，2～3の自動車メーカー（企業集団）を相当の実力を持つ大型企業に速やかに成長させ，6～7

の自動車メーカー（企業集団）を国内の中核企業にするように支援する．……2010年までに一定の国際競争力を持つ3～4の大型自動車企業集団を形成させる」[35] という内容は，第2章で明記されている．

しかし，企業集団化の推進によって，第一汽車集団公司・東風汽車集団公司など幾つかの企業集団を形成したものの，組立メーカーの数は引き続き増加し，1981年の57社から1993年の124社にまで増加してきた．その背景には，地方政府の介入が深く関連している．

企業連合と集団化は主に企業間関係の変化を表わしているが，その背後には企業所有者の関係が潜んでいる．数多くの自動車企業は各地方政府所有のローカルメーカーであるため，企業の吸収合併・企業組織の変化は，当然に地方政府の許認可が必要である．企業の吸収合併は地方政府の権限と税収の変化とを連動するため，中小企業を所有する地方政府は様々な条件を設定して，自分の企業を合併させないように介入を行った結果，自動車産業の再編成が阻止された．

中央政府の集約化政策が地方政府の参入意欲に押される状況は，乗用車分野の集中政策の変化からも観察できる．乗用車分野の企業乱立を防ぐために，1987年8月に国務院は「今後の乗用車生産は第一汽車，東風汽車と上海汽車（いわゆる「三大」）に頼り，全国的範囲では新たな乗用車生産拠点を認めない」ことを決めたが，北京・天津・広州の強い要請を受けて，1988年の国務院の『乗用車の生産拠点を厳格的に抑えることに関する通知』では，北京・天津・広州の3メーカーを「三小」として認めて，前3社と合わせて，乗用車の生産拠点を「三大三小」までに拡大した．更に，軍事産業の参入要請に応じて，90年代にはいると，重慶長安と貴州航空を加え，「三大三小両微」政策に変更した[36]．乗用車生産拠点の拡大のプロセスから中央政府が妥協に応じていくという状況が伺える．

自動車産業をリーディング産業とする中央政府の決定を契機として，各地方政府も自動車産業を地域内のリーディング産業に位置づけたため，自動車産業への投資のインセンティブが大きく刺激された．1994年の「中国自動

車工業産業政策」の第10条では，「一定の生産と開発能力を持つ企業を重点的に支援する」[37]という内容が明記されると，各地方政府は域内自動車産業を中央政府の育成枠に入れるために，さらに投資を行い，規模拡大競争を展開した．その中で，最も注目されたのは，乗用車メーカーである．

まず，上海大衆汽車有限公司が，1988年に「SANTANA」の生産能力を3万台から8万台まで拡大し，93年に10万台，94年までに20万台の生産能力を建設し，2000年まで50万台生産能力を形成する計画を発表した[38]．上海大衆汽車有限公司に追随して，天津汽車工業公司は1992年から95年にかけて，「シャレード」の生産能力を3万台から15万台まで拡大し，さらに，2000年までに30万台の生産能力を達成する計画も制定した[39]．

また，第一汽車集団公司は，1991年から15万台乗用車「JETTA」のプロジェクトの建設が始まり，さらに2000年まで自動車70万台（うち，大型・中型トラック15万台，小型車25万台，乗用車30万台）の生産能力拡大の目標を制定した．東風汽車集団公司の乗用車プロジェクトの建設は最も遅れているが，その建設の最初の目標が15万台の生産能力であった．さらに，計画として2000年まで75万台の目標（うち，大型・中型トラック25万台，小型車20万台，乗用車30万台）を発表している[40]．

自動車の合弁事業が最も早かった北京Jeep汽車有限公司と広州標致汽車有限公司は，規模拡大のスピードがやや遅れているが，それでも10万台と15万台の生産能力の拡大計画を発表し，国家認可の最も遅い乗用車の「両微」プロジェクトの長安汽車と貴州航空工業公司も，それぞれ35万台と15万台の生産能力を達成する予定である．

このような生産能力の拡大競争によって，1997年末まで中国乗用車の生産能力は108万台（上海SANTANA30万台，第一汽車JETTA・広州プジョー・東風富康・長安アルトはそれぞれ15万台，北京チェロキー10万台，貴州航空レックス5万台，第一汽車アウディ3万台）に到達した[41]．さらに，もし各メーカーが発表した生産能力拡大計画が全部実現できれば，2000年まで215万台の生産能力を形成する見込みである．しかし，中国乗用車市場

の規模を見ると，1996年の需要は50万台前後である．その後，乗用車市場の不振によって，各メーカーは生産能力拡大の計画を見直ししたが，1999年末の乗用車生産能力は140万台になっているのに対して，2000年中国の乗用車需要は大体60万台前後と見込まれている[42]．

　以上の自動車育成政策と実施の結果から見ると，企業の乱立は中国自動車産業の発展と育成を大きく制限している．規模の経済性を目指す大手メーカーの育成政策は，投資の拡大競争を招き，生産能力の過剰を導いた．生産能力の過剰と有効需要不足はさらに自動車市場の分断を促進している．企業組織の再構築は地方政府の介入によって阻止され，自動車産業育成のメイン・エンジンは故障した．また，国内外の技術格差の存在は，外国資本と技術の導入によって参入障壁を容易に乗り越えられ，自動車産業育成のサブ・エンジンも作動不良となった．地方政府の介入及びそれによる国内市場分断はすでに中国自動車産業育成の最も大きな障害物になっている．

　第4章の分析を纏めると，以下のように結論できる．
　地域構造から見ると，西部の幾つかの地域を除いて，自動車産業企業は，ほぼ全国各地に分布している．そのうち，同じ地域内に幾つかのメーカーが共存している地域も多く，自動車産業は中国地域間産業構造の同質化の一典型になっている．
　また，企業構造を見ると，中国の自動車産業は非常に小規模でかつ分散している構造を形成している．その中に2つの側面が包括されている．第1の側面は生産の集中度が低くて，企業の乱立と規模の小さい非効率の組立メーカーが多数存在している．第2の側面は生産の専門化程度が低く，近代的な分業関係を形成していない．すなわち，各メーカーは「大にして全，小にして全」で内製率が高くて，部品産業が立ち遅れている．その結果として，自動車及び部品の技術水準の向上が抑制されている．このような状況は，1980年代以前からすでに始まり，改革・開放以降中央政府の地方分権によって，さらに強化された．

以上の構造は中国自動車市場に深く影響している．80年代後半以降，自動車産業の市場化の結果，全体から見ると中国自動車市場は地方政府の介入によって分断された．ただし，車種によって市場分断の状態が異なっている．小型トラック市場は「原子状」に分断されているが，乗用車市場はブロックが比較的大きい上に，一部の地域の市場は開放している．中型トラック分野では地方政府の参入は少なかった．このような市場分断は自動車産業の成長と育成を大きく制限している．

　では，地方政府は市場分断の利益とコストをどのように考えているのか，第5章では，市場分断の利益とコストを地方と地方政府に分けて分析し，地方政府の市場介入のメカニズムを解明したい．

1) 李洪（1993）77頁．
2) 丸山伸郎（1991）28頁．
3) 李春利（1997）39頁を参照されたい．
4) 「三線建設」：60年代から70年代の末にかけて，世界はまもなく戦争に巻き込まれるという認識から，中国は重工業，特に軍事工業を国境から遠い地方（三線）に建設することを決められた．「三線建設」とは，その時期国境から離れた地方（主に山の中）に建設された工場のことである．
5) 中国汽車工業史編集委員会編（1996）139頁．
6) 李春利（1997）41頁．
7) 李洪（1994）124頁．
8) 中国軽型汽車工業史編集委員編（1995）2頁．
9) 同上，5頁．
10) 同上，220頁．
11) 『1996中国汽車工業年鑑』．
12) 田島俊雄（1996）62頁．
13) 機械部汽車司・中汽華輪公司編（1995）110-111頁．
14) 『1996中国汽車工業年鑑』，294頁．
15) （財）機械振興協会経済研究所（1967）5頁．
16) 「グループ化構想」の詳細は小宮隆太郎・奥野正寛・鈴村興太郎（1989）285，291頁を参照されたい．
17) 『1996中国汽車工業年鑑』を見ると，中国乗用車メーカーは15社になっているが，北方公司に属する長安汽車有限責任公司，西安秦川機械廠，江南機器廠，吉林江北機械廠4社は日本のスズキから導入した同一車種（アルト）を生産し，

主な部品も長安汽車有限公司から調達しているため，1つのメーカーの4工場と考えられる．また，第一汽車順徳汽車廠も第一汽車集団公司の1つの工場として考えられる．

18) 潘栄・葛鵬（1993）123頁．
19) 同上，124頁．
20) 中国における東部沿海地方は遼寧省，河北省，北京市，天津市，山東省，江蘇省，上海市，浙江省，福建省，広東省，広西チワン族自治区，中部地方は黒龍江省，吉林省，内モンゴル自治区，山西省，河南省，安徽省，江西省，湖北省，湖南省，西部地方は陝西省，甘粛省，青海省，新疆ウイグル自治区，チベット自治区，四川省，貴州省，雲南省を指している．
21) 数量制限とはどんなレベルの政府部門，どの規模の国有企業が乗用車を持つ権利があり，何台持つべきかということに対する規定であり，車種制限は乗用車を買う権利のある部門（政府機関と国有企業）がどのレベル（主に排気量）の乗用車まで使えるかということに対する規定である．
22) 曹建海（1998）45頁．
23) 国家情報中心経済予測部・中国汽車貿易総公司編（1997）187頁．
24) 『中国経営報』，1999年12月7日．
25) 李春利（1997）229頁．
26) 後に中央政府の介入によって，「国産化基金」は廃止された．
27) 国家信息中心・国家計委経済予測司編（1998）91頁．
28) 『1996中国汽車工業年鑑』より計算．
29) 山岡茂樹（1996）15頁．
30) 拙稿（1997）57頁．
31) 国家信息中心経済予測部・中国汽車貿易総公司編（1997）130頁．
32) 王保林（1997）62-63頁を参照されたい．
33) 山代研一（1997）．
34) 橋本輝彦（1972年）3頁．
35) 王健（1994）を参照されたい．
36) 李洪（1993）104頁．
37) 渡辺真純（1996）210頁．
38) 『人民日報（海外版）』，1996年8月26日．
39) 『1996中国汽車工業年鑑』，37頁．
40) 『人民日報（海外版）』，1996年8月26日．
41) 国家情報中心経済予測部・中国汽車貿易総公司（1997）231頁．
42) 『光明日報』，2000年3月4日．

第5章　市場分断における地方政府の利益・コスト分析

　前述のように，市場分断の目的は地域内利益の保護である．もし，市場分断によって，地域内利益が完全に保護できれば，各地方政府は同じ保護行動を取るはずである．しかし，第4章の自動車産業の例で見たように現実的には市場分断は時期・地域・産業によって異なり，かなり多様化している．では，なぜ同じ状況の下で，地域によって政府の行動が異なっているのか，市場介入行動はどのような基準によって行われ，地方政府は介入の利益とコストをどのように見ているのか．第5章の目的は，地方政府の行動原理から市場分断形成のメカニズムを分析し，地方政府の市場介入の利益・コスト，及び行動基準を明らかにすることにある．

1.　地域における市場分断の経済効果分析

（1）モデルの選択

　保護の範囲・主体などの側面から見ると，国内市場分断のメカニズムは国際貿易の市場保護・分断と異なっているが，内部利益の保護という本質から見るとほとんど同じであり，その経済効果は基本的には国際貿易のモデルで説明できると思われる．

　第1章で述べたように，中国の流入制限型市場分断の手段は様々である．行政的手段と「超法規的」手段は非関税障壁と同じ役割を果たしており，経済的手段のうち，公定価格の設定は関税と同じ効果があるが，主に小売り部門の最低価格制限によって実現するため，地方政府は関税に相当する収入を

獲得できない．したがって，市場分断における価格設定の本質も輸入割当と同様に，非関税障壁として考えられる．そのため，市場経済の下で，地方政府における市場分断の利益とコストの分析は，国際貿易理論の輸入割当の経済効果分析を援用して，1財のみを取り上げる部分均衡アプローチを使用できる．

　市場分断の経済効果の分析に当たって，2つの問題を考慮すべきである．

　第1，市場分断のレベルの問題である．市場分断には様々なレベルがあるが，県・市レベルの分断は全国市場への影響が小さいため，域外価格に影響しない．これに対して，省レベルの市場分断，特に大省の市場保護は，域外の供給過剰を引き起こし，域外市場の価格に直接に影響を与える可能性が大きい．市場分断のレベルを考えるとき，県・市レベルの市場分断は小国モデルが適当であるが，省レベルは，大国モデルで対応できる．小国モデルと大国モデルで表わす市場分断の経済効果は図5-1aと図5-1bの通りである．

　第2，市場分断の実行順位の問題である．すなわち，最初に市場保護を行う地域と，それに追随して市場を保護する地域の経済効果が異なるため，先行地域と追随地域を分けて考える必要がある．

　以下では小国モデルと大国モデルを応用して，市場分断の先行地域と追随地域に分けて市場分断の経済効果を分析する．

(2) 市場分断の先行地域における地域の分断利益の分析：県・市レベルのケース

　図5-1aは小国モデルを使って，市・県レベルの市場分断の経済効果を表している．横軸Qは数量であり，縦軸Pは価格である．また，Sは域内供給曲線を代表し，Dは域内需要曲線を表わす．市場参入がかなり活発化している中国産業組織の特徴を考えると，供給曲線は右上がりの形になる．製品が自由移動できれば（市場分断が存在しない），価格は域外（全国）と同じpであり，域内需要はpcとなる．そのうち，pbは域内メーカーによって供給され，bcは域外から購入する．この時の消費者余剰はicpの面積に相当し，

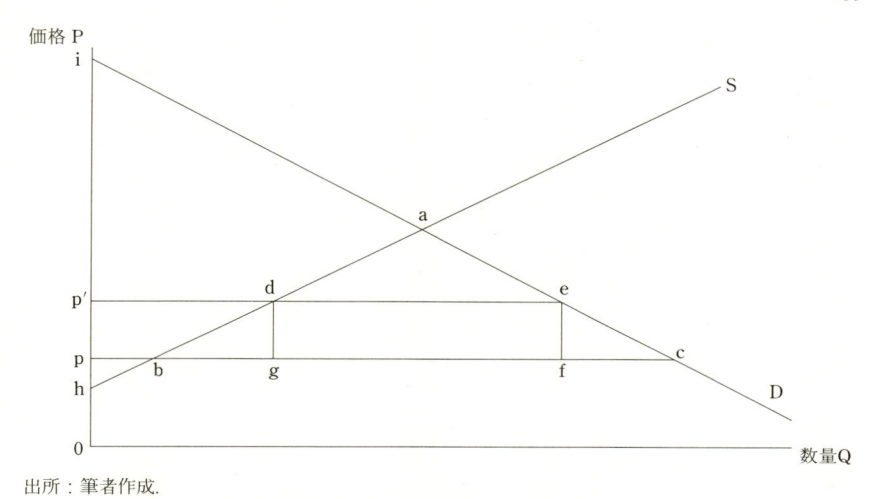

図 5-1a　市場分断の経済効果：小国モデル

域内生産者余剰はpbhの面積になっている．

　しかし，市場分断が発生すると，域外製品の流入が制限される．仮に地方政府が域外製品の流入数量をgfまでに制限したとしよう．域内消費者への総供給量が減るので，域内価格は上昇する（競争激化による域内価格低下を避けるために市場分断を行う場合，域内価格の上昇は発生しない可能性も存在するが，域内価格の低下を阻止し，消費者余剰の増加を抑制する効果があるため，その経済効果は価格上昇と同じように考えられる）．価格は域外製品の購入数量と等しくなったところ，すなわちp'まで上がる．すると，消費者余剰はiep'まで減少し，生産者余剰はdhp'まで増加する．すなわち，消費者余剰はecpp'の面積に相当する分が減少し，生産者余剰はdbpp'の面積に相当する分だけ増加する．結果としては，社会的厚生はdecbだけ損なわれる．ただしそのうち，defgの部分（別称クォータ・レント）は，流通ルートによってその性格が変わる．もし域外メーカーが直接に販売すれば域外メーカーの儲けになるが，域内卸売り・小売業者によって販売されるときには，域内流通部門の利益となる．

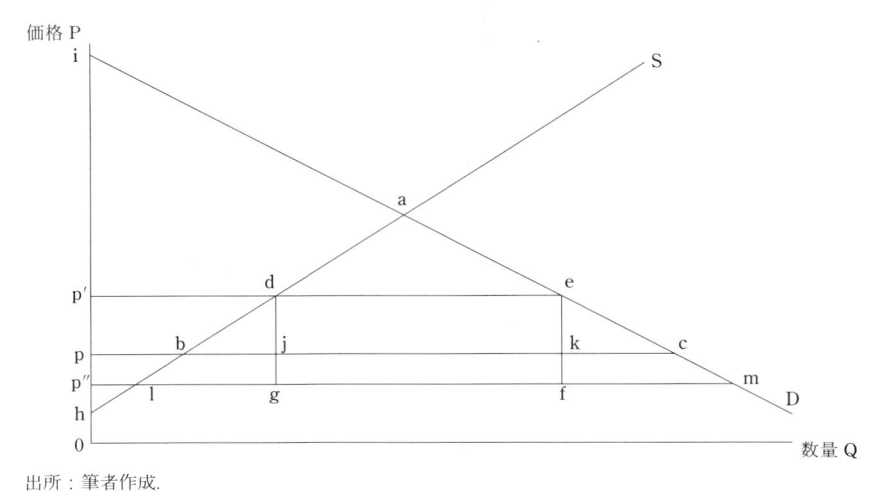

図 5-1b　市場分断の経済効果：大国モデル

以上の分析を整理すると，地域内の全体利益を考えて，市場分断の実施に伴う諸経費を無視すれば，市場分断の経済効果は以下の式で表示できる．

　　　　社会厚生変化＝域内生産者の余剰拡大＋地域内流通部門の販売比率×
　　　　　　　　　　クォータ・レント－消費者余剰減少　…………式①

式①を見ると，市場分断は県・市レベルで発生する場合，域内生産者の余剰拡大と域内流通部門利益拡大の合計は，消費者余剰減少より少ないため，市場保護の厚生効果は0より小さい．すなわち，地域全体から考えると，市場保護の厚生効果はマイナスになっている．

(3) 市場分断の先行地域における地域の分断利益の分析：省レベルのケース

図5-1bは大国モデルで省レベルにおける市場分断の利益を表わしている．仮に県・市レベルのケースと同様に，地方政府は，域外製品の流入量を同じくgfまでに制限したとする．県・市レベルと異なり，省レベルの場合は域内市場への流入制限によって，域外市場（全国市場）の商品が供給過剰とな

り, 域外市場の価格はpからp″までに下がる. この時, 域内の消費者余剰はiep′まで減少し, 生産者余剰はdhp′まで増加する. その結果, 消費者余剰はecpp′の面積に相当する分が減少し, 生産者余剰はdbpp′の面積に相当する分だけ増加する. ここまでは, 小国モデルの場合とは変わらないであろう.

しかし, 小国モデルと異なるのは, 域外市場価格の低下によって, kfgjの面積に相当する利益が生じることである. この部分も流通ルートによって性格が変わり, 域内流通部門が販売するとき, 流通部門の得となる. その結果, 省レベルにおける市場分断の経済効果（市場分断の実施に伴う諸経費を無視する場合）は以下の式で表示できる.

社会厚生変化＝域内生産者の余剰拡大＋域内流通部門の販売比率×

（クォータ・レント＋kfgj）－消費者余剰減少 ……式②

式①と比べると明らかであるが, 地域全体から見ると, 市場分断が省レベルで発生するの場合, 域外市場の価格に影響を与えるため, もし制限される商品の全部あるいは一部分が, 域内流通部門に販売されれば, その保護の厚生効果は県・市レベルより大きい（ただし, この利益は流通部門に属する）. しかし, 地域全体から見ると, 域内生産者の余剰拡大と域内流通部門利益拡大の合計が, 消費者余剰減少より少ないということは県・市レベルの市場分断と変わらない.

2. 地方政府における市場分断の利益とコスト分析

以上は県・市レベルと省レベルに分けて, 地域全体から見る市場分断の厚生効果を分析した. 以上の分析から見ると, 省レベルにしても, 県・市レベルにしても, 市場分断の厚生効果は, 消費者・生産者・販売者に対して, 等価なものではない. 域内生産者と販売者（地域内の流通部門が販売する場合に）にとっては, 域内市場分断と利益の拡大とが繋がっているが, 消費者にとっては, その厚生効果はマイナスになっている.

しかし, 地域全体の経済利益を代表すべき地方政府の目から見ると, 市場

分断の厚生効果はどのようになるのか，市場分断の問題の解明には，分断の主体になる地方政府の利益とコストの分析が必要である．

(1) 地方政府における市場分断の利益とコスト

地方政府にとって，市場分断の利益は主に経済的利益と社会的利益の両面に現れている．

経済的利益とは，地域内市場の保護による域内企業の利益増加（あるいは減少の防止）と，それによる地域財政収入の増加（あるいは財政収入の減少の防止）である．市場保護の直接的な受益者は，保護された生産企業と流通部門だけに見えるが，しかし，生産企業の市場保護によって，地方政府に対する税収上納が保証される（あるいは企業に対する財政補助が減少できる）効果がある．また，流通部門の利益増加も地方政府財源の拡大に繋がる．経済的利益は地方政府にとって最大の利益となり，と同時に市場保護の主な目的でもある．社会的利益とは，企業の販売市場の保障によって，地域内雇用を確保して，地域内の社会的安定を維持することである．

しかし，保護行為は一定のコストも伴っている．このようなコストは経済的コスト，社会的コストと政治的コストに分けられる．

①経済的コスト

経済的コストは，市場分断の実施に伴う経済的支出のことを指しているが，それはさらに直接的経済コストと間接的経済コストに分けられる．

間接的経済コストは，先述のような市場分断による地域内消費者の余剰減少である．このコストは地方政府が直接に払うものではないが，経済学の立場から見ると，これは最大のコストになっている．

直接的経済コストは，市場分断の実施に伴い，地方政府が払った経費のことである．減免税や「退税」は直接に財政収入を減少させる．また，関門の設置・小売り部門に対する検査の強化は，衛生・税務・公安などの部門を動員する必要があるため，これに伴う人件費もかなり大きい．関門の設置や検査行為に伴うコストは地方政府が直接に負担する場合がある（特定企業の製

品市場を保護する場合，企業側が負担するケースが多い）．

　②社会的コスト

　社会的コストとは，市場保護が地域内消費者の不満を招くことである．地域外製品の販売禁止は地域内物価の上昇と，消費者の消費選択肢の減少を招き，消費者の生活水準に影響を及ぼす．消費者は好みの商品が入手できないため，地方政府に対する不満を高めることがよくある．

　③政治的コスト

　政治的コストとは，地方政府の市場分断行為が中央政府（あるいは省政府）の批判を受ける（場合によって，主要幹部の昇進が影響されたり，解職されたりする可能性も存在する）ことである．

　地域内市場の保護は中央政府の市場統合政策と矛盾している．特に，近辺地域に大きな影響を与えるとき，近辺地域の政府は上級政府に告発することがよくある．この場合に，上級政府が直接に介入し，保護者の責任を追及する可能性もかなり大きい．

　経済的コストと社会的コストは地方政府が必ず払うコストであるが，政治的コストは発生しない場合が多いため，1つのリスクに過ぎない．しかし，実際にこのコストを支払うのは地方政府の主要幹部個人であるため，地方政府にとって，このコストはかなり大きい．

(2) 地方政府の行動基準と市場分断を先行する地方政府の行動分析

　市場保護の利益とコストの間で，地方政府はどのような行動基準を選択するのか．中国市場分断の実態から，地方政府の行動基準を推定できる．

　①できる限り政治的リスクを避ける．

　地方政府の主要幹部は地域内の利益を図ると同時に，自分の官職を守るため，上級政府部門に批判されないような保護の行動を取っている．一般的に言うと，最初に保護の行動を採用した地方が告発され，責任が取らされる可能性が一番大きいため，多数の地方政府は追随する行動パターンを採用している．また，保護手段の選択に当たって，地域外製品の販売禁止命令のよう

な露骨な行政手段よりも，財政補助・「退税」・衛生検査手続き・他地域メーカー製品のイメージ・ダウンの宣伝などの経済的手段，「超法規的」手段を選好する傾向が強い．さらに，全体から見ると，行政レベルが高ければ高いほど，政治的コストを配慮する傾向が強い．

1989年の市場分断から見ると，地域外商品の購入禁止命令などのような行政手段を採用したのは主に省以下の県・市レベルの行政地域である．また，筆者が調査した1989年末の江蘇省ビール市場を見る限り，県レベルでは地域外製品の販売禁止命令を広く採用したが，市政府部門の殆どはこのような露骨な保護手段を採用しなかった．

②地域内消費者余剰の損失と消費者の不満という経済的コスト（間接的経済コスト）と社会的コストが無視されている．

経済学の立場から見ると，市場分断には消費者の余剰減少と域内企業の余剰増大という2つの側面があるが，量的には消費者の余剰減少は生産者の余剰拡大を超えている．すなわち，市場分断によって，消費者の実質の生活レベルは影響を被り，市場分断の直接の被害者となっていると言える．しかし，消費者と生産者の利益が対立するとき，消費者の利益がしばしば無視されているのが中国の現状である．

中国の地方政府は「産業派」あるいは「生産志向派」と言われている[1]．地方政府の主な関心は地域の経済発展である．そのため地域内の経済成長をみるとき，生産増加率・企業利潤・財政収入の増加などの指標で測るため，地方政府の主な関心は企業と財政収入に集中している．その代わりに，消費者余剰の減少は経済指標に反映しないため，地方政府が地域内住民の厚生に対する関心も低い．

中国における地方政府の「産業派」，「生産志向派」の形成原因は，中国の財政制度と直接に関連している．計画経済の時代，政府の財政収入は，工商税と国有企業の利潤上納に依存してきた．個人所得税や遺産税が廃棄され，個人が収める税金は車両使用税と都市の個人所有の家屋に対する課税の2つだけで，その額も極めてわずかであった．

第5章 市場分断における地方政府の利益・コスト分析　　　141

　改革路線に転換してから,個人所得税を徴収し始めたが,1998年各地方の財政収入の構成を見ると,収入総額は4,983.95億元であり,そのうち,個人から直接に徴収する個人所得税は338.20億元で,収入総額に占めるシェアはわずか6.79％であり[2],政府財政収入の企業への依存状態は基本的には変わっていなかった[3].そのため,企業の収益,特に地方国有企業の経営状態は地方政府の財政収入と直接に相関しているが,地域住民の収入や厚生水準は,地方政府の財政収入との繋がりは薄い.

　域内消費者の余剰減少を無視する地方政府の立場から見ると,市場分断の厚生効果は式①と②ではなく,③・④式という新しい変型になる.すなわち,

　　市場保護による地方政府の厚生効果(県・市レベル)≒域内生産者
　　の余剰拡大＋域内流通部門の販売比率×(クォータ・レント)－市
　　場分断の実施に伴う地方政府の経費　………………………………式③
　　市場保護による地方政府の厚生効果(省レベル)≒域内生産者の余
　　剰拡大＋域内流通部門の販売比率×(クォータ・レント＋kfgj)－
　　市場分断の実施に伴う地方政府の経費　………………………………式④

となる.
③保護利益の最大化を追求する.

　以上は1財の部分均衡モデルで地方政府における市場分断の経済効果を分析した.もし,地域市場分断の経済効果が式③・④の通りであれば,一定の政治的リスクがあっても,各地方は一斉に域内市場保護に踏み出すだろう.また,一旦市場分断が発生すると,恒常化して,解消できなくなるだろう.

　しかし,市場分断の現実は1財モデルよりはるかに複雑である.地域内で市場保護を実施すると,他地域政府の反発と対抗措置を招くことは予測できる.もし,他地域も対抗して保護措置を採れば,本地域メーカーの域外市場を失う可能性も十分に存在する.

　他地域の対応措置も考えるとき,さらに先行して市場保護を行うパターンと,追随して市場保護を行うパターンに分けて説明する必要がある.

　先行して市場保護を行う地域にとって,地域内市場分断の経済効果は以下

の式⑤と⑥になる．

> 市場保護による地方政府の厚生効果（県・市レベル）≒域内生産者の余剰拡大＋域内流通部門の販売比率×（クォータ・レント）－市場分断の実施に伴う地方政府の経費－他地域市場の保護による域内生産者の余剰損失 ……………………………………式⑤
> 市場保護による地方政府の厚生効果（省レベル）≒域内生産者の余剰拡大＋域内流通部門の販売比率×（クォータ・レント＋kfgj）－市場分断の実施に伴う地方政府の経費－他地域市場の保護による域内生産者の余剰損失 ……………………………………式⑥

　一般的に言うと，市場分断の先行地域の域内（以下はA地域とする）メーカーの余剰拡大は予測できるが，他地域（以下はB地域とする）はどのような保護措置を採るかは予測できないため，市場分断の厚生効果も確定できなくなる．すなわち，もし，B地域が何も反応しなければ，式④が成立するが，しかし，もしB地域政府も域内市場を保護すると，B地域におけるA地域生産者の余剰損失がA地域の域内生産者と流通部門の余剰拡大を超える可能性も考えられる．この時，自分の市場保護は政治的なリスクだけではなく，経済的な利益を失うリスクを負うことになる．これは正にゲーム理論に指摘された状況であり，地域政府の市場分断の決断も難しくなる．

　政治的・経済的リスクが同時に存在すると，先行地域における政府の市場保護は利益最大化を追求する．具体的な表現は2つの面にある．

　第1に，産業のレベルから見ると，財政貢献度の高い産業と強需要部門（基軸産業）は地域経済に強く影響するため，市場保護の主な対象になっている．アルコール飲料・煙草製造などの産業は，財政貢献度の大きい産業であり，地域保護の重点産業になっている．自動車・家電産業は基軸産業の代表であり，地域政府の期待は大きいため，手厚い市場保護を受けている．90年代以降の流入制限型市場分断が主に基幹産業に集中している原因もここにある．

　第2に，企業レベルから見ると，地方政府は保護の対象企業を考えるとき，

第5章 市場分断における地方政府の利益・コスト分析　　　143

企業の規模と交渉力の影響を大きく受けている．企業の要請に応じて，地方政府は市場分断を行うケースが多いため，地方政府への要請過程は一種のロビー活動になる．企業規模（雇用・利潤・売り上げなど）が大きければ大きいほど，地方政府に対する交渉能力は大きく，それだけ地方政府の保護を受けやすい．中国の地域市場保護の実状を見ると，自動車産業のような雇用人数の多い大企業は政府部門と様々な繋がりがあり，政府に対する交渉力が大きくて，市場保護の要請も比較的応じられやすい．

(3) 先行地域の市場分断に追随する地方政府の行動分析

以上，先行して市場分断を行う地域（A地域）の経済効果を分析した．A地域が先行して市場分断を行うと，追随地域（B地域）の厚生はどのように影響されるのか，この問題を解明するためにも，地域全体と地方政府に分けて考察し，さらに分断レベルによって，県・市レベルと省レベルに分けて考える必要がある．

①A地域の市場分断によるB地域の経済効果分析

まず，先行地域Aの市場分断を県・市レベルに限定して考察しよう．A地域の市場分断は，県・市レベルに留まるため，B地域市場の価格に影響しない．この時，A地域の保護行動によって，B地域企業におけるA地域市場は減少ないし消失する．すなわち，B地域生産者の余剰は損失を被る．この時B地域にとって，先行の市場保護による地域内の厚生効果は下の式で表示できる．

　　　　A地域の市場保護によるB地域の厚生効果（県・市レベルの場合）＝
　　　　－A地域市場でのB地域生産者の余剰損失……………………………式⑦

式⑦から見ると，B地域の企業の製品はA地域市場に進出する場合，県・市レベルのA市場保護はB地域の利益損失に繋がるため，B地域政府が何も反応しないことは，このような損失を容認するに等しい．

しかし，先行の市場保護は省レベルになると，域外市場の価格に影響を与えるため，問題はやや複雑になる．もう一度図5−1bを見てみよう．

まず，A地域の市場保護によって，B地域を含む全国市場の価格がpからp'まで下がったと仮定しよう．B地域内だけを考えると，B地域生産者の余剰は，lhp''までに減少し，消費者余剰はimp''までに増加する．したがって，消費者余剰はpcmp''の面積に相当する部分だけ増加し，生産者余剰はpblp''の面積に相当する部分だけ減少する．このような価格変化の厚生効果は以下の式で表示できる．

A地域の市場保護によるB地域の厚生効果（省レベルの場合）＝
B地域消費者余剰の増加－B地域市場でのB地域の生産者余剰
の減少 ……………………………………………………………式⑧

さらに，域外A市場でのB地域生産者の余剰減少を考えると，B地域の厚生効果変化は式⑨に変わる．

A地域の市場保護によるB地域の厚生効果（省レベルの場合）＝B地域の消費者余剰の増加－B地域市場でのB地域の生産者余剰の
減少－A地域市場でのB地域の生産者の余剰減少 ……………式⑨

式⑨から見ると，A地域の市場保護によるB地域の厚生効果の変化は，B地域の生産者の状況と大きく関連している．ここで3つの状況が考えられる．

第1，当製品の域内生産者がいない場合：B地域の生産者が存在しないため，B地域の生産者の余剰減少は発生しない．この時，市場保護の厚生効果＝B地域の消費者の余剰増大，という式が存在する．A地域の市場保護は，B地域の消費者余剰増大をもたらす．

第2，B地域内に生産者がいるが，生産規模は小さく，主にB地域内の需要を供給している場合：B地域の厚生効果の変化は，式⑧で表しているようになる．域内厚生は増大するが，その増加のすべては消費者の利得となり，生産者は損失を被る．

第3，B地域内に生産者がいて，かつ生産規模が大きく，A地域市場にも供給している場合：この場合は式⑨で表しているように，域内厚生効果は，主に域内生産者の規模によって決められる．域内生産者の規模が大きければ大きいほど，域内厚生損失が大きい．場合によって，域外での生産者余剰の

②A地域の市場分断によるB地方政府の経済効果と対応行動分析

以上は，先行地域Aの市場分断が追随地域Bの厚生効果に及ぼす影響を，県・市レベルと省レベルに分けて考察した．次は，B地方政府から見ると，先行地域Aの市場分断はどのような経済効果があるのか，また，これに対応してB地方政府はどのように行動するのかを考察する．

まず，先行して市場分断を行うA地域が県・市レベルの場合は，B地方政府の経済効果はB地域の経済効果（式⑦）と同じである．域内厚生はただの減少のため，B地方政府も対抗的な行動を取るであろう．A地域はすでに市場を保護し，かつ政治的な責任が追及されなかったため，B地域の市場保護の政治的リスクも小さくなる．政治的コストが避けられる場合は，B地方政府は経済利益の最大化を追求し，追随して域内市場を保護するであろう．

次に，先行して市場分断を行うA地域が省レベルの場合には，B地域の厚生効果の変化が3つ考えられることはすでに述べた．

まず，第1のケースでは，A地域の市場保護はB地域にとって消費者余剰のただの拡大に繋がるため，B地方政府は歓迎するであろう．しかし，産業構造の同質性がかなり進んでいる中国では，B地域では当製品を生産していない事態は考えにくい．

第2と第3のケースでは，B地域内の生産者の規模によって，地域内の厚生効果は異なる．しかし，地域内に生産者が存在する限り，生産者の余剰を減少させることは間違いない．前述のように，地方政府は消費者の利益を無視しているため，B地域の地方政府にとって，域内厚生効果の変化は次の式になる．

第2のケース（B地域企業は地域内市場の一部分しか供給していない場合）：

　　A地域の市場保護によるB地方政府の厚生効果≒－B地域市場でのB地域生産者の余剰減少 ……………………………………式⑩

第3のケース（B地域の生産者が域内市場と域外市場両方を供給する場合）：

　　　　A地域の市場保護によるB地方政府の厚生効果≒－B地域市場で
　　　　のB地域の生産者余剰の減少－A地域市場でのB地域の生産者の
　　　　余剰減少 ……………………………………………………式⑪

　以上の分析から見ると，第2ケースでは，B地域企業の余剰が減少するが，この損失はA地域の市場保護によるものとはいえ，A地域の市場保護の対象はB地域企業ではないため，B地域は直接に対抗しにくいだろう．

　しかし，第3のケースでは，B地方政府にとって，A地域の市場保護は厚生減少に繋がる．政治的コストが小さい場合には，経済効果の最大化を追求するために，B地方政府も対応的に域内市場を保護する．

　これまでの分析を纏めてみると，B地域に生産者がいない場合（あるいは生産者があるが，規模がかなり小さい場合）を除いて，先行して市場分断を行うA地域は，県・市レベルであり，省レベルであり，B地方政府もA地方の市場保護に追随する行動をとることが分かる．A地方政府にとって，市場保護の利益はB地域の反応に左右されるため，不確定性の特徴を持っている．しかし，先行のA地方政府と異なり，B地方政府は対応的に市場保護を行わないと，域内利益の損失を座視するに等しい．その意味では，B地域の追随的な市場保護の経済効果は確実である．追随の行動をとる地域は政治的コストが小さい上に，経済効果が確実であるため，市場保護行動を取りやすい．これによって中国市場分断が地域から全国にまで広がる経済的原因を説明できる．

　　1)　中国政府の「産業派」・「生産志向派」はマサチューセッツ工科大学のスタインフェルドによって定義された概念であり，中国国有企業の改革の出遅れの説明に使われている．その意味は，中国政府部門の最も関心のあることは企業，特に国有企業の利益最大化であり，国有企業の再編成・倒産が認められないことによって，国有企業は政府の手厚い保護を受け，活性化は実現できない（スタインフェルド（1998）48-56頁）．中国市場分断の実態を見ると，地方政府の「生産志向」は，国有企業に対する関心と地域住民の厚生軽視という2つの側面があると思われる．

2) 『中国統計年鑑』，1999年版．
3) ただし，国有企業からの財政収入が減少し，郷鎮企業や外資系企業と個人経営企業からの納税は増加している現象が発生している．

第6章　市場分断の特徴とその要因

　中国の市場分断はかなり複雑な経済現象であり，その実質は「地方独占」であり，地方政府と企業が共謀して競争を避ける行為である．市場分断の目的は地方の経済利益の保護である．この点において，国際貿易の中の市場分断とほぼ同じである．しかし，中国の市場分断は国際貿易中の市場分断とは異なり，中国特有の経済現象である．中国の市場分断とは一体どんなものか，国際貿易の中の市場分断とどこが違うのか．また，第1章ですでに述べたように，時期・産業によって，中国市場分断の状態も異なっている．一体どのような要因が市場分断の状態に影響を与えているのか，中国市場分断の全体像を描くために，その特徴と要素の解明は不可欠である．

　第6章では，まず市場統合が進んでいるEUの市場分断と比較して，中国の市場分断の特徴を説明し，その上に，自動車産業の市場分断のケースを利用して，中国市場分断の特徴及びその影響要因を検証してみたい．

1. 市場分断の特徴

　国際貿易の中の市場分断はよく知られており，その代表はEU市場の事例である．EUの市場統合は財，人，サービス，資本のEU域内での自由移動（「4つの自由」）を指しており，その目標は1957年のEEC条約（ローマ条約）のなかに掲げられている．条約の第3条は「人，サービス，資本の自由移動に対する障壁」の除去を目標に掲げ，第8条では「共同市場は12年間の過渡期間中に漸次設定される」と明記している[1]．EEC条約の発効によって，

EU域内の市場統合はスタートした．だが，現実に1960年代末まで完成したのは共同市場ではなく，関税同盟と共通農業政策といういわゆる「EECの2本柱」であった．

　本当の意味での共同市場を目指したのは1985年6月の『域内市場白書』を公表したあとのことである．当『白書』は1992年末までに域内における非関税障壁（物理的障壁，税障壁）[2]の撤廃を通じて，「4つの自由」を実現する狙いである．

　EUの市場分断の特徴は，様々な研究によって解明されている．しかし，中国自動車産業の市場分断の実態を見ると，中国の市場分断はEU諸国の市場分断と同様なものではなく，独特の特徴を持っている．これらの特徴は中国市場の分断を認識する重要なポイントとなる．中国市場分断の特徴を分析するためには，EU諸国の市場分断と比較する必要がある．中国とEU諸国市場分断の特徴は以下の通りである．

(1)「国境内の市場分断」

　EU諸国の市場分断は「国境による市場分断」であり，その主体は中央政府である．中央政府は1つの政治的・経済的主体として国家の権限を利用し，国内市場を保護している．その保護行為は国内法律に基づくものであり，合法性がある．これとは対照的に，中国の市場分断は「国境内の市場分断」であり，また，単一通貨・統一的な対外関税の下での市場分断であり，その主体は地方政府である．政治制度から言えば，中国は中央集権の国家であり，地方政府は独立の政治主体ではない．しかし，中央政府は市場統合政策を推進しているにもかかわらず，面従腹背は半ば公然と行われている．したがって，地方政府の市場保護行為は，必ずしも違法とは言えないが，そこに法律的根拠が存在しないこともまた事実なのである．「国境内の市場分断」は中国市場分断の最大の特徴となっている．

第6章　市場分断の特徴とその要因　　　　　　　　　151

(2) 統一的な全国市場と分断された地方市場の併存

　統合前のEU諸国は，国境を境として国内には完全独立市場を形成していた．80年代以前の中国では，統一的な計画経済の下で全国的視野から生産と流通が計画によって実施されていた．市場分断化現象は市場化に伴って発生したものであるが，市場分断が最も深刻化した1990年前後を見ても，完全独立の地方市場は形成していなかった．各地方の購入禁止リストの中に入っているのは一部の製品だけであり，数多くの産業分野にとってはほぼ全国統一的な市場が形成されている．自動車産業の例を見ると，小型トラックは数多くの地域市場を形成しているが，乗用車の場合は一部分の分断された市場と大きな統一市場とが併存し，さらに，中型トラックはほぼ全国統一的な市場を形成している．もし，市場統合前のEU諸国の市場分断を「標準的な市場分断」だと定義すれば，中国の市場分断は完全な市場分断ではなく，統一的な全国市場と部分的に分断された地域市場とが併存しているものであると言える．

(3) 市場分断の不連続性

　「国境による市場分断」は，時期を問わず常に存在している．その保護の対象・手段なども比較的長い時期にわたり安定し，連続性がある．これとは対照的に，中国の市場分断は80年代以降の新しい経済現象であり，それ以前には発生しなかった．また，80年代以後を見ても，中国の市場保護は変動が激しく，特に景気変動に伴い，保護の対象や手段も変わる．好況の時期には農産品・エネルギー製品の流出を制限する傾向が強まるが，不況に陥ると流入制限を実施する地域が多くなるのである．すなわち，中国の市場分断には連続性がないといえる．

　自動車の市場分断の例で言えば，小型トラックセクターは80年代の半ばから競争が激しくなり，市場分断が発生したが，乗用車セクターは90年代初めまで供給不足の状態であり，市場分断は発生しなかった．乗用車の生産能力過剰と市場分断とが生じたのは90年代半ば以降のことである．

(4) 市場分断手段の多様性

EU諸国の市場分断は物理的障壁（EU域内国境での通関のための停止，通関規制及び関連する書類），技術的障壁（製品規格と技術的規制との国ごとの相違，相対立する会社法，自国の公共調達市場からの締め出しなど），税障壁（付加価値税と国内消費税の税率相違）など3つのタイプに分けられる．

対照的に中国市場分断の実態を見ると，改革に伴い，「地方性法規」の制定権（地方立法権）が地方政府に付与されたとは言え，「地方性法規」は全国法規と対立することは許されず，地方政府は独自の会社法を作って市場を保護することもできなかった．しかし，これ以外の市場分断の諸手段はほぼすべて使われている．さらに，EU諸国では存在しなかった市場分断の諸手段，例えば，地元製品の買い付けの義務づけ，流通企業及び従業員に対する賞罰制度，「偽ブランドの打撃」を名目とする地域外製品に対する差別，原材料・農産物の流出制限などオリジナルな諸手段も実際に存在している．自動車市場分断の手段を見ても，ナンバーの登録・道路通行制限・乗用車購買枠の設定・経営用車の車種制限などEUでは存在しなかった諸手段が採用されている．

(5) 市場分断の多層性

EU諸国の市場分断が国別レベルに留まり，一国内においては統一市場を形成しているのに対して，中国の市場分断は各省レベルだけではなく，省内の各市・県レベルの市場分断も存在する．小型トラックの市場分断はその典型的な例である．「一級行政区（省，直轄市，自治区）が30であり，これを大諸侯とするならば，中間レベルの中諸侯（市，地区）が300ぐらい，小諸侯に当たる県が2千いくつかあり，それぞれが大は大なりに，中は中なりに，小は小なりに封鎖的なことをやっている」[3]と言われている．

以上の諸特徴を見ると，「国境内の市場分断」は最も大きな特徴であり，他の特徴はこの特徴によって派生されたものと考えられる．

2. 市場分断に影響する要因

中国の国内市場分断状態は，どんな要素に影響されているのか．以下は自動車産業の市場分断のケースから，市場分断に影響する要因の抽出を試みたい．

(1) 中央政府の市場統合政策

80年代からの地域市場分断に対して，中央政府は黙認していなかった．1980年から今日まで中央政府はずっと市場統合の必要性を強調し，市場分断を反対してきた．このような中央政府の市場統合政策は3つのタイプに分けられる．

①中央政府の重要会議の文献

例えば，1984年10月の『中共中央関於経済体制改革的決定（経済体制改革に関する中国共産党中央委員会の決定）』では，国内・外市場の開放，市場封鎖の打破を訴えた[4]．その後1985年の『中共中央関於制定国民経済和社会発展第7次5年計画的決定（国民経済と社会発展の第7次5年計画の制定に関する中国共産党中央委員会の決定）』，1987年の『中国共産党第13次全国代表大会政治報告』，1989年の第7回全国人民代表大会の『政府工作報告』などの文献にも，類似した内容があった．以上の諸文献は中央政府の重大政策の集積であり，市場統合政策はその一部分として明記されているが，統合の具体的措置は講じていなかった．

②国務院の「通知」

1982年4月10日の「国務院関於在工業品購銷中禁止封鎖的決定（工業製品売買における封鎖禁止に関する国務院の通知）」と1990年11月の「関於与打破地区間市場封鎖，進一歩搞活商品流通的通知（地域封鎖を打破し，商品流通を活かすことに関する通知）」は当時の地域市場分断に対する国務院の通知である．これらの「通知」は市場分断がかなり深刻化しているときに

公表されたものであり，一定の行政的手段を伴い，市場分断の解消に大きな役割を果たしている．「通知」が公布すると，市場分断はすぐ緩和する．

　乗用車市場の例でいうと，第4章ですでに述べたように，上海市政府は「国産化基金」の形で，消費者から1台当たり2.8万元を徴収し，SANTANAの部品メーカーを育成している．このような保護行為は1994年の中央政府の禁止命令によって，速やかに廃止された．また，90年代から一部の地方政府によるエコノミーカーの使用禁止命令に対処するために，1996年8月国務院は国家計画委員会の「地方におけるエコノミーカーの使用制限を取り消すことに関する通知」を転送した．この「通知」もエコノミーカーの市場分断の解消に一定の役割を果たしていた．

　重要会議の文献などの形の政策は比較的長期的な政策を示しているが，抽象的かつ広範囲の問題を指しているため，多少抵抗しても罪が問われにくい．それと対照的に，「通知」のような中央政府の命令に対する抵抗は大きな政治的リスクがあるため，地方政府に真正面から挑戦する勇気はない．特に「通知」はかなり明確かつ具体的な問題を解決するためのものであり，これに対する抵抗は容易ではない．ただし，このような「通知」は一時的なものとみなされ，「時効」を伴っている．市場分断が緩和し，中央政府の注意力が他分野に移すと，市場分断は再燃することが多い．

　③国家の法律

　中国における市場分断を規制する法律は，1992年から本格的に制定され，1993年9月2日に採択された「中華人民共和国反不当競争法」（独占禁止法）は関連する内容が含まれている．

　中国の法学界では，独占を行政的独占と経済的独占とに分けて考えている．そのうち，経済的独占は大企業の独占行為を指しているが，行政的独占は，「政府またはその所属部門が行政権力を用いて，企業の合法的競争を排除，規制または干渉する行為」を意味し，2つの内容が含まれる[5]．

　第1は市場分断であり，地域内の経済利益を保護するために，地域外製品を差別する行為である．

第2は，政府部門が行政権を兼ね備えた会社または企業を設立し，行政権を利用して商売をし，不平等な競争状況をもたらすことを指している．

以上の定義から見ると，行政的独占は，郵便，電信，中央鉄道，金融などの国家的独占経営とは異なるものである．中国の独占禁止の立法は経済的独占と行政的独占両方を規制する法律である．

「中華人民共和国反不当競争法」の第2章第7条では，行政的独占を禁止する内容が定められている．その内容は，「政府及び所属部門は行政権力を用いて，指定した経営者の製品を購入させたり，他の経営者の正当な経営活動を制限したりしてはならない．また，政府及び所属部門は行政権力を用いて，域外製品の域内への流入と域内商品の域外への流出を制限してはならない」と明記している．

上記の法律が採択されると，各地方政府も地方における不当競争を制限する「条例」や「規制」を作り，地域内の独占行為を禁止した．

さらに，2000年3月の全人代（日本の国会に相当する）では，地方保護に法的根拠を与え，国家の法律と矛盾する地方の立法を制限する「中華人民共和国立法法」が審議され，同年7月1日に発効された．これらの法律は地方政府の市場分断行為の制限に重要な役割を果たしていると思われる．

(2) 需要変動

80年代以降の高度成長は，中国の「不足経済」の状態を大きく変えた．流入制限型の市場分断は主に供給過剰の状態で発生した経済現象であるため，市場変動の影響を大きく受けている．一般的にいって，不況のときには流入制限型の市場分断が発生しやすいという結論についてはすでに第1章で論じたが，ここでは主に自動車産業の需要変動と市場分断との関係を中心に分析したい．

毎年の中国自動車販売量の統計数字はないが，表6-1は生産・輸入・輸出台数を利用して計算した各年度の販売量の推定である．在庫などの問題を考えると，実際の販売量とは一定の差があるかもしれないが，この数字からは

中国自動車市場の需要変動傾向の類似性が見られる．

表6-1の数字から，2つの傾向を観察できる．

第1，1980年代以降，中国の自動車市場は急速に拡大している．1980年から1995年まで中国自動車市場の需要の年平均伸び率は16.29％であり，乗用車の密輸入と国境貿易による輸入などを加えると，この数字は一段と大きくなる．

第2，中国自動車産業の需要変動がかなり激しい．国内需要を見ると，1981・82・86・89・90・95年の6年度，国内需要の増加率はマイナスになっており，国内市場が縮小していることを意味する．

さらに，図6-1の中国国内の小売総額増加率の変動状況と比較すると，両者の変動傾向はほぼ一致していることが分かる．すなわち，小売総額伸び率の高い1984・85・88・91・92・93年は，自動車需要の伸び率もかなり高

表6-1　中国自動車産業市場需要変化

(単位：台，％)

年度	国内生産台数	輸入台数	輸出台数	国内需要*	国内需要伸び率
1980	222,288	51,083	99	273,272	n.a.
1981	175,645	41,575	726	216,495	−20.78
1982	196,304	16,077	238	212,143	−2.01
1983	239,886	15,156	1,892	253,150	19.47
1984	316,367	88,743	2,919	402,191	58.87
1985	443,377	353,992	1,659	795,710	97.84
1986	372,753	150,052	4,179	518,608	−34.82
1987	472,538	67,182	6,129	533,591	2.89
1988	646,951	99,233	9,159	737,025	38.13
1989	586,936	85,554	9,220	663,270	−10.01
1990	509,242	65,430	8,862	655,810	−1.12
1991	708,820	98,454	8,243	799,031	21.84
1992	1,061,721	209,993	5,928	1,265,786	58.42
1993	1,296,778	310,461	11,115	1,596,124	26.1
1994	1,353,368	281,421	18,118	1,616,671	1.29
1995	1,452,697	145,039	17,662	1,580,074	−2.26

出所：『1996　中国汽車工業年鑑』，『1996　中国自動車市場展望』，『1996　中国自動車工業』より計算．
＊：国内需要＝国内生産台数＋輸入台数−輸出台数

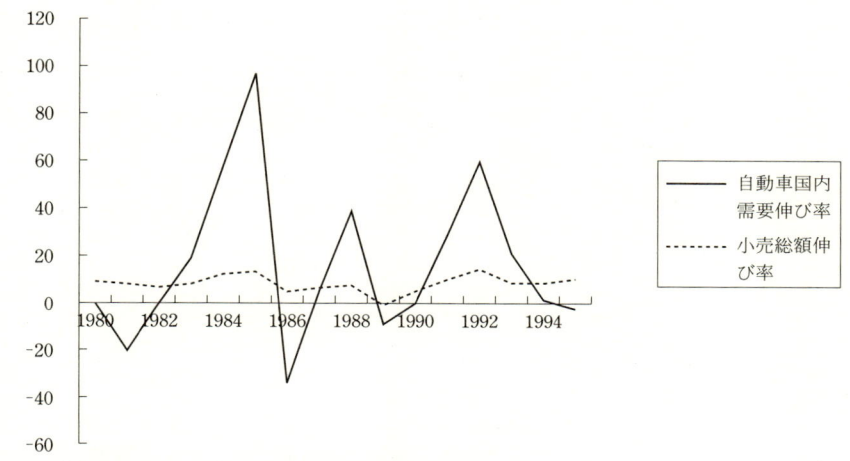

出所:『中国統計年鑑』,『中国汽車年鑑』各年版より作成.

図 6-1 自動車需要変化と小売総額変化の比較

い.その代わりに,小売総額伸び率の低い1982・86・89・90年は自動車産業の需要の伸び率も低い年である.ただし,小売総額の変動は比較的緩やかであるのに対して,自動車需要の変化は異常に激しい.

　80年代からの中国国内の需要変動は主に中央政府の引締め政策によって引き起こされたものであり,自動車の需要変動に影響を与える主な要因も,やはり引締め政策そのものである.中国における自動車の需要は一般消費財と違って,生産財の性格を持っている.80年代の自動車市場を見ると,好況の時に完全な売り手市場になり,市場価格が高騰して,場合によっては工場渡し価格の数倍まで値上がりした時期もあったが,不況になると市場をめぐる競争が激しくなり,企業は大量の在庫を抱え,生産を削減することもしばしば見られた.

　需要変動から見ると,80年代の自動車産業は供給不足の産業であり,市場不況は単に中央政府の引締め政策の影響で引き起こされた一時的な現象で,短期間保護すれば需要の高騰期がまた到来する,と地方政府は考えている.

表6-2 自動車産業の

地域	機械産業企業数(A)	自動車企業数(B)	B/A	機械産業従業員総数(C)	自動車産業従業員総数(D)	D/C	全工業部門固定資産総額(E)
北　　京	3,345	99	2.96	53.88	9.13	16.95	1,000.14
天　　津	4,407	16	0.36	60.62	6.38	10.52	611.67
河　　北	5,577	88	1.58	85.17	6.81	8.00	1,226.40
山　　西	2,404	53	2.20	45.79	3.66	7.99	827.23
内モンゴル	1,562	28	1.79	17.63	1.04	5.90	485.52
遼　　寧	10,202	137	1.34	191.82	12.15	6.33	2,173.64
吉　　林	3,296	102	3.09	61.29	17.35	28.31	818.61
黒　龍　江	4,168	80	1.92	76.93	4.61	5.99	1,306.73
上　　海	4,489	108	2.41	124.44	7.74	6.22	1,430.55
江　　蘇	11,823	176	1.49	217.02	13.02	6.00	1,881.54
浙　　江	11,404	106	0.93	114.80	3.88	3.38	983.44
安　　徽	3,843	73	1.90	54.45	4.06	7.46	630.66
福　　建	2,574	88	3.42	29.02	1.89	6.51	457.81
江　　西	3,009	77	2.56	44.93	6.74	15.00	409.12
山　　東	5,541	121	2.18	135.26	9.84	7.27	2,061.40
河　　南	4,847	93	1.92	92.63	6.87	7.42	1,122.67
湖　　北	4,210	147	3.49	104.94	21.42	20.41	1,114.69
湖　　南	4,490	151	3.36	73.87	11.29	15.28	714.55
広　　東	6,668	109	1.63	111.93	3.92	3.50	2,099.05
広　　西	1,924	65	3.38	27.73	4.25	15.33	397.75
海　　南	176	7	3.98	2.23	0.24	10.76	78.42
四　　川	6,505	214	3.29	165.60	24.84	15.00	1,462.43
貴　　州	791	69	8.72	26.49	3.66	13.82	305.85
雲　　南	918	64	6.97	19.58	2.52	12.87	434.12
チベット	26	0	0.00	0.25	0.00	0.00	9.97
陝　　西	2,995	71	2.37	6.40	2.03	31.72	531.45
甘　　粛	1,274	33	2.59	24.05	1.20	4.99	455.19
青　　海	306	35	11.44	5.86	0.85	14.51	152.47
寧　　夏	337	8	2.37	6.39	0.07	1.17	132.96
新　　疆	701	24	3.42	9.47	1.25	13.20	502.28
平　　均	3,793	81	2.15	66.35	6.44	9.68	860.61

出所:『中国機械工業年鑑1995』,『中国工業経済統計年鑑1994』,『1995中国汽車工業年鑑』より作成.

しかし，90年代に入ると自動車生産能力の過剰は恒常化するとともに，自動車市場の保護も恒常化する傾向となっている．

第6章 市場分断の特徴とその要因

企業規模表（1994年）

(単位：社，％，万人，億元)

機械産業固定資産総額 (F)	自動車産業固定資産総額 (G)	G/F	G/F	全工業部門利潤総額 (H)	機械産業利潤総額 (I)	自動車産業利潤総額 (J)	J/H	J/I
87.80	49.00	4.90	55.81	109.69	15.99	4.05	3.69	25.33
41.59	26.43	4.32	63.55	33.62	14.54	7.08	21.06	48.69
65.59	23.64	1.93	36.04	75.90	8.81	0.07	0.09	0.79
30.09	11.74	1.42	39.02	28.76	1.13	−0.15	—	—
13.26	3.03	0.62	22.85	20.14	−0.81	0.20	0.99	—
153.60	44.85	2.06	29.20	94.33	8.16	0.55	0.58	6.74
99.43	89.24	10.90	89.75	31.43	4.64	5.34	16.99	115.09
58.71	17.85	1.37	30.40	−7.33	−3.80	−1.71	—	—
74.70	63.40	4.43	84.87	210.38	63.13	22.94	10.90	36.34
131.14	65.17	3.46	49.69	141.88	45.88	7.91	5.58	17.24
82.36	13.77	1.40	16.72	100.70	26.79	2.35	2.33	8.77
51.70	11.40	1.81	22.05	45.21	6.33	0.23	0.51	3.63
25.62	5.76	1.26	22.48	62.89	8.54	0.25	0.40	2.93
42.85	15.63	3.82	36.48	11.84	4.02	2.01	16.98	50.00
106.71	39.43	1.91	36.95	89.59	31.05	2.12	2.36	7.60
94.36	19.75	1.76	20.93	68.97	10.20	2.52	3.65	24.71
127.11	111.86	10.04	88.00	67.00	18.66	11.18	16.69	59.91
64.83	32.23	4.51	49.71	19.91	−0.55	−0.16	—	—
104.45	30.56	1.46	29.26	211.80	34.09	4.02	1.90	11.79
44.26	17.28	4.34	39.04	35.65	10.50	7.79	21.85	74.19
4.33	2.77	3.53	63.97	4.28	1.40	1.24	28.97	88.57
130.46	74.80	5.11	57.34	74.69	14.54	18.61	24.92	127.99
18.92	10.76	3.52	56.87	10.49	0.09	−0.50	—	—
23.67	6.73	1.55	28.43	38.60	1.80	0.88	2.28	48.89
n.a.	0.00	0.00	0.00	0.55	−0.02	0.00	0.00	0.00
49.57	18.27	3.44	36.86	7.70	−1.13	−0.44	—	—
29.76	2.82	0.62	9.48	13.37	−0.65	−0.32	—	—
9.98	1.86	1.22	18.64	−1.20	−0.96	−0.38	—	—
10.16	0.12	0.09	1.18	1.47	−0.09	−0.02	—	—
15.54	3.91	0.78	25.16	0.16	−1.27	−0.63	—	—
61.81	21.14	3.15	43.90	53.42	10.70	3.23	6.06	30.23

(3) 産業の特徴

　産業構造の同質性によって，各地方は地域内の供給だけに依存しても，域内の基本需要を満たすことができている．しかし，すべての産業分野を保護

したら，他地域から大きな反発を招き，上級政府に批判される可能性が大きい．そのため，地域の経済発展に重要な役割を果たしている産業分野に絞って，保護を行う地域が増えてきた．地方政府は市場保護の利益最大化を図るために，財政貢献度の高い産業と強需要部門を中心に保護を行っている．中国市場分断の実態を見ると，90年代以降その重点は基幹産業に移っており，特に自動車産業は保護の中心になっている．これは自動車産業のもつ特徴に影響されている．以下では自動車産業の例を利用して，産業の特徴がどのように地方政府の市場保護行為に影響しているのかを分析する．

　自動車産業は膨大な規模，広範な前方・後方産業の関連・波及効果，巨大な雇用創出効果・所得創出効果を持つ産業であり[6]，経済発展において牽引力の強い産業である．自動車産業のインパクトは，国家だけではなく地方政府に対してもかなり大きい．

　表6-2は1994年の自動車産業が地域経済に占める地位を表すものである．まず，機械産業における自動車産業の位置を見ると，自動車企業総数（組み立てメーカー・改造車メーカー・部品メーカーを含む）が機械産業の企業総数に占めるシェアの全国平均値（B/A）は2.15％であるが，機械産業の従業員総数における自動車産業の従業員のシェア（D/C）は9.68％で，企業数のシェアを大きく上回っている．特に陝西省は30％を超え，吉林省・湖北省も20％を超えている．

　次に，自動車産業の固定資産の全国平均値を見ると，社会固定資産総額の3.15％（G/E），機械工業の43.90％（G/F）を占めている．そのうち，吉林省・湖北省では自動車産業の固定資産が社会固定資産総額に占めるシェアは10％を超え，吉林省・湖北省・上海市では機械産業の固定資産の8割以上は自動車企業が所有している．

　さらに，利潤総額を見ると，自動車産業が全工業の利潤総額に占めるシェアの平均値（J/H）は6.06％であり，固定資産シェアの3.15％より倍以上高い．機械産業の利潤総額に占める自動車産業のシェアの全国平均値（J/I）は30.23％で，全国機械産業の利潤の3割以上は自動車企業が提供している．

特に，地域別の状況を見ると，天津・四川・広西・海南の4省・市が工業利潤の2割以上，吉林・湖北・上海・江西などの1割以上は自動車産業より創出されている．自動車の利潤が機械産業の利潤に占めるシェアは四川・吉林省が100％を超え，それぞれ128％と115％に達している．つまり，この2つの地域では自動車産業を除く他の機械産業は赤字になり，自動車産業の利潤によって，機械産業全体としては黒字になったのである．他の地域を見ても，自動車産業の利潤が機械工業総利潤に占めるシェアは海南88％，広西74％，湖北60％，天津・雲南50％近くである．以上の諸地域では自動車産業がすでに地域のリーディング産業になっている．

80年代からの中国の経済発展を見ると，テレビ・冷蔵庫・洗濯機の「3種の神器」は，中国経済発展に大きく貢献している．特に広東省経済の飛躍的な発展は，主に家電産業によって実現できたのである．90年代以降，古い「3種の神器」はすでに時代に遅れており，新しい地域経済競争の中で勝つためには，経済成長の新しい牽引産業の育成が迫られている．国際的経験から見ると，この新しい牽引産業は自動車産業である．

中国の主な地方（省）にはすでに一定の自動車産業の基礎があり，加えて1985年に国家が自動車産業をリーディング産業に位置づけたことを契機として，各地方は自動車産業を地方のリーディング産業に決定した．1996年から実施された「国民経済と社会発展第9次5カ年計画」を見ると，17省は自動車産業を地方のリーディング産業として育成していく方針を明確にしている．これらの地方の経済発展・雇用・財政収入などは自動車産業に大きく依存している．つまり，これらの地域は，21世紀の地域経済発展を自動車産業に依拠していると言えるのである．自動車産業のこのような特徴は地方政府に大きな影響を与え，地方市場保護の主な分野になっている．

(4) 産業組織の状態

地方政府は，域内企業保護の手段を決定するとき，産業組織の状態に影響を強く受けている．一般的にいうと，生産の集中度の低い産業分野（日用品

分野など）は域内市場を遮断し，対外的な競争を避ける市場保護の行動を取りやすく，対照的に，生産の集中度の高い産業分野は，情報の提供・資金の注入・原材料の確保など企業保護を受けやすい傾向が強い．

　このような傾向は自動車産業市場分断のケースからも確認できる．中型トラックの生産は，2社独占の状態であり，第一汽車集団公司は北方市場に拠点をおき，東風汽車集団公司は南方市場に立脚して，地域政府の市場保護なしに，企業の話し合いによって自分の市場を確保した．また，本書では取り上げなかった大型トラックの例を見ても，上位3社の集中度は高くないが，メーカー13社は同じ中国重型汽車集団公司のメンバーであり，当集団公司の介入によって各社は自らの市場を持っており，地域政府による市場分断はほとんど存在しない．しかし，乗用車と小型トラックなどの競争的な産業構造を形成しているセクターは，地方政府の介入は著しい．

(5) 企業規模と交渉能力

　市場分断の主体は地方政府になっているが，多くの場合は地方政府と企業の共謀行為の性格が強い．つまり，企業からの市場保護の要請を契機に，地方政府はそれを受け入れて市場分断を行う．このようなプロセスから見ると，企業の市場保護の要請は一種の「ロビー活動」であり，その成果は企業自身の規模と交渉力とに大きく関わっている．

　企業規模が大きくなると，雇用人員や負担している社会機能も多くなり，地方の経済発展と社会安定に対する影響も大きくなる．そのため，企業の規模が大きければ大きいほど，政府に対する影響力も強い．

　自動車産業を例にいうと，中国自動車産業の産業組織上の1つの特徴は，企業の規模が小さい上に，ほとんどの企業が最小最適規模に達していない状態にあるということである．しかし，集中度が低いのは中国産業組織の一般的特徴であり，自動車産業だけの問題ではない．

　表6-2で表されているように自動車産業の企業総数は多くないが，1社当たりの雇用人数・固定資産額・利潤額などの指標から見ると，機械産業の他

表 6-3　1995 年中国売上ベスト 500 社の中に入った自動車メーカー

メーカー	順位	メーカー	順位
上海汽車工業公司	4	長安汽車有限責任公司	141
第一汽車集団公司	7	北内集団*	165
東風汽車集団公司	9	湖北汽車（集団）公司	266
北京汽車工業公司	23	南京農用車製造廠	282
天津汽車工業公司	30	広州駿達汽車企業集団	285
中国汽車工業総公司	31	柳州五菱汽車企業集団公司	321
中国重型汽車集団公司	44	ハルビン飛行機製造公司*	335
慶鈴汽車有限公司	77	長春客車製造廠	345
金杯汽車有限公司	116	南京東風専用汽車製造総廠	368
江鈴汽車集団公司	122	昌河飛行機工業公司*	388
広東三星企業有限公司*	131	広州標致汽車有限公司	419
貴州航空工業集団*	139		

出所：『1996 中国経済年鑑』1118-1123 頁より作成．
注：*の付いているメーカーは自動車以外の製品も生産している．

　分野の企業平均規模よりははるかに大きい．部品メーカー・改造車メーカーを除いて，組み立てメーカーだけを計算すると，その規模は一段と大きくなる．また，中国の年間売上上位500社の統計（表6-3）を見ると，自動車メーカー23社が入っている．そのうち，10位以内に入っているのは3社，50位以内に入っているのは7社になっている．自動車メーカーは自分の規模と影響力を利用し，比較的容易に地域政府に影響を与えるのである．

　自動車メーカーの交渉力に影響する要因として，企業の規模以外に政府部門との人脈関係もあげられる．現代中国官僚制度の1つの特徴は，高級幹部を任用する前には，必ず様々な分野の管理職を務めさせることであり，中でも大手国有企業の社長を務めるのは重要なキャリアの1つとなっている．大手国有企業の社長は中央あるいは省政府の主要ポストに昇任し，地方国有企業の社長は地方政府の責任者に昇任するケースが多い．言い換えれば，大手国有企業の社長ポストは高級幹部に昇進する重要なステップである．このように，国有企業と地方政府との間にはかなり太い人脈関係が形成され，企業からの保護要請にも応じやすい．

自動車産業のケースを見ると，第一汽車集団公司・東風汽車集団公司のような中国の最も大きな国有企業の社長経験者の殆どは，中央ないし地方政府部門の高級幹部に昇進している．今日中央政府の副総理から地方政府の一般官僚まで，自動車大手メーカーの出身者，あるいは関係者が多数存在する．上海汽車の「上海SANTANA国産化協調弁公室」の主任は上海市の副市長を兼任し，直接に企業の立場を代表している．自動車メーカーはこのような人脈を利用して，影響力をさらにアップできるのである．

(6) 流通ルートとアフター・サービスの状況

市場分断の手段の分析から分かるように，中国市場分断の重要な方式の1つは，流通ルートに対する地方政府の直接コントロールによるものである．国有企業を主とする流通構造は地方政府のコントロールを受けやすいが，個人経営・集団経営が中心である流通機構は独立性が高い．このように，流通部門の整備状況・所有構造は市場分断の特質に影響を与えている．

自動車産業のケースを見ると，70年代末以前，計画経済の下で自動車製品は生産財として認められ，計画によって分配され，自由販売は許されなかった．80年代初めから，自動車メーカーは一部の製品の販売権利を獲得し，その後，自動車の計画配分比率は次第に低下し，1992年になると，自動車製品の85％は市場で販売された[7]．

80年代初期の自動車製品の販売は物資部門傘下の汽車貿易総公司に限定された．自動車メーカーが独占的販売網を設営し始めたのは80年代末からのことであり，その設営には大規模な投資が必要なために，今日に至ってもほとんどのメーカーはまだ全国的な独占的販売網を築いていない．

今日中国自動車の販売は日本やアメリカとは異なり，自動車流通の系列化はまだ始まったばかりの段階である．主な販売ルートは，(1)全国物資部門の自動車販売ルート，(2)中国汽車工業販売総公司，(3)各産業の中央管理部門所有の物資経営会社，(4)自動車メーカーの直営店，(5)自動車貿易中心及び各地域の販売市場，(6)中国輸入車貿易センター，(7)農業機械，生

第6章　市場分断の特徴とその要因

表 6-4　中国における軽乗用車，ミニバン，軽トラックの故障状況（1994年）

車種	製造メーカー	初故障の平均距離（km）	平均故障間隔距離（km）
軽乗用車	天津市汽車工業公司	5,000	5,000
	国営江南機械廠	288	2,500
	国営江北機械廠	293	1,666
	国営秦川機械廠	671	2,500
	貴州航空工業総公司汽車廠	2,501	5,000
ミニバン	国営長安機器製造廠	5,000	5,000
	昌河飛行機工業公司	5,000	5,000
	天津市汽車工業公司	3,292	5,000
	柳州微型汽車廠	5,000	5,000
	ハルビン飛行機製造公司	3,776	5,000
	鄭州市少林汽車廠	1,394	2,500
	河北燕興機械廠	2,777	2,500
	蚌埠市華陽汽車製造廠	846	1,250
軽トラック	吉林軽型車廠	5,000	5,000
	陝西飛行機製造公司	3,320	5,000
	安徽省淮海機械廠	5,000	5,000
	南京微型汽車廠	4,170	5,000
	国営蒙城機械製造廠	5,000	5,000

出所：『中国機械工業年鑑1995』，141頁より作成．

産財系列の全国販売網，(8)政府部門，（自動車メーカー以外の）企業所有の販売網，(9)個人経営の販売店[8]，などがあげられる．

　以上の諸販売ルートのうち，販売能力が最も高いのは全国物資部門の自動車販売ルート──中国汽車貿易総公司（地方会社10社，子会社25社，提携企業42社，合計1,008店舗），中国機械電子設備総公司（省・市・県レベルの子会社2,500社)），中国汽車工業総公司系列の自動車販売ルート（中国汽車工業販売総公司，地方会社10社，全国700店舗）であり，自動車メーカーの製品は主にこの3つの販売ルートを利用して販売されている．以上3つの販売ルートは計画経済の下での自動車・機械製品の流通機構であり，「地域平衡」の計画方法の影響で3社の諸地方会社・子会社は主に地元メーカーの製品の計画性配分を担っており，地方政府やローカルメーカーとは歴史的

な関係を持っている．また，これらの販売会社は各地域に立地しているため，各地方政府の影響を受けやすい．

　販売網と同じように，中国の自動車メーカーは全国規模のアフター・サービス網も整備していない．表6-4に示しているように，国産車の品質はかなり不安定で，最もよい自動車の平均故障距離も5,000キロしかなかった．もし，1年間の走行距離を1万キロで計算すれば，年間平均2回以上故障することになる．品質が悪い場合には，ユーザーにとってアフター・サービス，特に修理の便利さは，価格と並んで主な選択基準となっている．ほとんどの自動車メーカーが全国規模のアフター・サービス網を整備していないとき，ユーザーは一番近いメーカーの製品を選好する傾向が強い．このようなユーザーの選好は地方政府の保護と相俟って，地域市場の分断を促進した．

　ここで第6章を纏めて，中国市場分断の全体像を完成しよう．
　中国市場分断の特徴から確認できたように，中国の市場分断は国際貿易の市場分断と異なり，中国独特な経済現象である．このような市場分断は，地方政府によって行われており，「国内の市場分断」は最も大きな特徴となっている．
　中国の市場分断は中央政府の市場統合政策・景気変動・産業特徴・産業組織の状態・企業の規模と交渉能力・流通ルートとアフター・サービス網の整備状況など様々な要素の影響を強く受けている．
　地方政府はこれらの要素を総合的に判断して，市場保護の決断を行っている．市場分断に影響を与える要因を見ると，産業分野・時期によって，分断の実態が異なり，需要の急速な増加の時期に市場分断も弱める現象は80年代から何度も発生したため，国内市場統合がどこまで進んだかは判断しにくい．
　90年代初頭以降，中国経済の高度成長は再び実現できたため，市場分断問題も緩和した．しかし，これは「"市場の統合"へと進みつつある」を意味するのか，80年代から繰り返した一時的な緩和に過ぎないのか，厳密な判断が必要である．

中国国内の市場分断はどういう状態になっているのか，特に1992年の市場経済改革の目標が確立された後，市場統合は本当に進んだのかどうか，もし進んだとしたら，市場統合を促進した要因は何か．第7章では中国市場統合の現状とその市場統合を促進した要因を分析したい．

1) 田中素香（1991）72頁を参照されたい．
2) 同上，75-88頁を参照されたい．
3) 今井理之・小島朋之（1991）48頁．
4) 陳甬軍（1994）34頁．
5) 史際春（2000）167頁．
6) 自動車産業における他産業の関連効果に関しては，1935年アメリカの自動車工業はすでに鉄鋼の約1/4，銅・アルミニウムの1/5，ゴムの4/5，ガラスの3/4を消費している．雇用創出を見ると，1989年，日本の自動車及び関連産業の従業員は産業総雇用の11.3％を占めている．所得創出効果から見ると，1980年日本の自動車産業の付加価値額は59,920億円で，製造業付加価値の23％を占めている．
7) 丸川知雄（1999）152頁，表7．
8) 『1996中国汽車年鑑』，308頁．

第7章　国内における市場統合の現状

　これまで，中国の市場分断はどんなものか，発生のメカニズムはなにか，地方政府はどのような基準で市場介入を行っているのかを分析し，自動車産業を例として市場分断の実状と形成要因を解明してきた．その上で，中国の市場分断にはどのような特徴があり，その要因はなにか，といった課題に解答を与えた．

　本章は中国国内の市場統合の現状を分析し，なぜ市場統合へ進んだのかを明らかにする．その際，市場統合に影響を与えている幾つかの要素を取り上げ，マクロ的レベルとミクロ的レベルに分けて分析したい．

1.　国内市場統合の現状

　1992年に市場経済の目標が確定されたあと，中国国内の市場統合はどこまで進んだのか，特に現在の国内市場統合の状態をどう評価すべきか．経済学の立場から見ると，この問題に答えるためには，マクロ的指標を使い，市場統合の状況を計量し，評価するという形が最も望ましい．

　だが，市場分断化の問題は，かなり複雑な経済現象であり，マクロ的指標だけでは説明できない部分が多い．例えば，世界銀行の研究は，中国1級行政区域30省の地域間構造差係数・地域価格差係数・地域間の貿易量などのマクロ的指標を用いて，中国の市場を観察し，市場分断は深刻化したという結論を出したが，他方，加藤は1992年と1993年の新しい数字を加えて，地域間構造差係数・地域価格差係数・地域集中度・域外依存度と鉄道運送量の

指標を計算し，中国では徐々に「市場の統合」が進み始めていると説明した[1]．しかし，以上の諸指標だけでは市場分断の状況を十分に説明できないのである．

まず，消費財の地域価格差係数を例で見ると，世界銀行と加藤は「国内市場統合が進めば，地域間の価格差は縮小するはずである」[2]という仮説に基づいて，『中国物価年鑑』の統計データを利用し，30省の小麦粉・米・植物油・リンゴ・綿布・カラーテレビ・家庭用石炭と灯油など8種類の商品の価格差係数を計算して，中国の価格変動傾向を説明した[3]．

しかし，財・サービスが同質な場合に限り，価格の比較は意味がある．中国では地域によって消費習慣が違い，同種類の商品と言っても，事実上地域によって日常消費しているものは異なる．同質な財のデータがなかなか入手できないため，『中国物価年鑑』の地域間価格の統計には異質な財のデータが利用されているのである．

例えば，米の価格を見ると，世界銀行に使われている『中国物価年鑑1988』のデータはうるち米の価格であり，当年鑑の統計では，北京は「早標1」，上海など5地域は「標1」，天津など17地域は「標2」，広州は「3級」という4種類の米の価格を使っていた[4]．4種類の米は産地・品種・味などが異なるため，当然にして価格も多少異なるのである．また，植物油を見ても，東北地方は大豆油を使い，華北地方はピーナツ油，南方各省は菜の花油を食用とする．地域によって消費する農産品は異なるため，地域間価格差の存在は，政府の介入よりも他の要素からの影響が大きいと言える．

また，綿布・カラーテレビなどの工業製品を見ると[5]，各地域の市場が分断され，地域によって販売している製品の銘柄が違っている．『中国物価年鑑1988』の46センチカラーテレビの価格を見ると，13省はそれぞれ9メーカーの製品の価格を使い，残りの16省は「国産」と表示し，メーカーを明らかにしていなかった．同じ46センチのカラーテレビでも品質・性能が相当に違うことから，このような統計のデータを使って，同じ地域の異なる時期の価格変動を比較することに関しては意義があると言えるが，価格差変動

の地域間比較には正しい結論を出すことはできないと思われる．

　次に，鉄道を使った物流の変化の例でいうと，加藤は孟の結論を使い，地域間の物流は活発化したと説明した．また，黄[6]も鉄道貨物OD表を使い，域外依存率[7]を計算して，92年以後鉄道貨物の域外依存率が上昇し，中国の市場統合が進んでいると説明している．

　しかし，物流は鉄道・道路・水路・航空という4つの形態があり，鉄道貨物は，そのうちの1つでしかない．道路の整備やトラック供給能力の増加によって，地域内の貨物運送は主に道路運送に依存する傾向となり，今まで鉄道運送に依存してきた域内運送は，道路運送に切り替えている．すなわち，鉄道貨物OD表の対角線要素は停滞や縮小方向に向かうということである．その結果，鉄道は地域間の物流の，道路運送は地域内物流の主な手段となっており，対外依存率を計算する式の中の分子の部分（OD表の対角線要素）は縮小する．このような地域内貨物運送の鉄道から道路運送への切り替えは，必ず鉄道貨物の域外依存度を上昇させる．したがって，地域間の物流の変化を捉えるとき，鉄道・道路・水路・航空の4形態を総括して分析する必要があり，鉄道貨物の域外依存度だけでは，地域間の物流の活発化は説明できないし，国内市場統合が進んでいることも証明できないと思われる．

　最後に，域外貿易量の変動のデータも様々な要素の影響を受けていることに注意したい．加藤が指摘したように[8]，80年代以降は郷鎮企業など非国有セクターの急成長の時期であり，企業の規模が小さい上に，情報収集能力も限りがあるので，域外取引が主になるのは当然のことであり，これだけを根拠にして，中国の市場分断状態を説明するのは不十分だと思われる．

　市場統合状況を正確に反映できる適切なマクロ的指標がないため，実態調査で判断するほかないのである．以下では筆者が最近中国で行った調査の結果を利用して，国内市場統合の状況を分析してみたい．

　筆者は2000年の夏，中国の北京市・上海市・天津市・陝西省西安市・吉林省JL市を対象に，市場統合の状況を調査した．この5つの地域は中国の国有企業の最も集中している地域であり，90年代初めまでの市場分断の最

も深刻化している地域でもあった．ゆえに，これらの地域に対する調査は，中国の市場統合の状況を一定程度反映できると思われる．

　調査は各地方の政府部門・工業企業と商業企業（大手百貨店やスーパーマーケット）を中心に行った．そのうち，商業部門は主に1989-91年までの市場分断の最も深刻化している分野である家電製品（カラーテレビ・電気冷蔵庫・電気洗濯機），日用化学製品（洗濯洗剤・台所用化学合成洗剤）の販売状況を調査した．その結果は表7-1a・表7-1bと表7-2a・表7-2b・表7-2cに示した通りである．

　表7-1aは北京市・上海市・西安市とJL市の百貨店・スーパーマーケット9店舗における洗濯洗剤の販売状況である．表から見ると，1店舗当たりの洗濯洗剤の経営商品数は8.4に達しており，すべての店は複数の地域の製品を同時に経営している．「白猫」・「奥妙」・「汰漬」・「碧浪」などの人気のあるブランド品も各店舗で販売され，地域外製品に対する差別はすでに過去のこととなっていた．

　表7-1bは台所用化学合成洗剤の販売状況である．洗濯洗剤と同様に，90年代初めまで市場分断がかなり深刻化していた各地域の台所用化学合成洗剤の市場もすでに開放されており，経営者は消費者のニーズに合わせて経営商品を選択し，地方政府は現在一切介入しないという状況である．以上の4地域の日用化学製品市場では市場分断が存在していなかった．

　表7-2aは北京市・上海市・天津市・西安市とJL市の大手百貨店や電器専門店17店舗のテレビの販売状況である．表から見ると，1店舗当たりのテレビブランドの販売平均数は9.5であり，ほとんどの店が複数地域のメーカーの製品を同時に販売している．特に，「SONY」・「SAMSUNG」・「PHILIPS」・「シャープ」・「東芝」・「松下」などの外資系メーカーのブランド品や，「長虹」・「HAIER」・「海信」・「TCL」・「厦華」・「創維」・「康佳」などの国内大手メーカーの製品は，多くの店で販売されている．

　また，ローカルメーカーの製品販売状況を見ると，天津市と上海市のローカルメーカーの製品である「北京テレビ」・「金星テレビ」は，主に天津市と

第7章　国内における市場統合の現状

表7-1a　スーパーマーケットにおける洗濯洗剤の販売状況（2000年8-9月）

ブランド名及び産地	北京		吉林省JL市		上海		西安		
	今典天客隆	順天府文慧園店	倉貯超市	天客隆	上海教育超市No21	聯華超市	中滙百貨	友誼超市	西安百貨大廈
パンダ（北京）	*	*	*	*					
靚靚（北京）	*	*							
洗覇（北京）	*	*					*		
洛娃（北京）		*							
裕華（上海）					*	*			
白猫（上海）	*		*	*	*	*	*		*
羊羚（上海）							*		
奥妙（上海）	*	*	*	*			*	*	*
佳美（上海）					*	*			
雪豹（上海）			*	*					
高超（上海）						*			
馬牌（湖北）							*		
波尓（湖北）			*	*					
活力28（湖北）	*	*					*		
巧手（湖北）	*	*	*	*					
汰漬（広東）	*	*	*				*	*	*
碧浪（広東）	*	*	*			*	*	*	*
立白（広東）						*	*		
天天（吉林）			*	*					
威白（吉林）		*				*			
奇強（山西）	*	*	*	*	*		*		
快潔（四川）							*		
中州（河南）							*		
藍風（陝西）							*		
威力（江蘇）							*		
麗波（山東）		*							
雕牌（浙江）	*		*		*	*			
船牌（浙江）				*					
西海（遼寧）				*					

出所：筆者作成．

上海市内で販売されており，ローカルメーカーの市場が依然として地域内市場に依存している状態は変わっていない．しかし，以上の製品も他地域メーカーの製品と同様に扱われ，市場で平等に競争し，特別な優遇措置を受けていない．筆者が調査した時に見た光景は，ローカルメーカーの製品の前に顧

表 7-1b　スーパーマーケットにおける台所用合成洗剤の販売状況（2000年8-9月）

ブランド名及び産地	北京		吉林省JL市		上海		西安		
	今典天客隆	順天府文慧園店	倉貯超市	天客隆	上海教育超市No21	聯華超市	中滙百貨	友誼超市	西安百貨大廈
金魚（北京）	＊	＊	＊						
阿香（北京）	＊	＊							
靚靚（北京）	＊	＊							
洛娃（北京）	＊								
金麗猫（北京）		＊							
緑雪（北京）	＊	＊							
白猫（上海）	＊		＊	＊	＊	＊	＊		＊
ライオン媽々（上海）	＊	＊			＊	＊	＊		
家潔佳（上海）							＊		
巨浪（吉林）			＊	＊					
開米（陝西）		＊				＊	＊	＊	＊
巧手（湖北）	＊			＊		＊			
波尓（湖北）			＊	＊					
奇強（山西）			＊	＊					
雕牌（浙江）	＊		＊	＊					
四海（遼寧）			＊						
潔能（山東）				＊					
得其利是（山東）			＊	＊					
晨逸（山東）		＊	＊				＊		
愛家（江蘇）			＊						
藍浪（江蘇）				＊					
碧珍（天津）							＊		
王大媽（四川）							＊	＊	
紅玫瑰（四川）							＊		

出所：筆者作成．

客がほとんどいないのに対して，外資系メーカーや国内大手メーカーの製品の前に，人が集まっているということである．店員に聞いた結果，人気のある商品はやはり外資系メーカーと国内大手メーカーであり，ローカルメーカー製品の販売台数は低迷している．

　特に興味深いのは，北京市のローカルメーカーの北京牡丹テレビ公司のブランド「牡丹テレビ」が北京市西単百貨商場でしか販売しておらず，西安市のローカルメーカーの製品「彩虹」は西安市の4店舗ではほとんど販売して

いないということである．各店の家電製品販売の責任者に聞いた結果，すべての店では商品の仕入れの権限は経営者にあり，経営者は消費者のニーズに応じて経営する商品を決定するということであり，地方政府の介入はすでに存在しないと考えられる．すなわち，テレビを見る限り，以上の5地域では地域内製品を優先する傾向——市場分断は存在しないと言える．

表7-2bと表7-2cは，冷蔵庫と電気洗濯機の販売状況である．テレビと同様に，外資系メーカーや国内大手メーカーの製品は数多くの店舗で販売され，地域外製品を差別することもすでに存在しない．

以上の日用化学製品と家電製品の市場を見ると，少なくとも以上の5地域では家電製品と日用化学製品（天津市を除く4地域）の市場分断は存在していないと思われる．市場経済化改革の加速によって，中国における国内市場の統合はかなり進んでいるという加藤の結論は正しい．

ただし，市場分断は根絶されていない，時期・産業分野によっては未だ根強く存在しているのである．

2000年8月8日（筆者がJL市に着いた日），JL市はローカルメーカーのHRビール有限公司の製品市場を保護するために，吉林省四平市の金士百ビール有限公司の製品——「金士百ビール」の流入を制限する行動を取った．

JL市HRビール有限公司は，元々JL市政府所有の地方国有企業であり，JL市内の唯一のビールメーカーでもある．1980年代半ばにデンマークの技術を導入し，著しく成長してきた．その後，香港のHR集団公司の出資を受けて，中外合弁会社に変身し，中国ビール産業のビッグスリーの1つ——HRビール公司の子会社となった．80年代半ば以降，その製品の市場はJL市とその周辺地域で順調に拡大して，JL市市場では完全に独占の状態になっている．

しかし，90年代半ば以後，金士百ビール有限公司の挑戦を受け，JL市市場において，両社は激しい競争を展開している．「金士百ビール」は品質・味・賞品つきの販売手法などを利用しており，JL市市場での販売量は急速に増加している．

表 7-2a　テレビの販

ブランド名及び産地	北京				上海		
	西単百貨商場	当代商城	王府井百貨大楼	双安商場	上海第一百貨	上海華聯商厦	永楽電気古北店
牡丹（北京）	*						
金星（上海）			*		*	*	*
SONY（上海）	*		*		*	*	*
北京（天津）							
SAMSUNG（天津）	*						*
PHILIPS（江蘇）	*	*	*		*	*	*
シャープ（江蘇）	*				*		*
パンダ（江蘇）							
春藍（江蘇）					*		
NEC（遼寧）							*
東芝（遼寧）	*	*	*		*	*	
長虹（四川）	*		*	*	*		*
松下（山東）	*	*	*		*		*
HAIER（山東）	*		*	*	*	*	*
海信（山東）	*		*	*	*	*	*
TCL（広東）	*		*	*	*	*	*
楽華（広東）	*		*				*
日立（福建）					*	*	*
厦華（福建）	*				*	*	
贛新（江西）	*						
西湖（浙江）	*		*		*	*	*
LG（広東）	*		*	*	*		
楽華（広東）				*			
高路華（広東）			*				
創維（広東）	*				*	*	*
康佳（広東）	*		*		*	*	*
三洋（広東）							
彩華（広東）							*

出所：筆者作成.

　JL市HRビール有限公司は地域内市場での独占的地域を守るために，2, 3年前から，市政府に要請して，域内市場の保護を求めたが，大きな効果はなかった．例えば，1998年3月15日，中国の「消費者の日」の前に，JL市全域から「金士百ビール」の不良品を集めて，「消費者保護」を主題とする生放送の特別番組で，中傷宣伝を行う計画を立てていた．しかし，金士百ビー

第7章　国内における市場統合の現状

売状況（2000年8-9月）

天津			西安				JL市		
天津勧業場	天津市百貨大楼	天津華聯商厦	唐城百貨商場	前進商業大厦	西安百貨大厦	中滙百貨	JL市百貨大楼	東方商厦	交電大楼
*		*						*	*
*	*	*						*	
*		*				*		*	
*		*	*	*			*	*	
*							*		
*									
									*
*		*	*				*	*	
*		*	*	*		*	*	*	*
*		*					*	*	*
*	*	*	*	*		*	*	*	*
*	*	*	*		*		*	*	
*		*	*	*	*	*	*	*	*
						*			
*		*	*		*	*		*	
			*			*			
		*							
*			*	*		*		*	*
*		*	*			*		*	*
*		*	*	*	*	*	*	*	*
							*		

ル有限公司は事前に情報を入手して，人を雇い，番組の始まる前に，不良品のサンプルを奪ったため，計画は実施できずに終わった．

　2000年の夏，HRビール有限公司は直接JL市長に市場保護を要請した．市長は要請に速やかに応じて，市の経済貿易委員会・物価管理局・工商行政管理局・経済偵察（警察）・交通管理局・食品工業局と技術監督局の7部門の

表 7-2b　冷蔵庫の販

ブランド名及び産地	北京				上海		
	西単百貨商場	当代商城	王府井百貨大楼	双安商場	上海第一百貨	上海華聯商厦	永楽電気古北店
雪花（北京）			＊				
上菱（上海）					＊	＊	＊
恵尓普（上海）	＊				＊		
シャープ（上海）	＊	＊				＊	＊
長嶺（陝西）	＊	＊	＊				
HAIER（山東）	＊	＊	＊	＊	＊	＊	＊
春蘭（江蘇）	＊				＊	＊	
松下（江蘇）	＊	＊			＊		＊
SAMSUNG（江蘇）	＊				＊	＊	＊
小天鵝（江蘇）	＊				＊		
新飛（河南）	＊		＊	＊		＊	＊
美菱（安徽）	＊		＊		＊		＊
栄事達（安徽）	＊		＊		＊	＊	＊
SIEMENS（安徽）	＊		＊			＊	＊
華日（浙江）							
伊莱克斯（湖南）	＊		＊	＊	＊	＊	＊
TCL（広東）	＊						
科龍（広東）	＊		＊		＊		
LG（広東）					＊		＊
容声（広東）	＊		＊	＊	＊		＊

出所：筆者作成．

責任者を集めて，「金士百ビール」をJL市市場から締め出す命令を下した．市長が要請を受けた公的な理由になっているのは，HRビール有限公司が毎年JL市に8,000万元の利潤と税金を上納していることであるが，市長の外国訪問の費用の一部をHR社が負担しているという説もある．

具体的な保護措置として，JL市政府はまず以上の7部門から人員を派遣してもらい，臨時組織を作った．この組織の任務は2つある．第1に，JL市外から市場に入る4つの料金徴収所[9]で「関門」を設置し，24時間監視して，JL市内に入るすべての「金士百ビール」を検査し，押収する．第2に，JL市内の金士百ビール有限公司の代理店（卸売り）10社を検査して，問題があれば厳しく処罰する．ただし，以上の行動に伴う諸費用（残業手当・食費

第7章　国内における市場統合の現状

売状況（2000年8-9月）

天津			西安				JL市		
天津勧業場	天津市百貨大楼	天津華聯商厦	唐城百貨商場	前進商業大厦	西安百貨大厦	中滙百貨	JL市百貨大楼	東方商厦	交電大楼
*									
						*		*	
*		*	*	*	*	*	*	*	*
*	*	*	*		*	*	*	*	*
*									
	*	*				*			
*						*			
*	*	*	*		*	*	*	*	*
*	*	*	*		*	*	*	*	*
*		*	*			*	*	*	
	*	*					*	*	
*	*	*	*			*	*	*	
*				*			*		
*		*			*	*	*		
	*	*	*	*	*	*	*	*	*

など）はすべてHRビール有限会社が負担するという仕組みである．

　8月8日朝から「関門」の設置が始まり，その日の夜，「金士百ビール」1,200ケース（中瓶24瓶／ケース）を押収した．法的な規定によると，政府部門は企業の商品を押収する際に，押収商品の名称・数量・生産者・所有者・押収の理由・押収責任者などが記された「没収清単」・「押収清単」を企業側に提出しなければならないのだが，今回は以上の関連書類を金士百ビール有限公司に渡していない．その理由は以下の2つにある．

　第1，「関門」の設置や「金士百ビール」の押収は法的な根拠がないというよりも，むしろ国家の法律と中央政府の市場統合の政策が矛盾していると言える．この場合，出した書類は後に企業側の証拠となり，関連書類を出し

表 7-2c　洗濯機の販

ブランド名及び産地	北京				上海		
	西単百貨商場	当代商城	王府井百貨大楼	双安商場	上海第一百貨	上海華聯商厦	永楽電気古北店
恵尓普（上海）	＊				＊	＊	＊
日立（上海）					＊	＊	
水仙（上海）							
新天洋（天津）							
HAIER（山東）	＊		＊		＊	＊	＊
小鴨（山東）	＊		＊			＊	＊
小天鵝（江蘇）	＊		＊		＊	＊	＊
春蘭（江蘇）	＊				＊	＊	
SAMSUNG（江蘇）	＊				＊	＊	
愛月（浙江）							
松下（浙江）	＊				＊	＊	＊
三洋（安徽）	＊		＊			＊	
美菱（安徽）					＊		
栄事達（安徽）	＊		＊				＊
SIEMENS（安徽）	＊		＊		＊	＊	＊
海棠（山西）	＊		＊				
伊莱克斯（湖南）					＊	＊	＊
金羚（広東）	＊		＊				
LG（広東）					＊	＊	＊
康佳（広東）							
威力（広東）			＊				
TCL（広東）							
シャープ					＊	＊	＊

出所：筆者作成．

た人や所属する部門などは法的な責任を問われる危険性がある．

　第2，計画の参加者の所属する各政府部門は金士百ビール有限公司と様々な人脈関係を持っている．金士百ビール有限公司はJL市市場を獲得するために，価格競争・非価格競争を行うだけではなく，JL市政府の各経済管理部門を訪れたり，「賛助費」[10]（献金）を提供したりして，政府部門との人脈関係作りに尽力している．例えば，JL市技術監督局の関係者の話によると，市内4区の技術監督局は金士百ビール有限公司から3-5千元の「賛助費」を受けており，工業行政管理・物価管理・食品工業局などの部門はこれ以上の

売状況（2000 年 8-9 月）

天津			西安				JL市		
天津勧業場	天津市百貨大楼	天津華聯商厦	唐城百貨商場	前進商業大厦	西安百貨大厦	中滙百貨	JL市百貨大楼	東方商厦	交電大楼
*									
*			*			*			
*		*		*					
*	*	*	*		*	*	*	*	
*	*	*	*	*		*	*	*	*
*		*	*	*		*	*		**
						*			
									*
*		*	*			*	*	*	
*	*				*	*	*	*	
			*		*	*			
*		*	*	*	*	*		*	*
*		*	*			*		*	
*			*			*			
*		*	*			*			
					*	*	*		
*			*			*			
			*						
*		*				*			*
**				*					**
						*			

「賛助費」を受け取っているとのことである．このような政府部門への「賛助費」や人脈作りの目的は，JL市政府の「保護」を求めることである．そして，この「保護」には2つの意味が含まれている．

　第1，企業自身の力で解決できない事故や事件・トラブルが発生したとき，JL市政府の経済管理部門の力を借りて，解決してもらう．

　第2，HRビール有限公司がJL市政府の保護を求めたとき，各政府部門に自分達の味方・代弁者として，市場保護に反対する立場をとってもらう．

　中国の法律として，政府への「賛助費」は一種の賄賂として見なされ，全

面的に禁止されている．しかし，金士百ビール有限公司の立場から見ると，政府部門への「賛助費」や政府部門との人脈作りは，一種の保険であり，JL市HRビール有限公司と比較的平等に競争できる環境作りのための投資でもある．

　JL市の各政府部門がこのような「賛助費」を受けているということは，金士百ビール有限公司の保護者になることを意味し，見返りとして，金士百ビール有限公司からなにか要請があると，企業に有利な役割を果たさなければならないのである．

　今回の市場保護はJL市長からの命令であるため，各政府部門は対抗できず，命令通りに行動するしかない．しかし，命令自身の違法性や，金士百ビール有限公司との関係を考えると，積極的に市場保護に参加したり，重要な役割を果たしたりすることは得策ではない．そのため，「没収清単」・「押収清単」など関連種類を提供できるJL市の技術監督局・物価管理局・工商行政管理部門・食品工業局のスタッフは互いに責任を逃れ，関連書類も出せずに，「金士百ビール」を押収したのである．関連書類のないまま企業の製品を押収するやり方は法律違反であり，この市場保護行動の違法性をさらに強めている．

　JL市政府の市場保護の第2のステップとして，8月8日の昼間からJL市政府の関連部門は「金士百ビール」の代理店10社を徹底的に検査した．しかし，大した問題もなく，結局は代理店を処罰することもできずに終わった．

　他方，一連の行動に対して，金士百ビール有限公司も黙っていなかった．翌日（8月9日）の朝，当社はJL市のマフィアを雇い，臨時倉庫としてビールを保存しているJL市の第11中学に殺到して，押収されたビールを奪い返し，各代理店に納品した．同時に，当社は吉林省政府部門との人脈関係を利用して，JL市政府に金士百ビール有限公司に対する差別を撤廃するように圧力をかけたのである．これでJL市長が決断したビール市場の保護活動は，たったの1日で幕を閉じたのであった．

　アルコール飲料の市場分断はJL市だけではなく，類似的な現象は，中国

の各地で存在している．ビール市場の例でいうと，同じ東北地方の遼寧省瀋陽市の「雪花ビール」は同省内の丹東市に入るたびに，途中で丹東市のビールメーカーに雇われたマフィアに奪われるのだが，丹東市の政府や警察は座視して，事実上支持しているとも言われている．また，JL市の「HRビール」もJL市所轄の周囲県では地方保護主義の被害を受けているのである．

さらに，東北地方のアルコール市場の分断は今年（2000年）から始まったことではなく，90年代半ば以降にもたびたび発生している．同じJL市の「白酒」市場を例にとると，1997年にJL市は地域外の「白酒」を限定して，「銷前報験」制度を実施した．その内容は，地域外の「白酒」をJL市場で販売する際，JL市の技術監督局の品質検査を受けなければならない．また，この検査は1回限りのことではなく，入荷するたびに行うものである．代理店（卸売屋）は，入荷するたびに技術監督局の検査を申請しなければならず，検査を受けなかった地域外の「白酒」を販売する店は厳しく処罰するというものである．

このような検査の費用は300-400元／回で，代理店が負担する．検査の所要時間はおよそ3日から1週間もかかる．もし，検査の結果が合格だったら販売できるが，不合格だったら，さらに罰金されるのである．

JL市の「銷前報験」制度は少なくとも3つの面から「中華人民共和国産品質量法」[11]（「中華人民共和国品質保障法」，以下は「品質法」と略す）と矛盾している．

(1) 「品質法」の「第2章　製品品質の監督管理」の第10条では，「重複検査を防がなければならない」と明記しているが，JL市の「銷前報験」制度では，「入荷するたびに検査を受ける」ものであり，重複検査になっている．

(2) 「品質法」の第10条は，「企業側から検査の費用を徴収してはならない」と明記しているにもかかわらず，JL市は企業側から300-400元／回の検査費用を徴収している．

(3) 「品質法」の「第5章罰則」の第37条では，「国家の品質基準を達成で

きない商品は販売してはならない」と規定しており，販売の前であればまだ消費者に被害を与えていないため，品質に問題があっても販売停止の処分だけで，罰金を受ける理由はないのだが，JL市の規定では，罰金となっている．

「銷前報験」制度のような「土政策」（地方政府が中央政府の政策意図や法律を反して作った政策・制度）は国家の法律と矛盾しているにもかかわらず，JL市政府は公然として公布し，実施していた．しかし，この制度は半年しか実施できず，その後技術監督局が弱気となり，「銷前報験」制度は自然に消滅している．

以上は筆者の調査内容の一部を紹介した．調査の結果を見る限り，2つの結論を導き出すことができる．

第1，市場経済の目標が確定してから，国内市場統合は確実に進行している．経済成長率を見ると，今日の中国は1990年前後より高いが，失業率で言うと，すでに90年代初めを遥かに超えているにもかかわらず，90年代初めに市場分断がかなり深刻化していた家電製品や日用化学製品の市場では分断が発生しなかった．また，JL市アルコール市場の分断も，大きく機能できず，かなり短い期間に消滅した．

第2，市場分断は根絶されていない．産業・地域・時期によってまだ広く存在している．第4章で紹介した乗用車市場の分断の例や，JL市ビール市場の保護などはその典型である．

しかし，今日の市場分断は，90年代初めまでの市場分断と異なり，その目的や本質が変わりつつある．したがって，加藤[12]によって使用された「残存」の言葉だけでは，その現状を纏めることはできない．90年代初めまで，地方政府と企業の癒着関係が存在したとは言え，市場分断の主要な目的は地域経済の保護であった．当時，地方の国有企業が保護の主な対象になっていたのはその証拠である．

最近の市場保護の例を見ると，企業は非価格競争の手段の1つとして地方政府を利用するものが増えている．地方政府と企業の癒着関係がますます進

み，企業は地方政府の管理部門や主要幹部に対して献金・賄賂を行い，これを一種の「投資」と考えている．その代わりに，地方政府や主要幹部は，一部の企業の市場を保護している．すなわち，政府の幹部は，企業から利益を享受し，その見返りとして，自分の権限を利用し，企業に便宜を図っているのである．これはいわゆる「銭権交易」（金銭と政府の権力の取引）で，中国の社会に蔓延している腐敗現象の1つになっている．

90年代初めまでの市場分断は地域内の利益を守るためであったが，企業からの圧力を受けており，受動的な要素が含まれていた．しかし，今日の市場分断は，地方の利益よりも政府部門の「私的」利益（企業の「賛助費」）などを目的としているケースが増えている．保護の対象は多様化し，国有企業だけではなく，外資企業や郷鎮企業ないし私的企業も保護の対象になっている．したがって，企業と地方政府の癒着関係が存在する限り，市場分断は長期化する可能性が存在するのである．

以上の結論を踏まえて，中国の国内市場統合はなぜ進みつつあるのかを考えてみよう．以下では市場分断に影響する幾つかの要素の新しい変化から市場統合の促進要因を分析してみたい．

2. 国内市場統合を促進したマクロ的要因：「分税制」の導入と中央・地方政府間経済関係の変化

80年代末から財政請負制の限界はすでに認識されており，地域経済のダイナミズムを生かしながら，偏狭な地域主義を排除し，中央財政を強化するために，94年から「分税制」[13]が導入され始めた．

「分税制」（表7-3）は主に2つの内容から成り立っている．

第1，課税を国税と地方税に大別し，それに加えて国と地方の共通税を設けて，国と地方の双方に按分する．

第2，国税局と地方税局に分けて，個別的に税を徴収する．

「分税制」の狙いは地方活力を阻害せずに，財政集権化を回復することに

表 7-3 「分税制」における中央と地方の財政収入と支出

	中央	地方	共同
財政収入	・関税 ・関税代理徴収消費税・付加価値税 ・消費税 ・所得税（国有企業・地方銀行・外国銀行・金融関係企業） ・営業税（鉄道・銀行本社・保険会社の本社） ・都市整備税（鉄道・銀行・保険会社の本社） ・利潤（国有企業・及び鉄道・銀行・保険会社の本社）	・営業税（鉄道・銀行・保険会社の本社を除く） ・所得税（地方企業と個人・ただし，地方銀行等金融係を除く） ・都市整備税（全ての企業と事務所） ・土地税（土地使用税と土地増値税を含む） ・農業税（農牧業税・農業土地税を含む） ・住宅税（住宅の所有者） ・利潤（地方所有企業） ・その他（固定資産投資方向調整税・印税）・遺産税・資源開発税・耕地占用税・契約税・飲食税など） ・レンタル収入（国有土地の賃貸収入）	・増値税 　中央75％ 　地方25％ ・資源税 　海洋石油資源税は中央が所有．その他の資源税は全部地方が所有する． ・証券交易税 　中央50％ 　地方50％
財政支出	・国家レベルのインフラ整備 ・国防・警察 ・国家事業 ・中央の行政事務 ・科学技術投資等の国家投資 ・国際支援 ・国内外借款の返済 ・その他	・地方レベルのインフラ整備 ・地方の行政管理 ・福祉などの各種事業 ・地方企業の生産技術改造支援 ・都市管理 ・農業支援 ・物価補助 ・その他	・共同開発プロジェクト ・中央補助プロジェクト ・その他

出所：坂野達郎他（1998）9頁．

あり，その帰結は，中央・地方間の財政関係の再編である．「分税制」の重要な中身の1つは，従来の流通税を増値税（付加価値税）に再編して，国税局によって徴収したあと，その一部（25％）を地方政府に交付することである．また，従来の地方が徴収していた消費税を国税にした．

国税及び国税系統の独立によって，国家の財政収入を確保し，他方，地方政府は，徴税コストの高い所得税などから新しい財源を見出さざるを得な

った．「増値税や消費税の導入による属地的富の国税化と相まって，地方財政及び地場企業の間の相互依存関係はその分，希薄化することになった」[14]．

「分税制」の実施から今日に至るまで6年間近くが経っており，その効果も顕在化し始めている．胡の研究によると，「分税制」の効果は主に4つの面に現れている[15]．

第1，財政請負制の下で形成された多様な財政システムを統一させ，地域間の財政分配関係は統一した．

第2，国家財政収入に占める中央収入のシェアは拡大した．

第3，中央政府と地方政府間の個別交渉関係（バーゲン）を廃止し，中央財政に対する地方財政の依存度を高めて，中央政府のマクロ経済のコントロール能力が強めさせた．

第4，地方の産業構造の調整が促進され，地域間における産業構造の同質性問題の解決に一定の役割を果たしている．

「分税制」の実施により，中央政府と地方政府の経済関係は変化した．税務行政の集権化が強化される方向へと進み，地方政府の中央政府に対する依存関係が強化された．地方政府と企業の相互依存関係は希薄化し，地方政府の勝手な減税政策も禁止された．また，消費税は中央政府の財政収入となり，地方政府がタバコやアルコール飲料など消費税の高い産業分野に対する投資のインセンティブが弱まり，地域間の産業構造同質化問題の解決にも一定の役割を果たした．「分税制」の実施に伴い，中国市場分断のマクロ的要因は一定改善したと言える．

ただし，市場分断に影響するマクロ的要因を「分税制」だけでは，すべて解消することはできない．地方国有企業の所得税（法人税）は依然として地方政府の財政収入となり，地方財政収入の地方国有企業への依存関係には大きな改善はなかった．

また，「分税制」の狙いは中央と地方との財政関係の是正であることから，地方政府の抵抗を弱めるために，中央政府は多くの重要な譲歩を行っている．

第1に，中央政府はすべての地方政府に1993年の税収を下回らないこと

を約束した．

　第2に，1992年の各地域の財政収入を基数とする中央政府の原案を放棄し，1993年の地方財政収入を基数とする地方政府の要請を受け入れた．そのため，各地方政府は急いで1993年の財政収入を修正して，拡大させた[16]．

　第3に，1994年から2年間の移行期間を設定し，中央―地方の間でこれまで実行されていた税の配分制度は変えないものとした．

　第4に，中央政府のシェアが60％に達したとき，少なくともその1/3を地域間の格差是正の財源調整基金として使用することを決定した．

　いわば，今日までに実行された「分税制」は，従来の体制の下で形成された地方の既得権益を温存した過渡的制度に過ぎない．

3. 市場統合を促進したミクロ的要因：国有企業と地方政府の関係の変化

(1) 国有企業の地盤沈下

　80年代半ば以後，国有企業の地位が低下し始めている．国有企業の地盤沈下は主に，非国有企業の急成長と国有企業の経営不振によるものである．

　①非国有セクターの急成長

　1980年代から，郷鎮企業・個人経営企業・私営企業・外資系企業などいわゆる非国有セクターが急速に成長してきた．図7-1で表しているように，1978年から1997年まで，国有企業の年平均成長率は7.85％に対して，集団所有企業は19.34％，私有企業は60.00％，外資系企業を含む「その他」は47.44％に達している．80年代以来の中国の高度成長を牽引したのは，国有企業ではなく，集権的計画経済の枠の外に群生した郷鎮企業であり，外資系企業であった[17]．

　このような所有セクター別の発展テンポの相違は地方経済発展の格差にも直接的に反映している．地域間における経済発展の相違は外資系企業と郷鎮企業の発展の相違によるものであり，外資系企業と郷鎮企業が発達している地域ほど経済成長率も高い[18]．

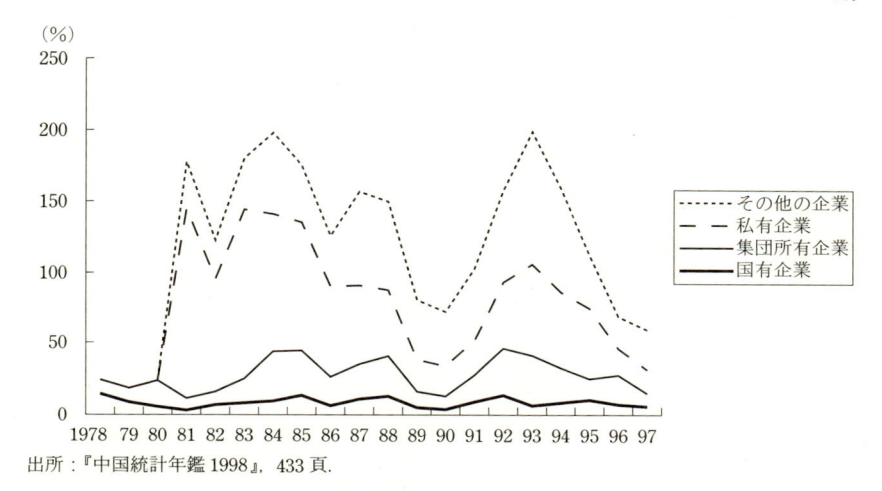

出所:『中国統計年鑑1998』,433頁.

図7-1　工業総生産の所有セクター別の年成長率

②国有企業の赤字経営と地方政府の財政補填

　非国有セクターの急成長と対照的に，国有企業の経営不振は深刻化する一方である．表7-4で示しているように，国有企業の欠損額は80年代末から急速に上昇し，1988年から97年までの10年間，欠損額は10倍以上に膨らんできた．1996年から国有企業の欠損額は利潤総額を上回り，トータルで見ると，国有企業全体は赤字になっている．中国国家統計局のアンケート調査によると，1997年には14,923社の大中型国有企業のうち，赤字企業は6,042社であり，全体の40.5％を占めていた[19]．

　地方政府は地方国有企業の所有者として，赤字企業に対して補助する義務を負っているため，企業経営の悪化は直ちに地方政府の財政を圧迫する．

　表7-4を見ると，90年代初め以降，国有企業の赤字は増大しているが，補助金はかえって減少しているため，政府の負担額は軽減しているように見える．しかし，その背景では，政府が財政収入不足の状態に陥り，国有企業に資金供給が難しくなったため，銀行システムを通じて補助金を支給し始めていたのである．すなわち，それまでの国家と地方の予算からの直接的な補

表 7-4　国有企業赤字額と利潤額

（単位：億元）

年次	欠損総額（A）	総利潤（B）	（B）−（A）	利潤と税金総額	補助金
1978	42.06	508.80	466.74	790.70	n.a.
1979	36.38	562.80	524.42	864.40	n.a.
1980	34.30	585.40	551.10	907.10	n.a.
1981	45.96	579.70	533.74	923.30	n.a.
1982	47.57	597.70	550.13	972.20	n.a.
1983	32.11	640.90	608.79	1,032.80	n.a.
1984	26.61	706.20	679.59	1,152.80	n.a.
1985	32.44	738.20	705.76	1,334.10	n.a.
1986	54.49	689.90	635.41	1,341.40	324.78
1987	61.04	787.00	725.96	1,514.10	376.43
1988	81.92	891.90	809.98	1,774.90	446.46
1989	180.19	743.01	553.82	1,773.14	599.76
1990	348.76	388.11	39.35	1,503.14	578.88
1991	367.00	402.17	35.17	1,661.15	510.24
1992	369.27	535.10	165.83	1,944.12	444.96
1993	452.64	817.26	364.62	2,454.70	411.29
1994	482.59	829.01	346.42	2,876.25	366.22
1995	639.57	665.60	26.03	2,874.20	327.77
1996	790.68	412.65	−378.03	2,737.13	337.40
1997	830.85	427.83	−486.85	2,907.22	368.49

出所：『中国統計年鑑』各年版より作成．

助金は，国有銀行からの間接的なソフト・ローン（政策融資）にとって代わられたのである．その結果，国有企業に対する銀行の融資額は急速に増大して，そのうち，かなりの部分が回収不可能の不良債権になっている．90年代半ば以降，「国有企業に対する銀行融資はますます稀にしか返済されず，返済の代わりに毎年借り換える運転資金融資の形態を取るようになった」[20]．国有銀行の不良債権はすでに国内の金融危機を引き起こす限度までに達しており，新たな融資規模の増大も不可能になっているのである．

　地方政府が国有企業を創立する重要な目的の1つは，利潤と税収の期待であるが，半数近い国有企業が赤字経営になっている今日，経済利益は期待できないどころか，国有企業の存在さえも大きな負担となっている．

　赤字企業が政府の負担となっている一方，黒字の国有企業による財政上納

第7章　国内における市場統合の現状

の責任を軽視する傾向も強まっている．その結果，地方政府から見ると，国有企業から得られる経済利益と国有企業の経営に伴うリスクの間にはアンバランスな関係が生じており[21]，国有企業を抱えるインセンティブを失いつつある．

③国有企業の地盤沈下

国有企業の経営不振と非国有セクターの急速成長が同時に進行した結果，国有企業の地盤沈下が発生した．国有企業の地位低下の状態は表7-5，表7-6と表7-7の数字から見ることができる．

まず，工業生産総額の所有セクター別構成（表7-5）を見ると，1997年は，1965年（ピークの年）と比べて国有企業のシェアは約1/4までに低下し，建国初期よりも低い水準までに落ちている．対照的に，郷鎮企業を含む集団経営企業のシェアの上昇傾向は続いており，70年代末の時点ではほぼゼロになっていた私有企業・外資系企業を含む「その他の企業」も改革以降急速に成長し，その勢いは今日までも続いている．工業生産総額から見ると，国有企業

表7-5　工業生産総額の所有セクター別構成

（単位：％）

年次	国有企業	集団所有企業*	私有企業	その他
1949	26.2	0.5	71.7	1.6
1952	41.5	3.3	51.2	4.0
1957	53.8	19.0	0.9	26.3
1965	90.1	9.9	0.0	0.0
1970	88.9	11.1	0.0	0.0
1978	80.8	19.2	0.0	0.0
1979	81.0	19.0	0.0	0.0
1980	78.7	20.7	0.0	0.6
1981	78.3	21.0	0.0	0.6
1982	77.8	21.4	0.1	0.7
1983	77.0	22.0	0.1	0.9
1984	73.6	25.0	0.2	1.2
1985	64.9	32.1	1.9	1.2
1986	62.3	33.5	2.8	1.5
1987	59.7	34.6	3.6	2.0
1988	56.8	36.1	4.3	2.7
1989	56.1	35.7	4.8	3.4
1990	54.6	35.6	5.4	4.4
1991	56.2	33.0	4.8	6.0
1992	51.5	35.1	5.8	7.0
1993	47.0	34.0	8.0	11.0
1994	37.3	37.7	10.1	14.8
1995	34.0	36.6	12.9	16.6
1996	28.5	39.4	15.5	16.6
1997	25.5	38.1	17.9	18.4

出所：『中国統計年鑑』各年版より作成．
＊：1994年まで，郷鎮企業の総生産額は農業総生産の中に統計されたが，1995年から工業生産総額として統計されたため，集団所有企業のシェアは拡大された．

の主導地位は完全に逆転されたと言える.

次に,雇用の所有セクター別構成(表7-6)を見ると,70年代末から今日まで都市部における国有企業の雇用シェアは減少する一方である.集団所有企業の雇用は80年代半ばまで増加したが,それ以降は国有企業と同様に低減している.一方,私有企業と外資系企業を含む「その他の企業」の雇用は拡大しつつあり,私有企業の雇用数は集団経営企業とほぼ同じレベルに達した.

表7-6 雇用の所有セクター別構成*

(単位:％)

年次	国有**	集団所有	私有	その他
1978	78.3	21.5	0.2	0.0
1979	76.9	22.7	0.3	0.0
1980	76.2	23.0	0.6	0.0
1981	75.7	23.2	0.8	0.0
1982	75.5	23.2	1.3	0.0
1983	74.7	23.4	2.0	0.0
1984	70.6	26.3	2.8	0.3
1985	70.2 (45.4)	26.0 (52.1)	3.5 (2.3)	0.3 (0.2)
1986	70.2 (44.0)	25.7 (53.5)	3.6 (2.3)	0.4 (0.3)
1987	70.5 (42.7)	25.5 (54.4)	4.2 (2.5)	0.5 (0.3)
1988	70.0 (41.9)	24.7 (54.9)	4.6 (2.8)	0.7 (0.4)
1989	70.2 (42.5)	24.3 (54.2)	4.5 (2.7)	0.9 (0.5)
1990	62.3 (37.6)	21.4 (46.6)	4.0 (8.3)	1.0 (0.6)
1991	62.8 (37.7)	21.4 (46.7)	4.5 (8.8)	1.1 (0.8)
1992	63.2 (36.6)	21.0 (46.9)	4.9 (9.1)	1.6 (0.9)
1993	62.1 (34.0)	19.3 (49.0)	6.3 (10.3)	2.9 (1.7)
1994	60.9 (33.7)	17.8 (46.0)	8.5 (13.3)	4.1 (2.3)
1995	58.7 (31.7)	16.4 (45.1)	10.7 (15.7)	4.7 (2.5)
1996	56.7 (30.2)	15.2 (44.4)	11.8 (16.6)	4.8 (2.6)
1997	54.7 (33.0)	14.3 (36.1)	13.2 (20.3)	5.5 (3.3)

出所:『中国統計年鑑』各年版より作成.
  *:雇用の所有セクター別構成は都市部(城鎮)の雇用状態を表している.括弧の中のデータは非農業分野における雇用シェアである.すなわち,城鎮の雇用総数と農村の郷鎮企業,私営企業,個人経営企業の雇用数の合計を分母とする.なお,各セクターの合計は100％になっていない場合もある.
 **:国有セクターには国有企業などの経営部門と,政府機関,人民団体,事業部門などの非経営部門が含まれる.1997年のデータを見ると,非営業部門の雇用人数は全体の19.8％を占めている.

雇用を見る限り，その変動は生産額とほぼ同じ方向になっているが，国有企業の雇用シェアの低下は生産額の低下よりテンポが遅い．しかし，もし農村部の非農業分野の雇用変化（郷鎮企業，私有企業を含む）も加えて考えれば，括弧の中の数字で示しているように，国有企業の雇用はすでに1/3以下までに落ちているのである．

最後に，国家財政収入のセクター別構成（表7-7）を見ると，国有企業のシェアは緩やかに減少しているとはいえ，依然として7割以上を占めている．国家財政の国有企業への依存は依然として変わっていないということができる．この問題が生じたのは，国有企業の経営内容が容易に把握できるという側面以外に，地方政府に設立された国有企業の多くは税負担の高い産業分野に集中していることも原因の1つと言われている[22]．

以上の分析を纏めてみると，改革以降非国有セクターの急成長と国有企業の地盤沈下は同時に進行し，経済発展から見ても，雇用から見ても，国有企業の役割は非国有セクターにかなり代替されている．このような変化に伴い，地方政府の視線は国有企業から非国有セクターに移りつつある．また，財政収入は未だ国有企業に大きく依存しているとはいえ，国有企業の上納の能力はすでに限界に達しており，財政収入の拡大は非国有セクターに寄与する

表7-7 国家財政収入の所有セクター別構成

(単位：%)

年次	国有	集団所有	私有	その他
1960	92.0	7.6	0.4	0.0
1965	86.1	12.8	1.1	0.0
1970	87.9	11.7	0.5	0.0
1975	86.1	13.4	0.5	0.0
1980	85.4	14.0	0.6	0.0
1981	84.4	14.7	0.9	0.0
1982	81.6	15.1	3.3	0.0
1983	80.1	16.1	3.0	0.9
1984	78.9	17.2	2.8	1.1
1985	77.6	19.7	1.8	0.9
1986	78.3	17.4	2.4	1.9
1987	73.7	18.7	4.4	3.2
1988	71.6	19.7	5.8	0.3
1989	70.4	19.7	5.5	4.4
1990	71.3	18.6	4.7	5.4
1991	71.3	17.4	5.6	5.7
1992	71.3	17.1	5.7	5.9
1993	71.6	17.3	5.5	5.6
1994	71.4	17.3	5.6	5.7
1995	71.1	17.2	6.1	5.5

出所：『中国統計年鑑』各年版より作成．

しかない．したがって，地方政府から見ると，国有企業，特に経営状況が悪化している企業はすでに大きな負担になっており，国有企業からの大量失業者は非国有セクターによって吸収するほかない．地方経済の発展は非国有企業に依存する時代が到来していると考えられる．大量の時間と精力をかけて国有企業の面倒を見るよりも，多様な所有形態からなる混合経済に対するマクロ的管理へ転換した方が効率がよいと考える地方政府が増えているのである[23]．

(2) 国有企業の脱政府化・脱地域化

1992年10月以後，中国は社会主義市場経済の目標を掲げ，市場化改革が大きく推進された．その中でも国有企業の活性化は中心的な課題として取り上げられ，これを巡って，様々な改革が行われた．

①社会保障制度の充実

社会保障制度の充実は国有企業改革の重要な外部条件として，その必要性は1984年頃からすでに認識され始めていた．国有企業が抱えていた老齢保障・医療保険・労災保険などの保障機能を社会化させ，社会保障制度を導入する目標が確立された．90年代に入ると，従来の資金負担における国家の丸抱え状態から，国家・企業・個人の共同負担の目標が決められた．その後，国有企業の経営不振の深刻化と国有企業改革の加速化によって，失業保険の確立と充実も急務となった．

まず，養老保険の加入状況を見ると，表7-8で示しているように，国有企業の半分以上の従業員はすでに社会保険に入っている．また，1997年6月末に全国11省・自治区・直轄市のカバー率はすでに80％に達したとも言われている[24]．

次に，医療保険制度の充実を見ると，医療費支出の個人負担制の導入，重病医療の社会統合の実施を中心に展開されており，1991年頃には，8割の国有企業が個人負担を実施している[25]．

最後に，失業保険の制度の導入も90年代以降一気に加速した．1995年の

表7-8 全国企業所有別年金社会プール化状況（1995）

(単位：万人，％)

国有企業			都市集団企業			その他		
従業員数	加入者数	カバー率*	従業員数	加入者数	カバー率	従業員数	加入者数	カバー率
11,260	5,731	51	3,147	1,370	44	894	237	27

出所：張紀潯（1997）17頁．
＊：カバー率＝加入者数／従業員総数．

　幾つかの地方の加入状況から見ると，約1/3の企業は加入していることになる．

　社会保障制度の改革は，国有企業の負担を軽減し，非国有セクターと平等に競争できる環境を形成し始めただけではなく，国有企業の倒産や経営不振の社会と地方政府に対する影響・衝撃をも弱めた．

②現代企業制度と株式会社制度の導入：国有企業の脱政府化

　国有企業を見ると，1978年から活性化を目的とする改革はすでにスタートし，92年から加速され，「現代企業制度」を目指して，法人企業（株式会社）制度を全面的に導入し始めている．その狙いとしては，政府の行政介入を排除し，国有企業に意思決定の権限を与えて，政府と企業の関係を是正しようというものである．

　中国企業家調査系統が1995年に2,756社（うち，国有企業74.3％，集団企業12.9％，外資系企業7.4％，私営企業など5.4％）の企業を対象に行った調査の結果を見ると，国有企業の経営者は依然として政府に任免されているケースが多い（1993年92.2％，94年86.0％，97年71.3％）が，意思決定に関する主な権限はすでに国有企業に与えているということが判明した．具体的なデータは表7-9で示している通りである．

　表から見ると，輸出入権，資産処分と連合経営・合併権，割当負担（「攤派」）の拒否権を除き，それ以外の意思決定権はほとんどの国有企業がすでに獲得している．自主権の獲得率の低い4項目を見ても，輸出入権は中国の対外貿易のシステムと深く関連しており，これは中央政府の規制によるもの

であり，地方政府自身の問題ではない．また，投資決定権，資産処分権，連合経営・合併権は経営側の権限と言うよりも，所有者の権限の重要な内容になるため，所有者の代表と言える政府が大きな権限を持つことは一定の理論的根拠があると思われる．割当拒否権は最も低い項目になっているが，この項目は最も指標化し難い項目でもあり，数字が低いことで，国有企業が依然として割当負担を背負っているという事実を説明できるとしても，企業が拒否権を持っていないということは十分に説明できないと思われる．

次に，中央企業と省・市所属国有企業及び県所属国有企業とを比べると，県所属企業の輸出入権を除き，他の指標はすべて地方国有企業（省市所属企業と県所属企業）の方が高い．すなわち，地方国有企業は多くの経営権を獲得しているということが言える．

さらに，地方国有企業と非国有企業（その他）とを比較すると，生産経営決定権を主とする前5項目においては，国有企業の自主権が大きいと言う結果になっている．残りの9項目は非国有企業のほうが高いが，この9項目を

表7-9 国有企業における14項目の経営自主権の実施状況

(単位：％)

自主権項目	1993年 全体状況	1994年 全体状況	中央企業	省市所属企業	県所属企業	その他
生産経営決定権	88.7	94.0	84.2	95.4	97.2	93.3
製品価格決定権	75.9	73.6	54.5	75.0	81.4	81.8
製品販売権	88.5	90.5	76.2	92.4	94.8	92.7
原材料購入権	90.9	95.0	88.4	96.4	95.9	95.6
輸出入権	15.3	25.8	21.7	28.0	19.6	14.9
投資決定権	38.9	61.2	44.8	61.4	69.5	70.1
留保利潤支配権	63.7	73.8	65.8	76.4	71.5	79.6
資産処分権	29.4	46.6	32.1	46.9	52.4	59.9
連合経営合併権	23.3	39.7	29.2	40.4	41.2	53.3
労働雇用権	43.5	61.0	46.2	59.7	71.6	75.9
人事管理権	53.7	73.3	72.2	72.2	75.5	80.3
賃金奨励金分配権	70.2	86.0	81.6	86.5	88.0	85.4
内部機構設置権	79.3	90.5	86.1	90.0	94.0	94.2
割当負担拒否権	7.0	10.3	5.9	8.4	16.0	19.9

出所：許海珠（1999）149頁．

見ても，地方国有企業と非国有企業との間には大きな差は存在していない．したがって，全体から見ると，国有企業の改革はすでに新しい段階に入っていると考えられる．国有企業はすでに一定の独立権限を持っており，政府の支配から独立しつつあるということが言えるのである．

③企業組織の変化：企業の集団化，吸収合併とリストラクチャリングの加速

国有企業の集団化は1980年代の半ばから始まり，1991年に登録された企業集団は2,600社に達し[26]，自動車，電子，機械，紡績など国民経済の中核分野に集中している．このような企業集団は大企業を中心に形成され，全国各地の企業が多数参加している．

吸収合併（M&A）も企業集団と同様に80年代の半ばからスタートして，90年代以降，全国範囲で急速に広がりつつある．1993年10月の統計では，それまでの1年間だけで2,900社が吸収合併されている[27]．90年代半ばまでの吸収合併は大手企業が経営不振の中小企業を合併するケースが多かったが，1997年以降，WTO加盟の準備として，大手企業同士の吸収合併が注目されてきた．特に，基幹産業としての自動車・石油化学・機械・電子・鉄鋼などの分野では企業の吸収合併が盛んに行われている．さらに，国有企業と外国企業の合併も増加し，吸収合併はブームとなっている．

国有企業の再編成によって，2つの変化がもたらされた．まず，企業の規模は拡大されて，企業の生産経営活動が特定の地域に集中する属地性が変わった．企業の規模が地域を越えることに伴い，ある特定の地方政府だけに依存する傾向が弱まった．

国有企業再編成のもう1つの結果は，生産の集中化が進み，地域間の産業構造の同質性が大きく変わったということである．家電産業の例を見ると，その変化が確認できる．

江は中国冷蔵庫産業の構造変化を研究し，冷蔵庫生産の集中化と産業構造の同質性の変化を実証している[28]．江の研究によると，1979-88年までの冷蔵庫産業は急速に成長しており，生産の実績をみると，1979年の2.7万台から1983年の18.58万台，さらに1988年の1,500万台まで急増した．メーカー

数でいうと，1979年は20社しかなかったものが，1988年になると100社を超えたとのことである[29]．

1989年以後，中国の冷蔵庫産業は新しい段階に入った．生産能力の半分以上が過剰し，競争が激しくなったのである．競争によってメーカーは分化し，そのうち，1/3のメーカーは続けて成長するが，1/3はぎりぎりで維持し，残りの1/3は赤字となり，退出を迫られた．それまでは新規参入が活発化していたが，生産能力の過剰によって新しい参入者はなくなり，その代わりに退出者が相次いで出てきた．1994年になると，メーカー数は70社にまで減少し，生産の集中化が実現したのである．

退出障壁の存在によって，冷蔵庫メーカーの数はそれほど減少していなかったが，数多くのメーカーが生産停止の状態で，実際の生産者は70社よりも遥かに少なかった．1993年に実際に販売していた冷蔵庫販売ブランド名は40しかなく，94年に入るとさらに10減って，30となった．

上位4社の生産集中度（CR_4）を見ると，1982年の74.5％から1985年の39.4％，1988年の29.0％と，生産の分散化は80年代の10年間に一貫して進行したが，1994年になると，37.3％となり，地域間の産業構造は同質性から異質性に変わり始めた．

また，丸川は1986年から1993年までの中国テレビ産業のハーフィンダール指数[30]を計算した．その結果を見ると，1989年以降，中国テレビ産業の集中化が進んでいるのが分かる．同研究によると，90年代以降の競争激化に伴って，テレビ企業は規模拡大している上位10数社と，脱落していく70-80社に両極分化しており[31]，さらに，新しい動向として以下の2つの傾向が出てきている．

第1，企業の合併や集団化の形成を進めている．上海では電子産業の売上総額の第1位，6位，5位を占める有力メーカーだった上海電子一廠，上海無線電四廠，上海無線電十八廠で組織した企業集団公司「上海広播電視（集団）公司」が設立された．北京では北京電視機廠に北京東風電視機廠が吸収され，北京牡丹電子集団公司が設立された．ブラウン管メーカーの彩虹電子

集団は，内モンゴル電視機廠，黄河機器製造廠，西安無線電一廠の経営権を譲り受け，テレビの生産を垂直統合した．

第2，弱小メーカーの中に有名ブランドのOEM (Original equipment manufacturing) 生産を行うことで生き残りを図るところも出ている[32]．中国の家電分野は競争が一段と激しくなるにつれ，産業の再編成が積極的に行われている．

90年代半ば以降，中国の経済成長は再び減速したにもかかわらず，少なくとも家電分野では国内市場統合が進んでいる．その中で，国有企業の活性化改革と，活性化を実現した大手国有企業の成長などは大きな役割を果たしている．すなわち，競争力のある国有企業は競争によって規模を拡大し，産業の再編成を促進していると言える．企業規模が大きくなるにつれ，必ず大市場を要求し，国内市場統合を要望するのである．

他方，産業構造の同質性が変わったことにより，地方政府が地域内市場を保護できる分野も少なくなった．例えば，吉林省JL市には，80年代にカラーテレビ，電気洗濯機，冷蔵庫のメーカーがあったが，1994-96年までの3年間で，この3メーカーは続けて倒産し，今日，JL市では家電産業がすでに存在していない．そのため，家電市場は完全に開放されている．

さらに，企業構造の変化は商業分野にも存在している．国有セクターの減少，非国有セクターの増大，競争の激化などによって，地方政府のコントロールはその効力を失いつつあると言える．

以上の変化に伴って，国有企業と地方政府の関係にも新しい動向が見えてきた．

第1，企業側を見ると，社会福祉の充実は国有企業の負担を大きく軽減させた．一部の国有企業は非価格競争の手段の1つとして地方政府を利用する傾向は変わらないが，国有企業は集団企業，私有企業，外資系企業と平等に競争できる環境が形成され，さらに，その上，地方政府に依存しなくても自立して生存できる条件が整いつつある．

第2，国有企業における現代企業制度の導入と株式会社化を中心とする企

業改革は，地方政府に対する国有企業の付属関係を変化させ，国有企業の脱政府化が大きく前進した．特に，国有企業の経営権限は法律によって守られ，企業と政府の関係も明確化された．国有企業は自ら地方政府の介入を拒否する能力を持つようになり，政府の機能転換も迫られた．

第3，企業の集団化と吸収合併によって国有企業の立地と経済活動がある特定の空間（地域）に集中する属地性という特徴が変わりつつある．企業の規模が拡大し，全国各地に事業所を持つようになると，ある特定の地域の政府との関係を弱めて，全国的な視野で戦略を考えるようになった．ある特定地域の市場保護は企業の市場を確保することが不可能になるだけではなく，かえって企業の経営コストを増加させるため，大手企業は全国統一市場の形成を切望している．

他方，地方政府側から見ると，社会保険制度・福祉制度が充実したことにより，国有企業倒産の社会的影響が弱まったため，国有企業からの圧力が減少した．また，企業規模が拡大するとともに，企業の利益も複雑になってきた．企業の利益が一地域を越えると，市場保護の利益は地方政府が独占できなくなり，市場保護のインセンティブも減少した．

第7章の分析を纏めると，1994年からの「分税制」の実施は中央政府と地方政府の関係を改善させ，マクロ的レベルから国内市場統合のために貢献した．90年代初めから，国有企業の負担を減少するために企業の社会保障機能を政府・社会に移転する社会保障制度改革が実施されている．これは問題解決への重要な一歩と言える．社会保険制度の充実によって，国有企業と地方政府の運命共同体的関係は解消され，地方政府にかけられていた市場保護の圧力を弱めた．また，現在進んでいる国有企業の株式会社化も，国有企業の経営の健全化や，企業と地方政府との癒着関係の分離に一定の役割を果たしている．

さらに，第6章で述べた「中華人民共和国反不当競争法」や「中華人民共和国立法法」を代表とする中央政府の市場統合政策・法律の実行は，国内市

場統合に大きな役割を果たしていると思われる．

　しかし，依然として市場分断は存在する．企業と地方政府の癒着関係が進み，市場分断が長期化する可能性が存在するのである．国内市場統合を促進するためのキーポイントはなにか，終章では市場分断のコストを分析するとともに，中国国内の市場統合の展望を検討し，市場統合の簡単なアプローチを指摘しておきたい．

1) 加藤弘之（1997）174-184頁．
2) 同上，173頁．
3) World Bank（1994）p. 36と加藤弘之（1997）180頁を参照されたい．
4) World Bank（1994）p. 199, Table A 2.6，中国国家統計局城市社会経済調査総隊編『中国物価年鑑 1988』，130頁を参照されたい．
5) 『中国物価年鑑 1988』，169, 200頁．
6) 黄磷（2000）．
7) i 地域の対外依存率 $t = 100 - \dfrac{i\text{地域の}t\text{年度のOD表の対角線要素}}{i\text{地域の}t\text{年度の到着総量あるいは発送総量}} \times 100$

$$\text{OD表} = \underset{\text{発送地域}i}{} \begin{bmatrix} X_{11} & X_{12} & \cdot & \cdot & X_{ij} \\ \cdot & X_{22} & \cdot & \cdot & \cdot \\ \cdot & \cdot & \cdot & \cdot & \cdot \\ X_{j1} & \cdot & \cdot & \cdot & \cdot \\ \cdot & \cdot & \cdot & \cdot & X_{nn} \end{bmatrix} \text{到着地域}j$$

$i, j = 1, 2, \cdots, n$
対角線要素（$X_{11}, X_{22}, \cdots, X_{nn}$）は地域内部の移動を表す．
8) 加藤弘之（1997）186頁，注4を参照されたい．
9) JL市の予算不足のため，市外から市内に入る4本の道路（高速道路ではない）の整備に当たって，地方債券を発行した．道路が完成した後，料金所を設置し，通行車両に対して通行料を徴収して，債務を返済している（通称「以路養路」）．
10) 「賛助費」は一種の献金であり，主な用途は公費で支払いできない食事や接待費用と政府部門職員の奨励金などである．
11) 「中華人民共和国産品質量法」は1993年9月1日から実施した法律であるが，2000年7月8日に改定され，9月1日から改定法を実施する．本文で引用している法律は，1993年9月1日から2000年9月1日までに実施された法律（旧法）の内容である．
12) 加藤弘之（1999），（2000）．
13) 国家経済体制改革委員会編（1995）39-43頁を参照されたい．
14) 田島俊雄（2000）90頁．

15) 胡鞍鋼（1999）171頁．
16) 同上，149頁．
17) 渡辺利夫（1995）．
18) 渡辺利夫（1996b）を参照されたい．
19) 唱新（1999）．
20) スタインフェルド（1988）52頁．
21) 高梨和弘・賈宝波（1997）．
22) 田島俊雄（1994）9頁．
23) 高梨和弘・賈宝波（1997）31頁．
24) 張紀潯（1997）．
25) 前田比呂子（1996）．
26) 許海珠（1999）46頁．
27) 同上，29頁．
28) 江小娟（1996）．
29) 同上，121-122頁．
30) ハーフィンダール指数 $= \sum_{i=1}^{N}\left(\dfrac{X_i}{T}\right)^2$

　　$N = $ 企業の総数
　　$X_i = $ 第i社の絶対規模
　　$T = $ 市場の総規模

　　ハーフィンダール指数は0から1の間で変動し，1社独占の場合は1となり，原子的競争では0となる．
31) 丸川知雄（1996）18頁．
32) 同上，19-20頁．

終章　中国における市場統合の展望

　本章は結びとして，市場分断のコストを分析するとともに，なぜ国内市場の統合が迫られているのかを検討する．そのうえで，中国国内の市場統合の展望を検討し，近代国家制度と法治社会の形成による市場統合のアプローチを指摘しておきたい．

1. 市場分断のコスト分析

　第4章の自動車産業の事例は中国市場分断の一側面でしかない．しかし，市場分断は確実に中国の戦略産業——自動車産業の育成を阻止している．「自動車メーカーの数は先進諸国の総数よりも多いが，生産能力は先進諸国の1社以下である」という中国自動車産業は，世界で最も非効率的な会社の集まりとも言える．

　世界自動車産業の歴史を見ると，産業発展の初期には参入が活発であるため，非効率の小企業が多数存在するケースは多いが，その後，もし市場メカニズムが十分に働いていれば，非効率な企業は次第に排除され，幾つかの大規模企業に収斂していくはずである．今日の世界の自動車市場では，8大メーカーが全世界生産量の72％を占めている．自動車産業だけではなく，規模の経済性の大きい重化学工業のほとんどは，主に幾つかの寡占企業によって展開されている．企業規模は，生産コストだけではなく，製品の開発能力も大きく左右する．

　中国の自動車産業はすでに50年近くの歴史があり，市場化改革も20年以

上続けたが，今日までに残されている多数の非効率企業の存在は，市場での競争圧力が十分に働いていないことを示唆している．地方政府の市場介入及びこれによる市場分断状態が続く限り，中国自動車産業の生産能力の集中・産業組織の再編成を実現できないことは，すでに第4章で論じた．自動車産業は数多くの産業の1つでしかないが，重化学工業の最も代表的な産業でもある．小規模かつ分散している中国の自動車産業が，多国籍企業の競争相手にならないのは言うまでもない．したがって，国際競争に直面する中国の重化学工業は，産業組織の再編成を迫られており，その重要な前提条件は，国内市場の統合である．

今日までの中国の経済発展は，国内労働力の低賃金と国際資本とを結合して大きな成果をあげたが，国内大市場の優位性は発揮できなかった．市場分断によって地域内企業は独占化し，産業組織の再構築・規模の経済性の利用を阻止している．また，地方政府の保護によって，リストラクチャリングが実行できず，生産能力過剰の問題も解消できない．このような状態が長く続けば，中国経済の非効率化は恒常化する恐れがある．

中国国内の市場統合の利益に関する研究はほとんど行われていない．EU市場統合の利益に関する研究を援用して[1]，中国市場統合のミクロ的利益も直接利益と間接利益に分けて考えることができる．

市場分断によって，同一製品であっても各地方の価格は大きく乖離している．市場分断の障壁が除去されると財の自由移動が発生し，価格の低位収斂が起きて，利益が生じる．これはいわゆる直接利益である．

間接利益は，国内市場の統一によって地方政府に保護された企業が統一的全国市場で競争を展開し，コストと価格が引き下げられるプロセスから生じる利益のことである．間接コストには次の3つがある．

第1は市場保護から生じる企業の過大な（独占）利潤である．競争によって，独占利潤は社会的平均利潤に収斂し，超過利潤部分は消費者に還元される．

第2はX非効率であり，独占状態に基づく過大な間接費や過大な在庫など

非効率的管理・経営行動などが含まれる．中国では特に国有企業の方がＸ非効率の問題が大きい．

　第3はリストラクチャリングの遅れによるコストである．自動車産業の例で見たように，中国では規模の経済に遥かに及ばない中小メーカーが多数存在する一方，重複投資による生産能力過剰も併存している．企業構造の再構築は規模の経済性の利用，新しい戦略産業の育成にとっても極めて重要である．

　残念ながら，基礎データが不十分なために，『チェッキーニ報告』[2]のような全面的な定量的計算ができないが，中国自動車技術研究中心（センター）の小型トラック経済規模のデータ[3]を利用して，小型トラック産業のリストラクチャリングによる規模の経済効果を試算した（表8-1）．つまり，もし，1995年中国小型トラックの39社を4工場（3工場は10万台／年を生産し，1工場は12万台／年を生産する）に編成して，同じ生産量313,212台を生産すれば，総生産コストの削減は4,355.83万元であり，1995年推計コストの15.33％に相当する．これは組立メーカー再編成の利益の一部分にすぎない．組立メーカーの集中による部品メーカーの再編成と規模の経済性の利用を考えると，その効果はさらに大きくなる[4]．

　さらに，マクロ的利益を考えると，経済成長・雇用創出・生産性と収益性の改善・競争環境の改善・物価安定に対する市場統合の影響は極めて大きい．『チェッキーニ報告』では，市場統合は「奇跡を起こす魔法」として描かれ，1980年代半ばのEU経済を前提として2,000億ECUの経済的利益，6年間で4％の成長率押し上げ，180万人の雇用創出が生み出されると言われている[5]．

　市場分断化問題は市場経済移行過程における最大級の問題の1つである．しかし今まであまり重視されていない．前述のように，その原因は中国経済発展のレベルからの影響が大きい．市場分断が発生すると，中央政府は様々な重要な会議文献で市場統合を謳ったが，具体的な措置は取られなかった．市場分断のコスト・統合の利益に対する政策立案者の認識はまだかなり不十分である．中国の経済成長が需要不足によって厳しく制限されている今日，

表 8-1　小型トラック企業構造

(A) 生産規模 （万台／年）	(B) 1台当たりの コスト指数（元）	(C) コスト低 減比率（%）	(D) 企業規模 分布（社）	(E) 同規模企業 の生産実績（台）
1	1,344.40	0.00	32.00	68,968.00
2	1,006.70	25.31	2.00	27,037.00
3	894.00	11.19	2.00	51,953.00
4	768.00	14.09	0.00	0.00
5	723.40	5.80	2.00	102,480.00
6	693.80	4.09	1.00	62,774.00
7	660.30	4.84	0.00	0.00
8	634.30	3.93	0.00	0.00
9	614.20	3.17	0.00	0.00
10	598.10	2.62	0.00	0.00
11	584.80	2.22	0.00	0.00
12	574.70	1.73	0.00	0.00
合計			39.00	313,212.00

出所：中国産業経済連合会等（1992）のデータより筆者作成．

新しい輸出産業の育成と国内需要の刺激と並行して，国内市場統合も重要な突破口になるべきだと思われる．

2. 国内市場統合の展望

前述のように，90年代半ば以後，分税制の導入，国有企業の改革の加速とそれに伴う社会保障制度の充実，さらに中央政府の国内市場統合の法律の整備によって，市場分断の制度的な要因がかなり改善され，国内市場統合はある程度進んできている．ただし，国内市場分断の問題は完全には解決していない．自動車やアルコール飲料など多くの産業分野では，市場分断問題が根強く残存している．

丸川[6)]は中国の労働力市場を研究した結果，今日の中国では，「労働保護主義」は依然として存在し，また，労働力市場が分断される状態が続いており，「今後失業問題が全国的に深刻化するにつれてますます強化される可能性がある」[7)]という結論を出している．

終章　中国における市場統合の展望　　　　　　　　207

調整の効果推定

(F) 総コスト推定 (万元) (B)×(E)	(G) 仮定の 企業分布	(H) 調整後の 生産量（台）	(I) 総コスト (万元) (B)×(H)
9,272.05	0.00	0.00	0.00
2,721.81	0.00	0.00	0.00
4,644.60	0.00	0.00	0.00
0.00	0.00	0.00	0.00
7,413.40	0.00	0.00	0.00
4,355.26	0.00	0.00	0.00
0.00	0.00	0.00	0.00
0.00	0.00	0.00	0.00
0.00	0.00	0.00	0.00
0.00	0.00	0.00	0.00
0.00	3.00	300,000.00	17,544.00
0.00	1.00	113,212.00	6,506.29
28,406.12	4.00	313,212.00	24,050.29

　以上の現状を見ると，国内市場統合は進んでいるとはいえ，地域間の摩擦・対立，地方政府と企業の癒着関係が存在する限り，市場分断は容易に取り除けるものではない．分断の範囲や手段は変わっているが，市場分断は長期的に存在する可能性がある．

　中国市場統合に関して，渡辺は1つのシナリオを提起している[8]．このシナリオは，まず沿海地方の各省はNIESやASEAN諸国など東アジア諸国・地域と「局地経済圏」を形成し，その後これらの「「局地経済圏」のダイナミズムを内陸部において相互に結びつけることにとって国民的統一市場を狙う」というものである．

　また，加藤は中国国内の「7大経済圏」の構想を検討し，地域経済圏の形成による全国市場統合の実態を検討した[9]．

　経済圏の形成によって市場分断問題を解決するプロセスは，地方政府主導の下で2段階に分けて市場統合を実現するという考えに基づいている．すなわち，第1段階は地方政府の権限・インセンティブを守りながら，地方政府間の協議に基づいて複数の地域が含まれる経済圏を作り，地域間の分業関係

作りによって，経済圏内で統一市場を形成する．その後，第2段階に入り，経済圏間の協議によって，全国市場の統合を目指す．

「局地経済圏」や「7大経済圏」の形成は地域間の経済協力，産業構造の同質問題の解決に一定の役割を果たすとはいえ，市場分断問題を解決する方策ではない．もし中国の各地域（省・自治区・直轄市，あるいはその下の市・県）が国際貿易における国と同様に，市場が完全に分断されたら，経済圏の形成によって，小さく分断された市場から比較的に大きい経済圏統一市場を形成し，さらに全国統一市場を目指すというやり方が有効かもしれないが，中国市場分断の特徴を見ると，各地方の市場は完全に分断されている状況ではない．そのうち細かく分断された市場分野もあれば，ほぼ全国市場を形成している分野もある．特に，90年代以後，市場統合が進み，多くの産業分野では全国統一市場が形成されつつある．経済圏はこのような多様化している中国市場を統合させる能力を備えていないだけではなく，市場統合がかなり進んでいる産業分野が市場圏を境として，再び分断される恐れがある．

また，JL市ビール市場保護の例で見たように，同じ省内，同じ市政府所轄の市と県の間でも市場分断は存在している．他の措置がなければ，経済圏の形成だけで，このような市場分断を解決できることは考えられない．特に，企業と地方政府の間に根強い癒着関係が存在し，地方政府自身の力で癒着関係を根絶することは不可能である．したがって，地方政府やその間の協議だけでは市場分断問題を解決することは難しい．

本書の分析から見ると中央政府主導の市場統合は避けられない．

全国統一市場の形成は経済の市場化と発展に伴って自然に実現するものではない．中国市場分断の根本的な原因は，中央政府・地方政府と企業の機能区分と法的整備に由来する．中国における市場分断問題の根本的な解決策は，2つある．

第1，近代国家制度を導入し，中央政府・地方政府と企業の権限・機能の再区分を図ることである．すなわち，今まで国有企業が負担した社会保障機能を国レベルに引き上げ，地方政府と国有企業の運命共同体的関係を解除し，

その上で，中央と地方が適切な権限・機能分担を図るというものである．

今日まで中央政府と地方政府の権限・機能の分離の傾向はまだはっきり見えない．「分税制」改革の実施によって，財政収入の中央政府への集中を実現したものの，中央政府と地方政府の権限・機能の調整問題は解決できていない．最近では，日本型の強力な中央集権モデルに転換するという意見もあれば，アメリカの連邦国家モデルの実施可能性の研究もある．しかし，中央集権型にしても，連邦型にしても，共通市場における監督の権限，財の自由移動の確保の権限を中央政府に集めなければならない．この意味では市場統合が国家体制の問題と分離して，優先的に考えられるべきである．中央政府は地方政府の人事任免権を握っているため，地方権限の回収は十分可能である．だが，注意すべきことは，権限の再集中によって地方政府がインセンティブを失い，経済発展に悪影響を与えることである．中国はすでに3度の分権・2度の再集権の経験があるが，集権後の地方政府インセンティブ問題の解決方策をまだ発見していない．これは市場分断問題解決の最大の難関である．

また，国有企業の株式化改革と社会保障機能の社会負担が一定程度進んだといっても，地方政府と企業の癒着関係が自然に解消されるとは限らない．前述のように，地方政府の市場介入を利用するのは，すでに中国企業の競争回避手段の1つとなっている．国有企業の活性化が実現できると，利潤の最大化を追求し，地方政府の保護に対する要請はさらに強まるであろう．この傾向は中国国有企業の改革過程から推察できる．すなわち，80年代の半ばまで，ほとんどの国有企業は地方政府からの独立を求め，市場化を支持したが，80年代末の不況に陥ると，改革が一定程度に進んだ国有企業は自ら地方政府の保護を要求した．したがって，国有企業の株式化改革が進んでも，地方政府と企業の癒着関係は依然存続する可能性が大きい．地方政府の行動を制限する法律がない限り，地方政府と企業の癒着関係を解消できず，域内企業を保護して利益を求める事態を制限できない．

第2，法的問題の解決．それにはさらに法的整備と国民の法意識・法の権

威性の2つの問題が含まれている．

中国は「人治国家」であり，法律の整備は遅れていたが，90年代に入ってから，法的整備を加速して，市場経済に関する法律が相次いで作られた．

1993年12月1日に公表した「中華人民共和国反不当競争法」は，地方政府の市場分断行為を直接に禁止し，この法律は地方政府の行政的独占と大企業の経済的独占の両方を規制している．経済的独占を禁止する法律は，先進諸国ですでにかなり長い歴史があり，参考できるものが数多く存在する．そのため，中国の独占禁止法は大企業の独占行為の禁止条文を詳細に規定しているが，行政的独占は中国独特の独占現象であり，参考できる前例はほとんどない．そのため，事実上この法律は，行政的独占を制限する方針を組み込んだだけで，具体的な内容は乏しかった．法的手段で市場分断問題を解決するのは，まだテストの段階に留まっており，解決には時間を要すると思われる．

また，「中華人民共和国反不当競争法」を公布したあと，中国政府は，各地方政府に対してこの法律の実施条例の制定を求めて，同法律と矛盾する地方政府の規定や政策を撤廃するよう求めた．各地方政府は中央政府の要求に応じて，地域内の関連条例を作ったが，法律の発効からすでに6年以上経っている今日になっても，この法律を適用して，地方政府の分断行為を制裁した前例はない．したがって，法的整備よりもさらに遅れているのは国民の法意識と法の権威性の問題である．専門家を集めれば，新しい法律は制定できるが，国民の法意識と法の権威性が存在しない限り，いくらいい法律があっても実際には拘束力がないのである．

第7章で紹介したJL市のビール市場の保護と対抗するために，金士百ビール有限公司が採用した対策は実に興味深い．JL市の市場分断は法律に違反しているため，金士百ビール有限公司は法的手段を取る選択があったにもかかわらず，結局マフィアを雇って，自社の製品を奪っただけで，法的手段を取らなかった．当社の関係者の話によると，その理由は主に2つある．

（1）違法しているとは言え，相手は地方政府であり，会社は訴訟を起こし

ても必ず勝てる自信はない．
(2) もし法的手段を取れば，会社は完全にJL市政府を敵に回したことになる．JL市政府は報復の行動をとり，当会社のJL市市場を完全に失う可能性が大きい．すなわち，法廷で勝訴しても，現在の法律では企業を地方政府の報復から守ることはできないのである．そのため，企業はできるだけ地方政府との対決を避けている．

以上の例から，国民の法意識の改革・法の権威の強化は市場統合を進展させる上で最も重要な手段となりうる．

1) 田中素香（1991）43-46頁を参考されたい．
2) パオロ＝チェッキーニ（1988）．
3) 中国産業経済技術連合会等編（1992）．
4) これは理論的な計算であって，現実の企業再編成はかなり複雑である．まず，再編成の中でかなり大きな調整コストが発生し，短期間のコスト上昇をもたらす可能性も十分に存在する．また，再編成してからも一定の調整期間が必要であり，規模の経済性が発生しにくい．しかし，中・長期的に見ると，生産コストの低下は生産能力の集中の必然的な結果であろう．
5) 田中素香（1991）42頁．
6) 丸川知雄（1999）「第5章市場経済と労働市場」を参照されたい．
7) 同上，215頁．
8) 渡辺利夫（1996）50頁．
9) 加藤弘之（2000）123-125頁．

参 考 文 献

中国語文献（ピンイン表記によるアルファベット順）

曹建海（1998）「我国汽車工業過度競争実証分析」中国社会科学院工業経済研究所編『中国工業経済』12期.

陳甬軍（1992）「社会主義流通的基本矛盾与市場経済下的流通改革」『商業経済研究』12期.

陳甬軍（1994）『中国地区市場封鎖研究』福建省人民出版社.

当代中国的経済体制改革編集委員会編（1984）『当代中国的経済体制改革』中国社会科学出版社.

当代中国叢書編集委員会編（1987）『当代中国経済』中国社会科学出版社.

董守才・沈霖・李平編（1992）『工業組織論』中国人民大学出版社.

地方政府在改革和発展中的経済職能和行為課題組（1991）「地方政府在企業運営中的経済行為」『経済研究』第8期.

樊鋼（1996）『漸進改革的政治経済学分析』上海遠東出版社.

郭万清（1992）「由趨同走向趨異—90年代地区産業構造変動趨勢分析—」『経済研究』第12期.

国家情報中心経済予測部・中国汽車貿易総公司編（1997）『1996中国汽車市場展望』.

国家信息中心・国家計委経済予測司編（1997）『1998中国汽車市場展望』中国計画出版社.

国家信息中心・国家計委経済予測司編（1998）『1999中国汽車市場展望』中国計画出版社.

国家経済体制改革委員会編（1995）『中国経済体制改革年鑑1994』改革出版社.

何光遠（1994）「貫徹《汽車工業産業政策》振興我国汽車工業」『現代企業導刊』11月.

何季霊（1994）「地方保護与国内統一市場的建立」『広西商業経済』第5期.

機械部汽車司・中汽華輪公司編（1995）『国家汽車工業重要政策和法律』.

機械工業部汽車工業司・中国汽車技術研究中心編（1994）『関於GATT加盟自動車工業対策研究報告集』.

機械工業部汽車技術司・中国汽車技術研究中心編『中国汽車工業年鑑』各年版.

江小娟（1996）『経済転換時期的産業政策—対中国経験的実証分析与前景展望—』上

海三聯書店・上海人民出版社.
金碚（1994）『中国工業化経済分析』中国人民大学出版社.
胡鞍鋼（1999）『中国発展前景』浙江人民出版社.
胡鞍鋼・王紹光（1999）『中国不均衡発展的政治経済学』中国計画出版社.
胡鞍鋼・王紹光（2000）『政府与市場』中国計画出版社.
胡平（1993）「建立社会主義市場経済的商業新体制」『商業経済与管理』第2期.
李洪（1993）『中国汽車工業経済分析』中国人民大学出版社.
林分益（1994）「論全国統一市場的形成」『北京商学院学報』第1期.
林尚立（1998）『国内政府間関係』浙江人民出版社.
林毅夫・蔡昉・李周（1993）「論中国経済改革的漸進式道路」『経済研究』第9期.
林毅夫・蔡昉・李周（1996）「資源結構昇級：追超戦略的誤区—対"比較優位戦略"批判意見的幾点回応—」『戦略与管理』第1期.
林毅夫（1999）「北京大学中国経済研究中心（CCER）与美国国家経済研究局（NBER）第二届中国経済年会紀要（之一）」
史景星編（1983）『工業経済管理』上海人民出版社.
凌志軍（1998）『沈浮—中国経済改革備忘録—』東方出版社.
聯合國開発計画署（1999）『中国人類発展報告1999—経済転軌与政府的作用—（China Human Development Report）』中国財政経済出版社.
廬中原・胡鞍鋼（1990）「市場化改革対我国経済運行的影響」『経済研究』第12期.
劉洪編（1998）『大透視—中国工業現状・診断与建議—』中国発展出版社.
劉軍寧（1998）「法治之下—有限政府与政体改革—」『新華文摘』10月.
陸大道等（2000）『1999中国区域発展報告』商務印書館.
倪健中編（1996）『大国諸侯—中央与地方関係之結—』中国社会出版社.
喬剛（1991）「我国市場発育的現状，難点与出路」『財貿経済』第10期.
塞風・陳淮・李洪編（1994）『生産力与支柱産業的発展』中国人民大学出版社.
孫耀川編（1996）『国内統一市場研究』遼寧大学出版社.
四川省体改研究所政府経済行為課題組（1988）「我国現階段政府経済行為研究」『中国社会科学』第1期.
沈立人・戴園晨（1990）「我国"諸侯経済"的形成及其弊端和根源」『経済研究』第3期.
沈立人（1998）『地方政府的経済職能和経済行為』上海遠東出版社.
沈栄・葛鵬（1993）『中国汽車市場』経済科学出版社.
董輔祁（1991）「治理整頓中的市場状況与市場的発展和完善」『管理世界』第2期.
葦偉（1993）「中央与地方責任関係的重建」『経済研究』第9期.
熊賢良（1993）「国内区際貿易与国際競争力：以我国製成品為例的分析」『経済研究』第8期.
王誠徳（1989）「地方政府経済権力膨張的機理分析」『改革』第3期.
王冲寧（1991）「集分平衡：中央与地方的協同関係」『復旦学報』第2期.

王慧炯・李泊渓編（1991）『中国中長期産業政策』中国財政経済出版社.
謝地（1999）『産業組織優化与経済集約増長』中国経済出版社.
楊瑞龍（1998）「我国制度変遷方式転換的三階段論―兼論地方政府的創新行為―」『経済研究』第1期.
張可雲（1992）「中国区域経済運行問題研究」『経済研究』第6期.
張志強・包曉峰編（1999）『中国遭遇'過剰経済'』中国経済出版社.
張翼湘（1993）「関於地方政府企業産権若干問題的探討」『経済研究』第7期.
藏顕文（1995）「参照国外公司慣例，改革我国企業所得税制「烏傑編『中国経済文庫7巻上』中央編訳出版社.
中華人民共和国機械工業部（1995）「中国汽車工業的三級発展戦略」『中外科技政策与管理』1月.
中国国務院経済発展研究中心編（1991）『中国中長期産業政策』中国財政出版社.
中国機械工業部汽車工業司編（1996）『1996中国汽車工業』北京理工大学出版社.
中国産業経済技術連合会等編（1992）『中国工業製品的経済規模』企業管理出版社.
「中国改革与発展報告」専家組編（1995）『1978-1994中国改革与発展報告　中国的道路』中国財政経済出版社.
中国国家統計局編『中国統計年鑑』各年版，中国統計出版社.
中国国家統計局城市社会経済調査総隊編『中国物価年鑑』各年版，中国物価出版社.
中国汽車工業史編集委員会編（1996）『中国汽車工業史1901-1990』人民交通出版社.
『中国汽車工業年鑑』編集部編（1992）『汽車工業規画参考資料』.
中国社会科学院財貿物資研究所・美国加州大学伯克利分校商学院合作課題組（1993）「中国商品市場的發育与完善」『経済学家』第5期.
中国軽型汽車工業史編集委員会編（1995）『中国軽型汽車工業史1949-1989』機械工業出版社.
周天勇（1992）「産業組織構造転換中的地方政府経済機能」『経済研究』第12期.
周小華・周大力（1986）「正確処理中央与地方的関係」『経済発展与体制改革』第10期.
周振華（1999）『体制変革与経済増長―中国経験与範式分析―』上海三聯書店・上海人民出版社.

日本語文献 （五十音順）

青井和夫編（1996）『中国の産業化と地域生活』東京大学出版社.
青木昌彦・金瀅基・奥野（藤原）正寛編／白鳥正喜監訳（1997）『東アジアの経済発展と政府の役割』日本経済新聞社.
天児慧（1991）「中国変える地域主義の胎動」『知識』8月.
天児慧（1992）『中国溶変する社会主義大国』東京大学出版会.
天児慧（1997）『中国の21世紀』東洋経済新報社.
天児慧編（2000）『現代中国の構造変動4政治―中央と地方の構図―』東京大学出版会.

アルトミュラー, A.・D. ルース他／中村英夫・大山昊人他訳 (1984)『自動車の将来—その技術・経済・政治問題の展望—』日本放送出版協会.
安藤伸二 (1998, 1999)「現代中国における国家経済統制と市場経済化についての研究序説」愛知大学経済学会『経済論集』第148, 149, 150号.
石川勝径 (1999)「中国国有企業の改革によせて」『徳山大学経済学研究所紀要』No. 21, March.
石川滋 (1990)『開発経済学の基本問題』岩波書店.
石川滋 (1995)「中国経済の新しい展望」(財)国際金融情報センター編『中国の経済改革と我が国の援助政策(委託調査)』.
石川滋 (1997)「中国の国有企業改革—市場育成のアプローチによる研究—」『開発援助研究』Vol. 4, No. 4.
石川滋 (1999)「アジア移行経済の国内統合と国際化」一橋大学経済研究所『経済研究』Vol. 50, No. 2, Apr.
石原享一編 (1991)『中国経済の多重構造』アジア経済研究所.
石原享一編 (1997)『中国経済の国際化と東アジア』アジア経済研究所.
石原享一編 (1998)『中国経済と外資』アジア経済研究所.
伊藤元重・清野一治・奥野正寛・鈴村興太郎編 (1994)『産業政策の経済分析』東京大学出版会.
今井理之・小島朋之 (1991)「北京を脅かす「地方」実力時代」『知識』8月.
岩原拓 (1995)『中国自動車産業入門』東洋経済新報社.
ウイリアムソン, O.E.／浅沼万里・岩崎晃訳 (1980)『市場と企業組織』日本評論社.
植草益 (1982)『産業組織論』筑摩書房.
植田政孝 (1998)「中国の地方統治システムと新税改革」大阪市立大学『季刊経済研究』Vol. 21, No. 2.
上原一慶 (1987)『中国の経済改革と開放政策—開放体制下の社会主義—』青木書店.
上原一慶編 (1994)『現代中国の変革—社会主義システムの形成と変容—』世界思想社.
上野裕也 (1987)『競争と規制—現代の産業組織—』東洋経済新報社.
エクスタイン, A.・W. ガレンソン編／劉大中・市村真一訳 (1979)『中国の経済発展』創文社.
エコノミスト編集部編 (1978)『あすの産業新地図 2 合繊・造船・自動車・生命保険』毎日新聞社.
大島卓 (1980)『自動車産業』東洋経済新報社.
大塚啓二郎・劉徳強・村上直樹 (1995)『中国のミクロ経済改革—企業と市場の数量分析—』日本経済新聞社.
大西康雄 (1991)「改革・開放下の中国の地方経済—「諸侯経済」の行方—」『アジアトレンド』4月号.
大西康雄 (1997)「中国における物流と地域経済圏の変貌」『アジ研ワールド・トレンド』9月号.

大野健一 (1996)『市場移行戦略』有斐閣.
影山僖一 (1995)「産業の発展戦略と通産産業政策の意義―日本自動車産業に対する政策措置と問題点―」『千葉商大論叢』第33巻3号.
加藤博雄 (1985)『日本自動車産業論』法律文化社.
加藤弘之 (1996a)「中国の市場経済化と国内市場統合」日本国際問題研究所『国際問題』No.430, 1月.
加藤弘之 (1996b)「中国経済の国際化と地域経済発展」神戸大学経済経営学会『国民経済雑誌』第174巻第4号, 10月.
加藤弘之 (1997)『中国の経済発展と市場化』名古屋大学出版会.
加藤弘之 (1998)「中国の農産物流通と市場封鎖―"漸進"的改革の一側面―」神戸大学経済経営学会『国民経済雑誌』第177巻第1号, 1月.
加藤弘之 (1999)「中国の地域格差, 国内市場の統合と地域政策」神戸大学経済経営学会『国民経済雑誌』第179巻第6号.
河地重蔵・藤本昭・上野秀夫 (1994)『現代中国経済とアジア―市場化と国際化―』世界思想社.
許海珠 (1999)『中国国有企業改革の戦略的転換』晃洋書房.
木村敏男 (1984)『日本産業論』法律文化社.
熊谷尚夫編 (1973)『日本の産業組織』中央公論社.
栗林純夫 (1988)「中国自動車産業の発展と再編」『アジア研究』第34巻3号.
クルーグマン, ポール (1995)「まぼろしのアジア経済」『中央公論』1月号.
経済企画庁経済研究所編 (1997)『21世紀中国のシナリオ―「中国の将来とアジア太平洋経済」研究会報告書―』.
小島麗逸 (1988)『現代中国の経済』勁草書房.
小島麗逸 (1997)『現代中国の経済』岩波新書.
後藤晃 (1993)『日本の技術革新と産業組織』東京大学出版会.
小西唯雄 (1990)『産業組織論の新展開』名古屋大学出版会.
小林実・呉敬連編著 (1993)『中国　高度成長への挑戦』日本経済新聞社.
小宮隆太郎 (1989)『現代中国経済』東京大学出版会.
小宮隆太郎・奥野正寛・鈴村興太郎編 (1989)『日本の産業政策』東京大学出版会.
米谷雅之 (1989)「産業の進化とマーケティング―離陸期中国自動車流通の考察―」『東亜研究』第56巻第2号, 6月.
(財)機械振興協会経済研究所編 (1967)『中国における工業技術の現状分析』.
(財)機械振興協会経済研究所編 (1968)『量産水準と国際競争力』.
(財)国際金融情報センター編 (1995)『中国の経済改革と我が国の援助政策 (委託調査)』.
坂野達郎・劉継生・隆国強 (1998)「中国における地域戦略策定過程に関する研究」『東アジアへの視点』9月号.
座間紘一 (1996)「中国の改革・開放と体制転換の行方―「社会主義市場経済」の正

念場―」『現代世界経済をとらえる Ver 3』東洋経済新報社．
座間紘一（1997）「体制転換課程下の中国自動車産業育成の現状と諸問題」山口大学東亜経済学会『東亜経済研究』第56巻第2号，6月．
座間紘一（1998a）「中国の体制転換および産業構造高度化と外資の役割」山口大学東亜経済学会『東亜経済研究』第56巻第4号，1月．
座間紘一（1998b）「中国における市場経済化と国有企業改革」山口大学経済学会『山口経済学雑誌』第45巻第6号．
座間紘一（1999）「中国の改革・開放と経済システムの転換」『経済』1月．
坂野達郎・劉継生（1998）「中国における地域戦略策定過程に関する研究」（財）国際東アジア研究センター『東アジアへの視点』9月号．
三輪芳郎編（1991）『現代日本の産業構造』青木書店．
塩見治人（1978）『現代大量生産体制論』森山書店．
篠原三代平・馬場正雄編（1974）『現代産業論2 産業組織』日本経済新聞社．
史際春（2000）『中国経済法の理論と実際』成文堂．
朱建栄（1998）『中国2020年への道』日本放送出版協会．
唱新（1999）「中国経済の構造調整」『世界経済評論』6月号．
白沢照雄（1979）『自動車業界』教育社．
スキナー，G.W.／今井清一・中村哲夫・原田良雄訳（1979）『中国農村の市場・社会構造』法律文化社．
スタインフェルド，エドワード・S.（1998）「アジア金融危機：中国の課題清算の年」『世界週報』9月22日．
総合研究開発機構編（1993）『現代中国経済の課題と展望―日中経済学術シンポジウム報告―』筑摩書房．
関満博編（1996）『中国市場経済化と地域産業』新評論．
高梨和弘・賈宝波（1997）「中国国有企業民営化の探索」『世界経済評論』12月号．
田島俊雄（1991）「中国自動車産業の展開と産業組織」東京大学社会科学研究所『社会科学研究』第42巻5号．
田島俊雄（1994）「中国の国有企業改革と政府間財政関係」中国研究所『中国研究月報』4月号．
田島俊雄（1996）「中国自動車産業の形成と変容―小型トラック産業の事例分析―」『アジア経済』第37巻第7・8号．
田島俊雄（1998）「移行経済期の自動車販売流通システム」『中国研究月報』6月号．
田中信行（1994）「中国における株式制度の実験過程」中国研究所『中国研究月報』5月号．
田中素香（1991）『EC統合の新展開と欧州再編成』東洋経済新報社．
田村秀男（1997）「アジア，「大調整期」迎える」『日本経済新聞』1997年11月5日，14版．
谷浦妙子編『産発展と産業組織の変化――自動車産業と電機電子産業――』，アジア

経済出版会, 1994年.
チェン, エドワード・K.Y.・丸屋豊二郎編 (1992)『中国の「改革・開放の10年」と経済発展』アジア経済研究所.
チュユアン・チョン／伊藤喜久蔵他訳 (1991)『中国動乱の構図』東洋経済新報社.
張紀濤 (1997, 「1997年上半期の労働情勢と労働改革」『海外労働時報』11月号.
趙宏偉 (1992)「現代中国の政治体制に関する一考察―「諸侯経済」現象の分析から―」アジア政経学会『アジア研究』第38巻第4号, 8月.
趙宏偉 (1998)『中国の重層集権体制と経済発展』東京大学出版会.
中兼和津次 (1999)『中国経済発展論』有斐閣.
中兼和津次 (2000)「中国経済市場化を直面する課題」中兼和津次編『現代中国の構造変動2 経済―構造変動と市場化―』東京大学出版会.
中嶋太一 (1997)「中国経済における地域主義について―その歴史的規定性と可能性―」滋賀大学経済学会『彦根論叢』第309号.
中嶋嶺雄 (1993)『三つの中国』日本経済新聞社.
中嶋嶺雄 (1995)『中国経済が危ない』東洋経済新報社.
南部稔 (1998)「中国の経済発展と地域開発―グレーター渤海経済地域を視野に入れて―」(財) 国際東アジア研究センター『東アジアへの視点』9月号.
西野久雄 (1993)『資本主義をめざす中国―改革開放路線の展開―』リーベル出版.
パオロ=チェッキーニ／田中素香訳 (1988)『EC市場統合・1992年』東洋経済新報社.
橋本輝彦 (1972)「アメリカ自動車工業の発展とBig Three 独占体制の形成」東北大学経済学会研究年報『経済学』Vol. 34, No. 1.
平田昌弘 (1993)『中国資本主義革命の行方』東洋経済新報社.
藤本昭・河地重蔵・上野秀夫 (1984)『中国経済―調整と改革―』世界思想社.
藤本昭編著 (1994)『中国市場経済への転換』日本貿易振興会 (ジェトロ).
古澤賢治 (1991)「中国の現代化における「対内」開放性先の意義―「横向き経済連合」の展開について―」アジア政経学会『アジア研究』第38巻第1号, 10月.
マクシー, G.・A. シルバストン／今野源八郎・吉永芳史訳 (1965)『自動車工業論』東洋経済新報社.
前田比呂子 (1996)「中国の社会保障制度改革」『アジア経済』第37巻第7号.
町田俊彦 (1992)「日本と中国における地方政府の経済的機能と地方財政」『福島大学地域研究』第3巻第4号, 3月.
丸川知雄 (1994)「中国における企業間関係の形成―自動車産業の事例―」『アジア経済』第35巻第9号.
丸川知雄 (1996)「市場経済移行のプロセス―中国電子産業の事例から―」『アジア経済』第37巻第6号.
丸川知雄 (1999)『市場発生のダイナミクス―移行期の中国経済―』アジア経済研究所.
丸山恵也 (1996)『アジアの自動車産業』亜紀書房.
丸山伸郎編 (1991)『中国の工業化―揺れ動く市場化路線―』アジア経済研究所.

丸山伸郎編（1994）『90年代中国地域開発の視角』アジア経済研究所．
南亮進（1994）「中国の自動車工業―産業組織と技術―」『アジア経済』第35巻第12号．
南亮進・本台進（1995）「中国企業改革の帰結―機械工業における労働分配率の推計と分析―」『アジア経済』第36巻第4号．
南亮進・牧野文夫編著（1999）『大国への試練―転換期の中国経済―』日本評論社．
山代研一（1995）「中国の新自動車産業政策と外資の役割」『東亜研究』第55巻第1号，5月．
山代研一（1997）「中国自動車産業政策と産業組織形成に関する考察」（山口大学東亜経済学会）『東亜研究』第56巻第2号，6月．
山内一男編（1989）『中国の経済転換』岩波書店．
山岡茂樹（1996）『開放中国のクルマたち―その技術と技術体制―』日本経済評論社．
矢吹晋・S.M.ハーナー（1998）『［図説］中国の経済（第2版）』蒼蒼社．
湯浅誠（1996）『中国超大国論の幻想』東洋経済新報社．
労働省大臣官房労働統計調査部編（1954-57）『労働生産性調査報告―自動車製造業―』．
李春利（1997）『現代中国の自動車産業―企業システムの進化と経営戦略―』信山社．
劉進慶（1998）「中国における公有制経済改革と国有企業の株式会社制導入に関する初歩的考察」東京経済大学経済学会『東京経大学会誌』第209号．
両角良彦他編（1963）『産業体制の再編成』春秋社．
林毅夫・蔡昉・李周（1994）『中国的奇跡：発展戦略与経済発展』渡辺利夫・杜進訳（1997）『中国の経済発展』日本評論社．
林毅夫・蔡昉・李周（1997）『充分信息与国有企業改革』杜進・李粋蓉訳（1999）『中国の国有企業改革―市場原理によるコーポレート・ガバナンスの構造―』日本評論社．
渡辺利夫（1986）『開発経済学―経済学と現代アジア―』日本評論社．
渡辺利夫編（1994）『アジア経済読本』東洋経済新報社．
渡辺利夫（1996a）「虚妄の中国経済大国論」『中央公論』11月号．
渡辺利夫（1996b）「中国の地域間経済力分配について」神戸大学経済経営学会『国民経済雑誌』第174巻第4号，10月．
渡辺真純（1996）『2000年の中国自動車産業』蒼蒼社．
王保林（1997）「中国自動車産業における技術移転」東北大学経済学会研究年報『経済学』No.1．
王健（1994）「中国の自動車産業政策―1994年「中国自動車工業産業政策」を中心に―」『立命館経営学』第53巻第4号，11月．

英語文献

World Bank（1994）*China: Internal Market Development and Regulation*.

あ と が き

　私が経済学を学び始めたのは1980年代の初期であった．当時の中国は，改革・開放が始まって間もない時期で，経済理論といえば，マルクス経済学しか認めなかった．近代経済学（中国では「西方経済学」と呼ばれている）は大学の授業としてやっと承認されたが，経済学の学説ではなく，「反面的教科書」（批判の対象）として位置付けられた．先生は文化大革命時代の経験者で，ドキドキしながら教え，教科書を少し説明すると，すぐマルクス経済学の理論で「徹底的」に批判した．そのため，学生としての私達はどう勉強すればよいのか分からなかった．

　私の専門科目としての工業経済学から見ると，教科書を書いた先生も教える先生も，計画経済（資本論ではなく）の教育しか受けておらず，今日から見ると，その中に本当に経済学と言えるものは少なかった．当時，学生の間では，「大学の授業の中で最も価値のあるのが外国語だ」，という考えが共通の認識であった．つまり，もし本当に経済学を学びたいのであれば，まず外国語を勉強して，それから外国の大学へ留学した方がいい，という考え方である．

　大学を卒業してから大学院に進学し，終了した後，大学で教鞭を執った．近代経済学はすでにタブーから完全に解禁して，近経の理論を用いて中国経済を分析する経済学者も増えてきた．この間，学生を教えながら多少勉強できた．しかし，1992年春，社会主義市場経済の目標が発表されると，中国社会は「全民皆商」（全国民がビジネスに参加する）のムードに入り，まるで熱病に罹ったようであった．（私は決して社会主義市場経済の目標を否定しているわけではない，社会主義経済の目標は中国の改革・開放の正確な方向を明示し，1989年以後の徘徊状態が続く中国経済を新しい発展段階まで

導いた，と私は思う．）

　大学も研究者も経済効率優先のムードに巻き込まれ，個人の経済効率を追求し始めた．お金は人間の価値を計る唯一の基準となり，大学の先生を含む中国の知識人は一斉に「下海」（国有部門の仕事をやめて，商売を行う）して，商売を始めた．1993年春，私は当初の中国軽工業総会（中国軽工業部から変身した政府部門であり，軽工業を管理する最高政府機構）に調査に行ったとき，「あなたはまだ研究をやっているの」と，軽工業総会の方は宇宙人を見ているような不思議な顔して，私に聞いた．学問に専念する人は世間の知らない「阿呆」として見なされるのである．

　秦の始皇帝が行った「焚書坑儒」が，火で本を燃やして，土の中に知識人を生き埋めることだとしたら，92年から始まる知識人の「下海」は，お金で本を燃やし，金銭的欲望で知識人を生き埋めするに等しい．中国人の研究者として，中国の社会，政治・経済に対して反省すべき点は多く残されていると痛感している．また，この反省は中国にとっては勿論のことであるとともに，経済効率化を追求する日本の国立大学の独立法人化改革にとっても，重要な意味があるのではないかと思われる．

　振り返って見ると，大学に入学してから日本に留学するまでの11年間，一刻も大学を離れたことはなかったが，本当の意味での経済学の勉強はほとんどできなかった．ただし，経済学教科書の勉強以外の分野での収穫は大きかった．在学中と就職した後，先生や同僚達と様々な実態調査を行い，中国の社会に対する認識を深めることができた．これらの知識は決して教科書で勉強できるものではない．私は中国社会・経済に対する理解は教科書よりもこれらの実態調査から得られるものが多かった．

　私はまさに「下海」ブームの中で日本留学を決定したのである．1993年10月から1年間かけて日本語の勉強に専念し，1994年10月に初めて来日した．来日から今日まですでに6年間以上経っており，この間，中国の社会と経済は大きく変化し，私のイメージする中国像と中国の実状は大きくずれ始めている．研究者にとって，このような現実とイメージのずれは最も恐いも

のだと痛感している．

　本書は，筆者が東北大学大学院経済学研究科に提出した経済学博士論文『中国における市場分断』（平成11年3月審査合格）を改めて整理し直し，修正・加筆したものである．特に，第2，3，7章と終章は大幅に修正し，新たに書き下ろしたものが多い．

　本書の出版に当たって，まず，生涯の恩師である金田重喜（東北大学名誉教授，秋田経済法科大学教授），大村泉（東北大学大学院教授），田中素香（東北大学大学院教授）の各先生に心から感謝申し上げたい．

　1994年10月に来日して，最初に私の指導教官になって下さったのは金田先生であった．田中先生は工業経済学とアメリカ産業論の専門家で，産業の分析方法，アメリカ経済について多くの教示をいただいた．金田先生は退官された後，秋田経済法科大学に移られ，講義や仕事は東北大学より倍以上増えられたにもかかわらず，毎週1回，東北大学に来られて，学業が終っていない私達のために講義をしてくださった．このような講義は私が鹿児島大学に赴任するまで続けられていた．

　金田先生は1996年3月に東北大学を定年退官されたため，マルクス経済学者の大村先生が私の新しい指導教官になったが，翌年の4月，大村先生からのすすめで，田中先生が私の3番目の指導教官になって下さった．大村ゼミでの1年間，マルクス経済学の訓練を受けた．また，大村先生は私の最初の原稿を内容から日本語まで何度も手直しして下さった．引越しするために，大学院時代の数多くの資料を捨てたが，大村先生が朱筆で丁寧に手直ししてくださった原稿は私の宝物として今日でも大事にしている．

　田中先生はEU経済の専門家で，3人の指導教官の中で最も厳しい先生であったが，私と切っても切れない縁のある先生でもある．先生はもう忘れられたかもしれないが，実は日本留学に決定した後，私が最初に連絡したのは田中先生であった．しかし，先生には研究の専門分野が違うという理由で断られた．その2年半の後，正に田中ゼミに入れるとは思いもよらなかった．

今日になって考えても,「縁」以外の言葉では説明できないと思う．田中先生の指導の下で,経済理論,分析手法,広い視野で問題を捉える研究姿勢に至るまでご指導を頂いた．

日本に来る前に,私も中国の大学で教鞭を執ったが,教師という聖職に対する理解はほとんどなかった．3人の恩師は学問,研究の姿勢だけではなく,人生の生き方,教育者としての心の広さと温かさを教えて下さった．私は1999年4月から再び教壇に立つこととなったが,いつか3人の恩師のような先生になりたいと思っている．

次に,大学院時代に常に暖かい厚情とご指導してくださった東北大学経済学部の柴田信也教授,青木國彦教授,谷口明丈教授,佐藤秀夫教授,平本厚教授,川端望助教授,日置史郎助教授に深くお礼を申し上げたい．

博士論文審査の段階で座間紘一先生（山口大学経済学部教授）から,本書の全体に関しては皆村武一先生（鹿児島大学法文学部）から貴重なコメントを頂き,心より感謝申し上げたい．

調査にご協力を頂いた方々,友人は枚挙にいとまがないが,「協力者の名前を公表しない」という数多くの協力者との約束を守るために,中国側の調査協力者のお名前を紹介することはできない．しかし,一人ひりとにも心からお礼を述べたい気持ちで一杯である．

また,金田ゼミのOBを中心とする現代産業研究会の諸先輩に感謝したい．1997,98年の夏合宿では,私の同じタイトルの報告を聞いていただき,様々なコメントや助言を下さった．田中ゼミのOBを中心とするEUの経済研究会の皆様からもたくさんの助言を頂いた．記してお礼を申し上げたい．

さらに,東北大学の大学院時代,拙稿の日本語の文法や不適切な表現などを修正して頂き,コメントをして下さった先輩や友人の斎藤智美（富士大学助教授）,高島順子（東北大学大学院国際文化研究科助手）,永澤雄治（東北文化学園大学総合政策学部助手）,氏川恵次（東北大学大学院）,川村哲也（東北大学大学院）の諸氏に感謝したい．本稿を完成した後,鹿児島大学大学院経済社会システム専攻の吉見公一朗,人文学科の内園美花,鎌田恭代,郡山愛,中

あとがき

　島晴美，三浦彩，安西亜希代諸君に日本語を修正して頂いている．

　本書の刊行に当たって，平成12年度文部省科学研究費補助金「研究成果公開促進費」の助成を頂いた．また，平成12年夏の現地調査は平成12年度文部省科学研究費補助金「奨励研究（A）」の支援を頂いた．審査にあたられた関係各位に感謝したい．

　最後に，本書の刊行に当たって，快く引き受けてくださった日本経済評論社の栗原哲也社長及び同社編集部の清達二氏に感謝の意を表したい．

　私の不勉強により，本書には多くの間違いがあると思う．読者の皆様からのご指導，ご批判を乞う次第である．

　2000年12月

王　　保　　林

索　引

ア行

域外依存度　14, 169, 171
域外貿易　12, 171
域内市場分断　3, 137
EU　6, 14, 20, 31, 149
運命共同体　65, 78, 200

カ行

過剰経済　7
関税障壁　20, 133
企業間の分業関係　48, 72
企業規模　68, 162, 199, 203
企業の吸収合併　92, 127, 197
企業の集団化　197, 200
企業の脱税行為　81
技術的障壁　31, 152
規制　29, 32, 76, 103, 116, 154, 208
行政的手段　29, 34, 99
行政的独占　154-155, 210
局地経済圏　207
局地的市場圏　49
金融的手段　31
計画経済　9, 20, 39, 54, 62, 66, 72, 75, 78, 91, 95, 102, 140, 164, 188
計画的資源配分制度　43, 48, 61
経済的独占　154-155, 210
原材料の争奪　22
減免税　29, 60, 80, 138
控制社会集団購買力弁公室　103
構造類似係数　50
公定価格　30, 50
小型トラック　16, 87, 94, 152, 205

——の地域構造　96
——の市場構造　96
国有企業　1, 5, 7, 10, 29, 42, 45, 65-84, 90, 188-200, 209
——と地方政府の癒着関係　81
——の赤字経営　189
——の活性化　5, 73, 194, 209
——のガバナンス機構　68
——の経営自主権　69
——の経営メカニズム　45
——の再編成　197
——の属地的性格　54, 72
——の地盤沈下　186
——の脱政府化・脱地域化　194
——の二重機能　70
国内市場分断　2, 5, 15, 39, 129, 166, 206
国内市場統合　2, 4, 10, 14, 166, 169-201
国有セクター　102, 116, 199
国境内の市場分断　14, 150
国境による市場分断　14, 150

サ行

財政請負制　11, 33, 39, 54-62, 76, 82, 187
財政システムの属地性格　54
財政集権化　185
財政上納額　57, 82
財政的手段　31
財政補助　29, 80, 138
細胞経済　49
差別税費制度　103, 120
産業構造の同質性　3, 39, 47-53, 89, 145, 199
産業組織　88, 92, 126, 134, 161, 204

索　　引　　　227

賛助費　180-182
三線建設　89
三大・三小・両微　104
「自給自足」経済　48
市場介入　2, 13, 19, 21, 39, 133, 204
市場管理　31, 106
市場規模　23-27
市場交換ルール　47
市場統合政策　139, 166, 169
市場分断
　　——の足取り　15
　　——の経済効果　133-142
　　——のコスト　139
　　——の手段　28, 99, 116
　　——のタイプ　32
　　——の多層性　151
　　——の特徴　149, 208
　　——の不連続性　151
　　——のメカニズム　40, 84, 133
自然による市場分断　20
自動車産業　48, 87-130, 133, 151-166
　　——産業の「重層的分業構造」　93
　　——参入ブーム　88-90
資本市場の分断　33
社会主義市場経済　1, 4, 15, 194
社会保障機能　70-72, 200, 208
重工業優先の発展戦略　39-46, 66-70
集団所有企業　67, 79, 192
消費者余剰　135-146
乗用車　87-88, 104-121, 127, 154
　　——市場の細分化　107
　　——生産の地域構造　106
　　——の市場構造　106
諸侯経済　3, 11
人為による市場分断　20
人治社会　47
製品市場分断　32-34, 36
生産者余剰　135-146
生産能力過剰　7-10, 107, 151, 204
税障壁　152

世界銀行　12, 23, 52, 169-170
戦略産業　6, 203
漸進的改革　40
装備基準規制　104
属地的経済システム　12

タ行

攤派　81, 195
地域格差　12, 58
地域間価格差　11, 169
地域間競争　49
地域間構造差係数　50, 169
地域間物流　12
地域間の分業関係　49, 207
地域内市場　20
『チェッキーニ報告』　205
地方　2
　　——工業　49
　　——国有企業　66-68, 72, 75, 101, 141, 175, 187, 197
　　——市場壁塁（障壁）　3
　　——主義　3
　　——財政請負制　54-56
　　——税　54, 185
　　——政府の経済介入　15
　　——政府の行動基準　139
　　——政府の行動原理　59
　　——分権　5, 39, 54, 72, 129
　　——封鎖　3
　　——保護主義　3, 183
中央政府　3-5, 9, 11, 13, 46, 55-61, 67, 87, 124, 139, 150, 153, 187-188, 206, 208
中華人民共和国産品質量法　183
中華人民共和国反不当競争法　154, 210
中華人民共和国立法法　155
中型トラック　87, 122-125, 128, 162
重複投資　3, 49, 205
「超法規的」手段　31, 133
低開発　41, 47, 61
低為替レート　42

低金利　42, 121
低賃金　42
伝統経済　39, 46
統一買付・統一販売制度　32, 44
統一収入・統一支出　45, 69
東部沿海地方　48, 109
道路通行規制　104

ナ行

7大経済圏　207
ナンバープレートの登録制度　103
偽ブランド品の制裁　31

ハ行

販売禁止命令　28, 140
非価格競争　180, 184
非関税障壁　20, 134
引締め政策　22, 28, 76, 157

非国有セクター　1, 5, 78, 171, 186, 193, 197
ビッグ・バン方式　40
品質監督　31
物理的障壁　31, 152
不足経済　7, 10, 72
放権譲利　73

ヤ行

輸出産業　6-7, 122, 125, 206

ラ行

リーディング産業　125, 161
利改税　73
流出制限型市場分断　11, 34
流入制限型市場分断　11, 34, 142
流入制限リスト　30
労働力市場の分断　32

著者紹介

王　保林（Baolin Wang）

1964年中国北京市生まれ．87年中国人民大学工業経済学部卒業．89年中国人民大学大学院工業経済学研究科修士課程修了．98年東北大学大学院経済学研究科博士課程単位取得．
現在，鹿児島大学法文学部助教授．経済学博士．

主要著書・論文

『工業行業管理』（共著），（中国）中国人民大学出版社，1992年．

『工業経済学新編』（共著），（中国）化学工業出版社，1994年．

『工業経済運行与調控』（共著），（中国）中国人民大学出版社，1994年．

「中国自動車産業における技術移転」東北大学経済学会研究年報『経済学』Vol. 59, No. 1, 1997年．

「中国における市場分断」『世界経済評論』1998年10月

ほか．

中国における市場分断

2001年2月25日　第1刷発行

定価（本体4200円＋税）

著　者　王　　保　林

発行者　栗　原　哲　也

発行所　株式会社　日本経済評論社

〒101-0051　東京都千代田区神田神保町3-2
電話 03-3230-1661　FAX 03-3265-2993
振替 00130-3-157198

装丁＊渡辺美知子　　　　シナノ印刷・小泉企画

落丁本・乱丁本はお取替いたします　　Printed in Japan

Ⓒ Baolin Wang 2001

ISBN4-8188-1332-X

Ⓡ〈日本複写権センター委託出版物〉
本書の全部または一部を無断で複写複製（コピー）することは，著作権法上での例外を除き，禁じられています．本書からの複写を希望される場合は，日本複写権センター(03-3401-2382)にご連絡ください．